山西大同大学基金资助

王志芳◎著

抗战时期晋绥边区农村经济研究

中国社会科学出版社

图书在版编目（CIP）数据

抗战时期晋绥边区农村经济研究/王志芳著.—北京：中国社会科学
出版社，2015.12

ISBN 978 - 7 - 5161 - 6364 - 1

Ⅰ.①抗…　Ⅱ.①王…　Ⅲ.①晋绥抗日根据地—农村经济—研究
Ⅳ.①F329.6

中国版本图书馆 CIP 数据核字（2015）第 147025 号

出　版　人　赵剑英
选题策划　吴丽平
责任编辑　张　湉
责任校对　郝阳洋
责任印制　李寡寡

出　　　版　中国社会科学出版社
社　　　址　北京鼓楼西大街甲 158 号
邮　　　编　100720
网　　　址　http://www.csspw.cn
发 行 部　010 - 84083685
门 市 部　010 - 84029450
经　　　销　新华书店及其他书店

印　　　刷　北京君升印刷有限公司
装　　　订　廊坊市广阳区广增装订厂
版　　　次　2015 年 12 月第 1 版
印　　　次　2015 年 12 月第 1 次印刷

开　　　本　710 × 1000　1/16
印　　　张　17
插　　　页　2
字　　　数　350 千字
定　　　价　68.00 元

目　录

表格目录

序　言

1949年前的中共党史，如果从经济（尤其是"农村经济"）的角度来看，大致可以分为"第二次国内革命战争"（又叫"土地革命战争"）、"抗日战争—解放战争"两个阶段。前一阶段，中共及其红军不仅是政治军事的失败，也是经济的失败，最终被迫往西走上"长征"之路①；后一阶段，日本帝国主义的侵略给局促于陕甘宁交界之地的中共红军带来了转机，西安事变促成了第二次国共合作，中共得以在随后爆发的全面抗战中迅速发展力量，建立了广泛的敌后根据地，并在这些地方精心设计了种种政治军事经济的行动计划，为随之到来的解放战争积蓄了雄厚的人力物力资源。

王志芳在其博士学位论文基础上修订完善的这本《抗战时期晋绥边区农村经济研究》，是从"经济—农村经济"角度探讨晋绥边区发展壮大之路的新作，对于人们认识中共在抗战中如何崛起，提供了新的视角和论证。

在区域上，作者选择地理位置与战略位置都具有优势的晋绥边区为研究对象。晋绥边区西靠黄河，与陕甘宁边区隔河相望，是保卫陕甘宁边区的重要屏障。晋绥边区东扼同蒲铁路北段，直接威胁日军南下交通线的畅通，是晋察冀根据地与晋冀鲁豫根据地与陕甘宁边区联系的唯一通道。晋绥边区北达绥远百灵庙和乌兰花一带，可以不时威胁平绥线，对于阻止日伪进攻大西北有决定意义。同时，晋绥边区南接汾离公路，与阎锡山统治区相隔，是国共交锋的前沿阵地。

在时间上，作者选取抗日战争为研究时段。抗战时期是近代经济由大

---

① 参见黄道炫《张力与限界：中央苏区的革命，1933—1934》，北京：社会科学文献出版社2011年版。

城市向乡村、边疆地区扩展的重要阶段，而中共领导下的边区经济则是中国农村经济之近代转型的另类代表，兼具革新性、多元性、战时性等特点，既可对于边区经济展开专门研究，也可以从"长时段"的视角为当今农村经济改革提供历史经验和教训。

通过研究，作者发现，在中共边区政府的领导下，晋绥边区经济在很多方面都发生了实质性的变化：在土地分配上，贫雇农取代地主、富农，成为占有土地最多的阶级；在租佃关系上，租佃期限较以前大大延长，租额、租率标准下降；在借贷关系上，私人借贷比重下降，新式金融力量——以银行为代表的政府贷款比重增加；在生产模式上，通过互助变工运动，农村由个体家庭生产逐渐转向集体性生产；在阶级结构上，由地主、富农与贫雇农占多数，转化为以中农为主。

作为一个完整意义上的论题，本书有其独特而值得称道之处。

研究范式的创新。中共主导下的边区经济建设与基层社会之间的关系是一个相互排斥、融合乃至转换的互动过程。民间社会中广大民众并非完全被动的角色、民间传统运行方式、传统心态及其行为，也在相当程度上制约着中共的决策者，影响着中共各项经济政策的执行。如何突破既往研究中的单向视角，重视边区经济建设与乡村社会的互动，全景式考察中共依靠边区、发展壮大边区的动机与动力是大有裨益的。

研究内容的丰富。学界以往对于晋绥边区经济的研究，大多局限于某个问题、某个方面，本书对于晋绥边区农村地权和租佃关系、新式金融建设与乡村借贷关进行综合性研究，全面反映了战争背景下国家与社会间的互动关系。

研究资料的创新。本书充分挖掘运用山西档案馆有关晋绥边区的大量原始资料，对边区经济发展加以系统梳理，扩大了边区经济研究的资料范围。例如，当时边区政府曾经做过许多调查报告，记录了农民应对政府措施的真情实感，作者据以利用分析，增加了读者的"在场"感。

当然，通观全书，除了上述优点之外，也存在不足。我希望作者在今后的相关研究中，能够真正跳出陈旧的研究框架，比如，在资料的搜集上，要避免单纯依赖中共方面的资料，要积极搜寻国民党、日伪方面的资料，进行比较研究；在视角与方法上，要充分吸收海外关于中共党史与边区史研究的成果，要开展跨学科研究，重视田野调查，重视宏观与微观的结合；在研究领域上，希望作者开阔视野，跳出边区农村经济研究的狭窄框架，走进多元化的历史研究世界。今后若有机会修订该书，希望作者把我的上述意见融入其中，则对于该书主题的描绘就会更加具有说服力。

中国共产党由"共产国际"播种于中华民国动荡不安的土地上，在生长初期，就经历了与各种政治势力的折冲樽俎，一度被置于死地，最终在抗战的"苦难"中走向"辉煌"。这一浴火重生的经历，主要在于这一政党具有坚定的原则性和灵活的策略性，尤其是涌现出以毛泽东为代表的一批中共领导人，将坚定的原则性和灵活的策略性统一在一起。这一领导才智，在晋绥边区农村经济的建设中表现得活灵活现，广大边区人民则在被动与主动的改造中，获得"翻身"，成为中共"打天下"的群众基础。作者将来如果仍然耕耘于这一领域，应该把这一线索描绘得精彩纷呈。

志芳是我在山东大学所指导的博士生之一，在学期间，她曾经与我共同撰写《辛亥革命时期洪门人物传稿》一书，也曾在《抗日战争研究》等刊物上发表文章，具有较好的学术研究功底。她在论文写作过程中，勤奋自励，曾经长时间深入各地档案馆、图书馆、地方志办公室收集资料，这些努力为书稿的最终完成奠定了良好基础。我相信，假以时日，她会凭借自己的不断努力，在学术研究中绽放活力与光彩。

刘平　复旦大学历史系
2015 年 6 月于光华西楼

内容摘要

晋绥根据地是抗战时期中共领导下的众多根据地之一，西靠黄河，与陕甘宁边区隔河相望，是保卫陕甘宁边区的重要屏障；东扼同蒲铁路北段，直接威胁日军南下交通线的畅通，是晋察冀根据地与晋冀鲁豫根据地和陕甘宁边区联系的唯一通道；北达祖国边疆绥远百灵庙和乌兰花一带，可以时时威胁平绥线，这对打破日伪进攻大西北有决定意义；南接汾离公路与阎锡山统治区相隔。本书就以抗战时期该区域农村经济为主要研究对象，主要涉及自然环境、社会环境、农业生产状况（经济分区、农具、农产品种类、耕作制度）、农村土地问题、借贷关系、农村金融等问题。通过研究我们发现中共政权力量介入下的晋绥边区农村经济发生一系列变化，主要表现在：贫雇农取代地主、富农成为占有土地最多的阶级；租佃期限较以前大大延长，租额、租率标准下降；私人借贷比重下降，新式金融力量——银行为代表的政府贷款比重增加；通过互助变工运动，农村由个体家庭生产逐渐转向集体性生产；阶级结构由地主、富农与贫雇农占多数转化为以中农为主。

全书共分为七个部分。其中导论部分主要从论题提出及意义，学术史回顾、研究思路、创新点和不足点等方面对论题的可行性进行说明。

第一章，主要论述了边区成立的自然环境和社会政治、经济、军事教育环境。

第二章，主要对边区农业经济分区、农具、农产品种类及分布情况、耕作制度进行说明。

第三章，主要研究边区农村土地问题。在土地分配方面，在近代私有化趋势下，地主、富农成为占有土地最多的阶级，抗战爆发后，中共晋绥边区政府一方面对现有土地占有关系进行调整（主要通过两个途径实现，第一，利用减租交租政策转移。虽然减租条例的主要目的是维持租佃关系稳定，不允许地主随意收回土地，但在政策范围内政府亦允许地主收回土地用于出卖、出典、转租。第二，利用回赎土地转移地权。典押地都属于高利贷形式，边区政府成立以来严禁高利贷，因此大力鼓励回赎土地）；另一方面，通过开荒运动为贫雇农增加土地。在租佃关系方面，抗日战争前农佃分布以自耕农为主；实物地租、货币地租、劳役地租并存，尤以实物地租为主；大多数租约都是书面约，租佃年限一般都较短，租额、租率水平都较高，边区政府成后延长了租佃期限；受战争影响更多依赖于实物地租；取消了书面约中的剥削条款；降低了租额与租率。

第四章，研究边区借贷关系。边区借贷原因是广大贫苦群众深受地租和高利贷的剥削，生活水平极为低下；农业生产资料缺乏；边区金融紊乱，农业发展缺乏必要资金。以此为基础，进一步探讨了战前边区借贷种类、来源、期限、利率问题，接着又对抗战后边区减息政策和回赎不动产政策进行梳理，着重介绍了以西北农民银行为中心的借贷运动，其中农贷对象以中贫农为主；发放贷款做到不违农时；在资金上面实行政府投资与民间游资相结合；农贷发放主要放在生产方面。农贷的发放不仅调动了广大农民的生产积极性，促进了生产发展，而且促进了边区阶级结构的变化，地主、富农比例下降，中贫农，尤其是中农比例迅速增加。

第五章，论述了边区金融情况。西北农民银行在兴县农民银行的基础上建立，并进一步完善了银行的机构设置、人员结构，利用"四项动员"扩大了银行基金，使银行成为制度健全、组织相对严密的金融机构。同时积极开展了发行货币、管理外汇、办理汇兑、办理储蓄、兼理金库等职能，尤其是发行边区本位货币——西北农钞，为晋绥根据地建立独立自足的经济体系创造了条件。银行利用发行的西北农币与银洋、法币、伪钞进行了不懈的斗争，边区基本实现了农币的单一本位币制度，建立了独立自主的金融体系，这一方面改变了边区各种货币同时存在的混乱局面，使西北农币为边区唯一的货币计量单位；另一方面也防止了日伪以法币、白洋、伪钞等非本位币扰乱边区金融、套用边区物资，有利于边区平衡进出口贸易。此外，银行还通过管理外汇，增加了银行外汇实力，通过银行牌价调控进出口货物，有效地促进了边区贸易的发展，提高了群众的生活水平。

本书创新点在于：（1）研究范式的创新。中共经济建设与基层社会之间的关系是一个相互排斥、融合乃至转换的互动过程。民间社会广大民众并非完全处于被动角色，民间传统运行方式、传统心态及其行为也在相当程度上制约着共产党的政策，塑造着中共各项经济政策本身。因此突破过去研究中的上层视角，重视中共经济建设与乡村社会的双重互动，对中共乡村建设的全貌考察是大有裨益的。（2）研究内容的丰富。以往对于晋绥边区经济的研究大多数只是对某个问题的单独研究，而本书将对晋绥边区农村地权和租佃关系；新式金融建设与乡村借贷关系；互助合作运动进行综合性研究，以全面反映战争背景下国家与社会间的互动关系。（3）研究资料的创新。本书充分运用山西档案馆有关晋绥根据地的大量原始资料对边区经济发展进行系统研究，扩大了根据地经济研究的资料范围，尤其是当时边区政府所作的许多调查报告，提供了许多农民应对政府措施的真实境况。

导　论

　　抗战时期是近代中国社会剧烈动荡的阶段，政治上国共两党在民族危机空前严峻下建立了统一战线，经济上正常的工农业生产秩序被打破，军事上形成抗击日本侵略者的正面战场和敌后战场。国民政府退守大后方后，主要交通线和大城市几乎都被日军占领，为继续坚持对日作战，中国共产党率领八路军和广大人民群众在敌后创建许多根据地，由于这些根据地大多处于生产落后的乡村地带，日伪军又不断烧杀抢掠，再加上皖南事变后国民党停发八路军军费，财政经济面临着极其严重的困难，正如毛泽东所描述的那样，"我们曾经弄到几乎没有衣穿，没有油吃，没有纸，没有菜，战士没有鞋袜，工作人员在冬天没有被盖"①。为解决根据地的经济困难，中共带领边区群众开展了广泛的经济建设运动，不仅在极端艰苦情况下坚持了抗战，而且大大推动了根据地的经济发展，为新民主主义经济奠定了良好的基础。因此，美国中国近代史研究专家周锡瑞认为，"共产党之所以得到广大农民的普遍拥护，主要不是日本侵略导致的农民民族主义的加强，而是中国采取的一系列有利于农民的社会经济政策"②。因此本书选取晋绥根据地地权关系、租佃关系、借贷关系等具体经济问题进行系统研究，以微见著，以期勾勒出抗战时期根据地经济建设的整体图景。

一　论题的提出和选题意义

（一）论题的提出

1. 晋绥根据地西靠黄河，与陕甘宁边区隔河相望，是保卫陕甘宁边

---

① 《毛泽东选集》第 3 卷，北京：人民出版社 1991 年版，第 892 页。

② ［美］周锡瑞：《从农村调查看陕北早期革命史》，南开大学历史系编：《中外学者论抗日根据地》，北京：档案出版社 1993 年版，第 536 页。

区的重要屏障；东扼同蒲铁路北段，直接威胁日军南下交通线的畅通，并且与晋察冀根据地和晋冀鲁豫根据地相连，是它们与陕甘宁边区联系的唯一通道；北达祖国边疆绥远百灵庙和乌兰花一带，可以时时威胁平绥线，这对打破日伪进攻大西北有决定意义，在战略上具有非同寻常的意义，因此选取晋绥根据地为研究对象本身就具有代表性。

2. 中国是农业大国，民国时期"全国人口百分之八十五，分布于农村，故国民经济完全建筑在农村之上"①，而根据地大部分地区也处于广大乡村地带，以晋绥边区农村经济为研究对象，不仅可以了解抗战时期根据地农村经济发展状况，还能为研究当时中国农村经济的整体特点提供区域实例，也有利于与国统区经济发展状况进行比较研究。

（二）选题意义

1. 从区域经济史角度丰富抗日根据地经济的整体研究。中国地域广阔，区域差异明显，晋绥边区作为众多根据地中的一块，在自然环境、社会环境、文化环境、经济环境等方面都有其特殊性，通过对晋绥根据地的经济研究，不仅可以了解当地经济的特殊性，而且还可以对整个根据地经济发展情况有更全面的认识，因此本书改变革命史宏观叙事模式，以晋绥根据地为区域个案，系统研究抗战时期根据地的农村经济发展。

2. 为当今农村经济建设提供历史借鉴经验。农业、农村、农民问题从古到今都是中国社会的基本问题，而根据地经济是中国近代以来社会经济发展的重要阶段，是传统农村经济由自发的个体家庭生产转向政府主导下集体生产的转折点，这种经济为根据地坚持抗战提供了强大的物质保障，但同时也由于其战时特性暴露出诸多问题，如政府权力强力介入导致的人口流失、民间借贷停滞、过分削弱富农、农民惧富心态等问题，这都成为当今探索农村经济发展的基本经验。

（三）概念界定

"根据地"，一般是军事指挥的中心之地，是中国共产党领导下进行武装斗争的地方，因此又称为"革命根据地"，包括第一次国内革命战争时期的"苏区"、抗日战争时期的"边区"、解放战争时期的"解放区"。因此，抗战时期的"根据地"就是指"边区"，本书所提"晋绥根据地"

① 廖兆骏编著：《亚洲民族考古丛刊·第5辑·绥远志略》，台北：南天书局有限公司1987年版，第317页。

亦可称为"晋绥边区"，"根据地"与"边区"两个概念在本书是统一的。

"大后方"，一般是指距离两军对垒战线有一定距离的地方，是用来给前线提供战争补给的基地，本书特指抗日战争时期国民党统治下的中国西南、西北地区。

二　学术史回顾

唯物主义观点认为，"历史中的决定性因素，归根结底是直接生活的生产与再生产"，而其中的一个重要方面就是"生活资料即食物、衣服、住房及其为此所必需的工具的生产"①，因此在极端艰苦的战争环境下，巩固与发展晋绥边区的经济就尤为重要，这不仅是坚持边区抗战、改善人民生活的必要，也是完成支援陕甘宁边区，巩固党中央领导的需要。有关根据地经济史的研究，最早可以追溯到抗战时期，在《解放日报》、《新华日报》、《抗战日报》等旧报纸中的相关报道，如甘泗淇的《晋西北自力更生的经验》②、韦文的《晋西北的土地问题》③、曹齐的《山西敌后工业的轮廓》④ 等，这些基本都是对根据地经济描述性的文章。新中国成立以来对根据地经济史的研究一度中断，正如魏宏运所说："50 年代和 60 年代，'左'的思想潮影响了抗日根据地的研究，学者们很少涉足这一领域，出的成果不多。"⑤ 直到 20 世纪 80 年代，随着十一届三中全会的召开，学术界关于抗日根据地经济史研究才逐渐兴盛起来。

（一）史料整理方面

"史料是历史的遗迹，是历史实际的残骸的反映，是当时的缩影。历史科学是建立在反映历史实际的事实材料基础之上的。因而史料对历史科学来说是第一位的、至关重要的"⑥，有关抗日根据地的史料主要分为两类。

1. 综合性史料。主要有陕甘宁边区财政经济史编写组、陕西省档案

---

① 《马克思恩格斯选集·第 4 卷》，北京：人民出版社 1995 年版，第 2 页。
② 《解放日报》1942 年 2 月 20 日，第 3 版。
③ 《解放日报》1942 年 4 月 20、21 日，第 3 版。
④ 《新华日报》1944 年 1 月 11 日，第 5 版。
⑤ 魏宏运：《抗日战争与中国社会》，沈阳：辽宁人民出版社 1997 年版，第 341 页。
⑥ 漆侠：《历史研究法》，保定：河北大学出版社 2003 年版，第 30 页。

馆编写的《抗日战争时期陕甘宁边区财政经济史料摘编》①（包括总论编、农业编、工业交通编、商业贸易编、金融编、财政编、互助合作编、生产自给编、人民生活编，共计9编）。魏宏运主编《抗日战争时期晋察冀边区财政经济史资料选编》②（包括总论编、农业编、工商合作编、财政金融编）和《抗日战争时期晋冀鲁豫边区财政经济史资料选编》③（分为2辑，第1辑包括综合、财政2部分，第2辑包括工农业生产、商业贸易、金融、附录《太行区社会经济调查》4部分）。河南省档案馆、河南省财政厅编写的《晋冀鲁豫抗日根据地财经史料选编》（河南部分）④，共包括4辑，其中第1辑是全边区财政经济史料，第2—3辑是关于太行区财经史料，第4辑是关于冀鲁豫地区财政史料。山东省档案馆、山东省财政科学研究所编写的《山东革命根据地财政史料选编》⑤；广东省档案馆等编写的《东江革命根据地财政税收史料选编》⑥；中共山西省委党史研究室编写的《太岳革命根据地财经史料选编》⑦；江苏省财政厅编写的《华中抗日根据地财政经济史料选编》（江苏部分）（共4册）⑧。刘欣主编的《晋绥边区财政经济史资料选编》⑨（包括总论编、农业编、工业编、金融贸易编、财政编，共计5编），是一部全面反映晋绥边区从抗日战争到解放战争经济建设的资料汇编。此外，还有些涉及根据地经济方面的资料，

---

① 陕甘宁边区财政经济史编写组、陕西省档案馆编：《抗日战争时期陕甘宁边区财政经济史料摘编》，西安：陕西人民出版社1981年版。

② 魏宏运主编：《抗日战争时期晋察冀边区财政经济史资料选编》，天津：南开大学出版社1984年版。

③ 魏宏运主编：《抗日战争时期晋冀鲁豫边区财政经济史资料选编》，北京：中国财政经济出版社1990年版。

④ 河南省档案馆、河南省财政厅编：《晋冀鲁豫抗日根据地财经史料选编》（河南部分），北京：档案出版社1985年版。

⑤ 山东省档案馆、山东省财政科学研究所编：《山东革命根据地财政史料选编》，济南：山东人民出版社1985年版。

⑥ 广东省档案馆等编：《东江革命根据地财政税收史料选编》，广州：广东人民出版社1986年版。

⑦ 中共山西省委党史研究室编：《太岳革命根据地财经史料选编》，太原：山西经济出版社1991年版。

⑧ 江苏省财政厅编：《华中抗日根据地财政经济史料选编》，北京：档案出版社1986年版。

⑨ 刘欣主编：《晋绥边区财政经济史资料选编》，太原：山西人民出版社1986年版。

如陕西省档案馆、陕西省社会科学院合编的《陕甘宁边区政府文件选编》①（共 14 辑），其中收集了许多有关经济方面的政策、法令、信函等文件，如《陕甘宁边区土地所有权证条例》（1937 年 9 月 20 日）、《陕甘宁边区政府布告——关于处理地主土地问题》（1938 年 4 月 1 日）、《陕甘宁边区政府关于边区土地、房屋、森林、农具、牲畜和债务纠纷问题处理的决定》（1938 年 6 月 9 日）、《陕甘宁边区政府指令——复关中分区成立盘克区政府新宁划成三个区级农贷款收回问题》（1940 年 4 月 9 日）等。陕甘宁边区政府秘书处编写的《陕甘宁边区重要政策法令汇编》②；甘肃省社会科学院历史研究室编写的《陕甘宁革命根据地史料选辑》③（共 5 辑）；魏宏运主编的《中国现代史资料选编·4·抗日战争时期》④；樊润德、路敦荣编写的《晋绥根据地资料选编》（共 5 辑）⑤。

2. 专题性史料。主要有太行革命根据地史总编委会编写的《太行革命根据地史料丛书之五——土地问题》和《太行革命根据地史料丛书之六——财政经济建设》（上、下）⑥，以及《太行革命根据地史料丛书之十二——交通邮政》⑦。中国人民银行金融研究所、中国人民银行山东省分行金融研究所编写的《中国革命根据地北海银行史料》（共 4 册）⑧；杜鲁公等编写的《陕甘宁边区的农业合作社》⑨，刊载了从 1935 年到 1949 年中共中央西北局、中共陕甘宁边区委员会、中央政府西北办事处、陕甘

----

① 陕西省档案馆、陕西省社会科学院合编：《陕甘宁边区政府文件选编》，北京：档案出版社 1986 年（第 1 辑），1987（第 2—3 辑），1988（第 4—8 辑），1990（第 9 辑），1991 年（10—14 辑）。

② 陕甘宁边区政府秘书处编：《陕甘宁边区重要政策法令汇编》，1949 年版。

③ 甘肃省社会科学院历史研究室编：《陕甘宁革命根据地史料选辑》，兰州：甘肃人民出版社 1981—1986 年版。

④ 魏宏运主编：《中国现代史资料选编·4·抗日战争时期》，哈尔滨：黑龙江人民出版社 1981 年版。

⑤ 樊润德、路敦荣编：《晋绥根据地资料选编》，中共吕梁地委党史资料征集办公室 1983 年版。

⑥ 太行革命根据地史总编委会：《太行革命根据地史料丛书之五、六》，太原：山西人民出版社 1987 年版。

⑦ 太行革命根据地史总编委会：《太行革命根据地史料丛书之十二》，太原：山西人民出版社 1995 年版。

⑧ 中国人民银行金融研究所、中国人民银行山东省分行金融研究所编：《中国革命根据地北海银行史料》，济南：山东人民出版社 1987 年版。

⑨ 杜鲁公等编：《陕甘宁边区的农业合作社》，西安：陕西人民出版社 1994 年版。

宁边区政府等机构，有关陕甘宁边区农业合作的文献、讲话、报刊社论、模范人物、典型经验等材料。华中抗日根据地和解放区工商税收史编写组编《华中抗日根据地和解放区工商税收史料选编》（上册）①；延安地区供销合作社、延安市供销合作社联合社合编的《南区合作社史料选》②。有关晋绥边区的资料有杨世源主编的《西北农民银行史料》③，收录了有关西北农民银行的组织机构、货币发行与流通、管理情况、外汇管理、货币斗争等方面的相关资料，是研究晋绥边区金融银行的基本资料来源之一。山西省财政厅税务局等编：《晋绥革命根据地工商税收史料选编》（1938.2—1949.12)④，这是一部由山西省和内蒙古自治区税务局成立专门税务编写组收集资料编制而成的，内容包括边区税务总方针政策、税收的各类法规、税收的征收管理等，是研究边区商业贸易的重要资料，等等。

（二）论著方面

综合性研究。有魏宏运、左志远的《华北抗日根据地史》⑤，论述抗日战争时期华北抗日根据地在政治、经济、军事、文化等各方面的发展情况，其中第四章是关于经济建设方面的内容，着重叙述各根据地建立银行、合理负担、减租减息、发展农业等多项经济政策的主要内容和实施过程。中国近代金融史编写组编的《中国近代金融史》⑥，运用马克思历史唯物主义和辩证主义方法，具体考察了1840—1949年中国金融发展的总体情况，并总结了各个阶段金融活动的特点，其中第八章专门研究了抗日根据地的金融发展状况，主要考察了边区银行建立、货币发行与斗争、银行贷款问题，认为抗日根据地的银行是随着根据地的发展而发展，银行具有社会主义性质，其任务是贯彻执行政府的经济政策、发行本币、开展货币斗争、保护人民财富、稳定物价、支持财政、发展生产，借以巩固根据地，支持抗战。并指出在不同的时期，银行的任务也是有变化的。还有财

---

① 华中抗日根据地和解放区工商税收史编写组编：《华中抗日根据地和解放区工商税收史料选编》（上册），合肥：安徽人民出版社1986年版。

② 延安地区供销合作社、延安市供销合作社联合社合编：《南区合作社史料选》，西安：陕西人民出版社1992年版。

③ 杨世源主编：《西北农民银行史料》，太原：山西人民出版社2002年版。

④ 山西省财政厅税务局等编：《晋绥革命根据地工商税收史料选编》（1938.2—1949.12)，太原：山西人民出版社1986年版。

⑤ 魏宏运、左志远：《华北抗日根据地史》，北京：档案出版社1990年版。

⑥ 中国近代金融史编写组：《中国近代金融史》，北京：中国金融出版社1985年版。

政部财政科学研究所编的《抗日根据地的财政经济》①，李茂盛的《华北抗日根据地经济研究》②，等等。

区域性研究。主要包括刘欣、景占魁的《晋绥边区财政经济史》③，对晋绥根据地抗日战争和解放战争时期的财政经济情况进行了具体描述。薛暮桥的《抗日战争时期和解放战争时期山东解放区的经济工作》④，系统研究了山东解放区的贸易管理、货币斗争、生产建设问题，指出这些经验不仅对当时支援战争、改善人民生活有重要作用，而且为新中国经济建设提供了经验和教训。黄正林的《陕甘宁边区社会经济史》（1937—1945年）⑤，是一部全面研究抗日战争时期陕甘宁边区农业、工业、金融、财政、商业、税收、交通和邮政事业的著作，其史论结合的论证方法为我们研究根据地经济提供了很好的借鉴模式。张玮的《战争·革命与乡村社会——晋西北租佃制度与借贷关系之研究》⑥，对晋西北边区20世纪三四十年代的地权分配与租佃体系，农村借贷关系及变动原因进行了深入的探讨，认为通过革命，边区农民土地问题得到解决，但减租减息政策下地主制经济没有完全消失，租佃关系仍存在于乡村社会中。减租政策虽然有利于减轻农民高利贷压力，但也造成了农民借贷无门的窘境，这是一部资料翔实、论证严谨、观点新颖的力作。此外，还有魏宏运主编的《晋察冀抗日根据地财政经济史稿》⑦，张国祥的《山西抗战史纲》⑧，朱玉湘主编的《山东革命根据地财政史稿》⑨，戎子和的《晋冀鲁豫边区财政简史》⑩，赵秀山的《抗日战争时期晋冀鲁豫边区财政经济史》⑪，谢忠厚的

---

① 财政部财政科学研究所编：《抗日根据地的财政经济》，北京：中国财政经济出版社1987年版。

② 李茂盛：《华北抗日根据地经济研究》，北京：中央文献出版社2003年版。

③ 刘欣、景占魁：《晋绥边区财政经济史》，太原：山西经济出版社1993年版。

④ 薛暮桥：《抗日战争时期和解放战争时期山东解放区的经济工作》，济南：山东人民出版社1984年版。

⑤ 黄正林：《陕甘宁边区社会经济史》（1937—1945年），北京：人民出版社2006年版。

⑥ 张玮：《战争·革命与乡村社会——晋西北租佃制度与借贷关系之研究》，北京：中国社会科学出版社2008年版。

⑦ 魏宏远主编：《晋察冀抗日根据地财政经济史稿》，北京：档案出版社1990年版。

⑧ 张国祥：《山西抗战史纲》，太原：山西人民出版社2005年版。

⑨ 朱玉湘：《山东革命根据地财政史稿》，济南：山东人民出版社1989年版。

⑩ 戎子和：《晋冀鲁豫边区财政简史》，北京：中国财政经济出版社1987年版。

⑪ 赵秀山：《抗日战争时期晋冀鲁豫边区财政经济史》，北京：中国财政经济出版社1995年版。

《河北抗战史》①，等等。

专题性著作主要包括杨世源主编的《晋绥革命根据地货币史》②，介绍了兴县银行成立及货币发行，地方货币发行情况，西北农民银行的成立和货币斗争，西农币与友区货币的统一，西农币在中国人民银行成立后的彻底消亡。中国人民银行河北分行编写的《冀南银行》③，书中对冀南银行的成立背景、组织建设、规章制度、货币金融政策、银行工作方针及任务、货币发行与斗争、对日经济和货币斗争、对法币政策、边区农贷、合作社和农村信用合作社贷款、外汇管理、会计制度、边区物价问题、与友区货币信用关系进行了系统的研究。河北省金融研究所编写的《晋察冀边区银行》④，对晋察冀银行的成立背景和具体活动进行梳理，不仅论述了总行的成立、货币发行、货币斗争、存放款业务、货币保管和金融制度问题，还对冀东、冀西、冀中支行的活动进行具体研究，最后介绍了边区银行的结束及中国人民银行成立前的边区金融情况，等等。

此外还出版了一些大事记，对根据地政治、经济、军事等大事件做了较为细致的梳理。主要有魏宏运主编的《华北抗日根据地纪事》⑤，中国社会科学院经济研究所现代经济史组编的《中国革命根据地经济大事记》（1937—1949）⑥，刘泽民等编著的《山西通史大事编年》⑦，中共山西省委党史研究室等编著的《晋绥革命根据地大事记》⑧，中共山西省委党史研究室编写（师文华、卢海明主编）的《太岳革命根据地纪事》⑨，温抗战、梁金保的《晋绥根据地大事记》⑩，等等。

不仅国内学者出版了许多有关根据地经济的论著，国外学者对中共领导下的根据地乡村经济亦取得很大成绩。如韩丁著的《翻身——中国一

---

①　谢忠厚：《河北抗战史》，北京：北京出版社1994年版。

②　杨世源：《晋绥革命根据地货币史》，北京：中国金融出版社2001年版。

③　中国人民银行河北分行编：《冀南银行》，石家庄：河北人民出版社1989年版。

④　河北省金融研究所编：《晋察冀边区银行》，北京：中国金融出版社1988年版。

⑤　魏宏运主编：《华北抗日根据地纪事》，天津：天津人民出版社1986年版。

⑥　中国社会科学院经济研究所现代经济史组编：《中国革命根据地经济大事记》（1937—1949），北京：中国社会科学出版社1986年版。

⑦　刘泽民等编：《山西通史大事编年》，太原：山西古籍出版社1997年版。

⑧　中共山西省委党史研究室编：《晋绥革命根据地大事记》，太原：山西人民出版社1989年版。

⑨　中共山西省委党史研究室编：《太岳革命根据地纪事》，太原：山西人民出版社1989年版。

⑩　温抗战、梁金保：《晋绥根据地大事记》，中共吕梁地委党史资料征集办公室1984年版。

个村庄的革命纪实》①，文中主要论述抗战胜利后张庄群众通过土改翻身解放的过程，但对抗战前农村经济情况亦有一定描述，对边区经济提出很多新颖的观点，如对于革命与否的划分标准，作者认为，"不能仅仅根据剥削或者劳动来决定，界线不能划在这些互相重叠现象的两头，而应该划在中间的某一个地方。问题是出在哪里？不是光看剥削，而是看剥削收入占一家总收入的比例；不是光看劳动，而是看劳动收入占一家总收入的比例"②，这些理论思维方式为我们了解当时农村经济实况提供了良好的理论借鉴模式。大卫·古德曼的《中国革命中太行抗日根据地社会变迁》③，以太行根据地的腹心地区辽县（左权县）、黎城、武乡作为个案研究，从根据地政治秩序和社会变迁两个方面着手，具体考察此区域政治、军事、党建、生产运动、减租减息、土地问题等的具体实施过程，并力图将这些研究纳入到中国整个现代化进程中加以考察。爱泼斯坦的《中国未完成的革命》④，作者认为抗战期间中共减租减息运动，地租和债务负担都明显下降，农民除缴纳公粮以外，已经没有其他税收剥削，并具体描述了中共如何推广减租减息政策。为解决边区困难，一方面让军队参加生产，另一方面号召群众组织起来成立变工队，由此有力地支援边区农村经济的发展。此外，还简单介绍了陕甘宁边区工业发展情况。内山雅生的《二十世纪华北农村社会经济研究》⑤，以"农村共同体"理论探究构成"共同体"的社会关系是如何演变的，作用如何，并将其与中国社会主义建立过程联系在一起，以地主经营形态为中心考察华北农村地主制经济的特征，并以烟叶为例考察农民生产者是如何应对外敌入侵的，作者认为以往"看青"、"打更"、"搭套"只被看作农业惯性和社会习惯的生产方式，实际是了解新中国成立前中国农村社会构造的重要途径，是传统农村共同体结构的具体表现形式。

---

① 〔美〕韩丁著，韩倞等译：《翻身——中国一个村庄的革命纪实》，北京：北京出版社1980年版。

② 同上书，第473页。

③ 〔澳〕大卫·古德曼著，田西如译：《中国革命中的太行抗日根据地社会变迁》，北京：中央文献出版社2003年版。

④ 〔美〕伊斯雷尔·爱泼斯坦著，陈瑶华等译：《中国未完成的革命》，北京：新华出版社1987年版。

⑤ 〔日〕内山雅生著，李思民、邢丽荃译：《二十世纪华北农村社会经济研究》，北京：中国社会科学出版社2001年版。

（三）论文方面

20 世纪 80 年代以来，有关根据地经济史研究的丰硕成果，不仅体现在大量学术专著的出版，还表现在一大批有学术价值的论文发表。以时间为划分标准，大致可以分为三个阶段。

第一阶段，20 世纪 80 年代，这是国内研究根据地经济的起步阶段，基本上都是对根据地经济政策的回忆与描述。如魏宏运的《论晋察冀抗日根据地货币的统一》①，文章介绍了晋察冀银行的建立过程和主要职能，着重梳理了统一货币斗争中对法币、杂钞、伪币实施的各种政策，指出抗日根据地货币政策的主要任务是发行与巩固边币、保护法币、肃清土杂钞，建立独立自主的、统一的货币市场体系，其中货币战的主要形式是阵地战和比价战。宋克仁的《晋察冀边区的金融货币斗争》②，把货币问题与市场联系起来，指出边区物价问题的发生是由于日伪封锁和敌占区物价的暴涨，要想巩固货币、稳定金融必须发挥集市的作用。朱玉湘的《山东抗日根据地的减租减息》③，指出土地占有不平衡，地租、高利贷剥削太重是实施减租减息政策的原因，并论述了减租减息政策在山东抗日根据地的具体实施过程及成绩。朱玉湘的《山东抗日根据地的经济建设》④，概述了边区政府为解决 1941—1942 年财政困难，在财政、农业、商业、金融等方面实施的经济政策及成效。薛暮桥的《山东抗日根据地的对敌货币斗争》⑤，介绍了山东根据地从太平洋战争爆发到抗战胜利期间进行货币斗争所采取的方针政策。田酉如的《论太行抗日根据地的社会经济变革》⑥，探讨了边区建立前的社会性质、根据地建立、政治建设、减租减息政策，认为减租减息政策的实施，动摇了封建土地所有制，使农民经济力量得以提升，同时也促使地主、富农大量向工商业转化，从而推动了边区经济的全面发展。陈家骥、应兆麟、祖云合写的《皖中抗日根据地减租减息的历史考察》⑦，具

---

①　魏宏运：《论晋察冀抗日根据地货币的统一》，《近代史研究》1987 年第 2 期。

②　宋克仁：《晋察冀边区的金融货币斗争》，《山西革命根据地》1987 年第 3 期。

③　朱玉湘：《山东抗日根据地的减租减息》，《文史哲》1981 年第 3 期。

④　朱玉湘：《山东抗日根据地的经济建设》，《东岳论丛》1981 年第 6 期。

⑤　薛暮桥：《山东抗日根据地的对敌货币斗争》，《财贸经济丛刊》1980 年第 1 期。

⑥　田酉如：《论太行抗日根据地的社会经济变革》，冯崇义、［澳］大卫·古德曼编：《华北抗日根据地与社会生态》，北京：当代中国出版社 1998 年版。

⑦　陈家骥、应兆麟、祖云：《皖中抗日根据地减租减息的历史考察》，《安徽史学》1985 年第 4 期。

体考察了皖中根据地根据党中央指示实施减租减息政策的过程及意义。喻杰的《忆陕甘宁边区政府的财政经济工作》①，以叙述口吻回忆了皖南事变后边区政府为解决财政困难所采取的一系列应对措施，只是对历史情境的还原。黄存林的《论抗日根据地的货币斗争》②，叙述了根据地政府运用政权力量和贸易管理禁止法币、伪钞的过程。景占魁的《晋绥革命根据地农业浅探》③，主要论述晋绥根据地政府利用减租减息，减轻群众负担，开展部队机关生产自救运动、农业贷粮贷款、武装保卫生产等措施推动根据地农业发展的简况。金丰、李树萱的《抗战时期晋绥根据地是怎样解决财政问题的》④，梳理了根据地建立以后解决财政问题从临时征调到自给自足的发展过程，指出农业生产发展是实现这一转变的关键，而减租减息、贷粮贷款、精兵简政是发展农业不可或缺的措施。韩志宇的《晋绥边区工商业政策的演变》⑤，认为晋绥边区的工商税收政策分为三个阶段，政权建立后对工商业的税收政策是"取消一切苛捐杂税，只保留烟税和酒税"，这种过多取消工商税的行为使边区财政收入陷入非常被动的局面。1940 年 8 月，边区召开第二次行政会议，会后颁布了《税收稽征暂行条例》，成为边区最早意义上正式颁布的工商税收条例，但由于缺乏经验，在实际的运作中没有取得理想的效果。此后又对工商条例进行了多次修改，对商品的税收种类进行增减，并对主要税种如货物税和营业税的税率调整背景、比率、影响进行了研究。

此外还有韩志宇的《晋绥边区农业税政策初探》⑥，郝建贵的《晋绥革命根据地货币斗争史料》⑦，李鸿的《大青山抗日游击根据地的财政经济工作》⑧，张孟莘的《抗日根据地经济建设是夺取抗战胜利的物质保证》⑨，戴向青的《土地政策的转变和抗日根据地的发展》⑩，页川的《简

①　喻杰：《忆陕甘宁边区政府的财政经济工作》，《湖南党史通讯》1985 年第 7 期。

②　黄存林：《论抗日根据地的货币斗争》，《河北学刊》1985 年第 5 期。

③　景占魁：《晋绥革命根据地农业浅探》，《晋阳学刊》1983 年第 3 期。

④　金丰、李树萱：《抗战时期晋绥根据地是怎样解决财政问题的》，《经济问题》1983 年第 8 期。

⑤　韩志宇：《晋绥边区工商业政策的演变》，《近代史研究》1986 年第 4 期。

⑥　韩志宇：《晋绥边区农业税政策初探》，《晋阳学刊》1984 年第 1 期。

⑦　郝建贵：《晋绥革命根据地货币斗争史料》，《山西财经学院学报》1982 年第 3 期。

⑧　李鸿：《大青山抗日游击根据地的财政经济工作》，《内蒙古大学学报》（哲学社会科学版）1988 年第 1 期。

⑨　张孟莘：《抗日根据地经济建设是夺取抗战胜利的物质保证》，《学术研究》1985 年第 6 期。

⑩　戴向青：《土地政策的转变和抗日根据地的发展》，《求实》1984 年第 Z1 期。

论抗日根据地的土地政策》①，何文孝、高长林、刘军的《抗日战争时期陕甘宁边区的减租减息》②，陈舜卿的《试论陕甘宁边区的减租减息》③，于滔的《抗日根据地组织货币流通基本经验初探》④，朱玉湘的《山东抗日根据地的"合理负担"政策》⑤，杨桂兰的《西北农币的发行与巩固》⑥和《晋西北抗日民主根据地的金融货币政策》⑦，等等。

这一时期，国外对中国抗日根据地的研究取得很大进展，如波林·基廷的《抗日战争时期合作运动的剖析》⑧，认为道德经济学方法和政治经济学方法对研究农民革命的作用明显，认为要分析中国的农村合作社运动，就必须重视政治、经济、文化等各个领域间的密切联系，将劳动合作社看做是中国农民革命变革的重要媒介。爱德华·弗里德曼和马克·塞尔登的《抗日战争最广阔的基础——华北根据地动员民众支援抗日的成功经验》⑨，认为抗日战争时期中共之所以在敌军军事控制的平原地区取得胜利，是由其建立了更广泛的社会基础，"党的改革战略，包括减租减息，实行累进税和鼓励扩大市场等，很好地适应了华北的条件。因此，尽管仍有贫富的阶级划分，但根据地实行的改良主义经济政策却甚至能够吸引百分之九十以上的那些至少拥有一定土地和渴望得到更多土地的人。扶植赤贫者，同时并不疏离最富有，这样，共产党逐渐建立起作为抗日运

①　页川：《简论抗日根据地的土地政策》，《绍兴师专学报》1985年第3期。

②　何文孝、高长林、刘军：《抗日战争时期陕甘宁边区的减租减息》，《山西财经学院学报》1981年第3期。

③　陈舜卿：《试论陕甘宁边区的减租减息》，《西北大学学报》（哲学社会科学版）1982年第4期。

④　于滔：《抗日根据地组织货币流通基本经验初探》，《中央财政金融学院》1984年第S1期。

⑤　朱玉湘：《山东抗日根据地的"合理负担"政策》，《文史哲》1985年第5期。

⑥　杨桂兰：《西北农币的发行与巩固》，《山西财经大学学报》1988年第2期。

⑦　杨桂兰：《晋西北抗日民主根据地的金融货币政策》，《山西革命根据地》1988年第3期。

⑧　[澳] 波林·基廷：《抗日战争时期合作运动的剖析》，南开大学历史系编：《中国抗日根据地史国际学术讨论会论文集》，北京：档案出版社1985年版。

⑨　[美] 爱德华·弗里德曼、[美] 马克·塞尔登：《抗日战争最广阔的基础——华北根据地动员民众支援抗日的成功经验》，南开大学历史系编：《中国抗日根据地史国际学术讨论会论文集》，北京：档案出版社1985年版。

动基本要素的广泛联合的基础"①。文中还指出，互助组和小生产合作社是中共根据地政府社会经济改革、发展，以及达成阶级联合的一个重要的体制，是在极端困难情况下加强统一战线、坚持经济建设的基础。日本中部工业大学田中恭子的《四十年代中国共产党的土地政策》②，认为19世纪40年代中国土地政策摇摆于激进与温和之间，其中抗战时期的经济政策被划分为两个阶段，前一阶段（1939—1940年）属于激进阶段，抗战最初两年减租土地政策只在少数根据地以群众斗争形式得到贯彻，而且斗争极为激烈并逐步走向极"左"，如佃农停止交纳租息，地主富农集中负担了税收，工商业者财产被非法没收，人身受到攻击，甚至许多人被杀死。这直接导致与富农极端接近，数量又极大的中农，尤其是上中农产生极大恐慌，社会所有阶级积极劳动、发家致富的劳动热情被极大挫伤。作者认为这源于5个方面原因，第一，中共过去分配财产和权力方式的鼓舞；第二，中共希望尽快调动广大群众的愿望；第三，党的老干部对统一战线不满；第四，毛泽东的激进主义在党内占据上风；第五，受益群众自发斗争。后一阶段（1940—1945年），大体上这一阶段中共土地政策是由温和逐渐走向激进化，一般来说当军事、经济情况紧张时，土地政策较为温和，反之则趋向激进，但随着抗日战争接近胜利，中共为作好内战准备，在经济、军事紧张情况下也实行了激进化土地政策。解放战争时期则完全是激进的土地改革。

　　第二阶段，从20世纪90年代，这是抗日根据地经济史研究的初步发展阶段，学者开始运用经济学、社会学等新方式研究边区经济。如刘萍的《对华北抗日根据地妇女纺织运动的考察》③，就是用社会学方法研究经济史和妇女史的良好实践，文中探讨了华北根据地开展纺织运动的背景、原因，以及边区政府如何组织妇女、解决原料、改进纺织技术，指出妇纺运动不仅是根据地渡过灾荒，农民增加收入、改善生活的手段，更是推动边区经济建设和妇女运动发展的重要原因。于松晶、薛微的《抗日根据地

　　① ［美］爱德华·弗里德曼、［美］马克·塞尔登：《抗日战争最广阔的基础——华北根据地动员民众支援抗日的成功经验》，南开大学历史系编：《中国抗日根据地史国际学术讨论会论文集》，北京：档案出版社1985年版，第91页。

　　② ［日］田中恭子：《四十年代中国共产党的土地政策》，南开大学历史系编：《中国抗日根据地史国际学术讨论会论文集》，北京：档案出版社1985年版。

　　③ 刘萍：《对华北抗日根据地妇女纺织运动的考察》，《抗日战争研究》1998年第2期。

的物价管理》①，则是运用经济学理论对边区物价进行定量分析，指出物价大幅度上涨是根据地经济的普遍问题，而货币发行量膨胀、边区生产无法自给、进出口贸易不平衡、战争破坏更加剧了货币的通货膨胀，为此边区必须实施发展生产、开源节流、掌握外汇、争取贸易平衡、掌控货币投放力度等政策以维护货币稳定、保障物价平稳。方明东的《革命根据地农村社区的社会变革》②，用社区学理论分析了红色苏维埃区域、抗日根据地、解放区的自然区域和法定社区的变化情况，指出革命主要改变了根据地农村的法定社区。李金铮的《论 1938—1949 年华北抗日根据地和解放区合作社的借贷活动》③，对合作社借贷活动进行研究，指出成立合作社，尤其是信用合作社，是边区应对乡村私人借贷停滞问题的重要举措，并具体论述了边区合作社的发展历程、资金来源、借贷原则、效果与局限，是一篇资料翔实、论证严谨的学术文章。郭晓平的《太行根据地的金融斗争》④，论述了太行根据地以冀南纸钞为本位币，坚决肃清土杂钞，打击伪钞，灵活与法币作斗争的活动，边区政府为保证货币斗争的胜利，还通过加强外汇管理和发展贸易的方式进行支援，此外还简单介绍了冀南银行农贷政策及作用。李金铮的《抗日战争时期晋察冀边区的农业》⑤，认为长期以来边区农业发展直线上升的结论是错误的，实际上由于边区农业起点很低、日寇蹂躏、国民党制造摩擦等原因，其发展趋势是曲线上升的，同时分析了边区农业发展的原因以及作用。温锐的《变革封建土地所有制的另一种方式——略论晋察冀边区减租减息的社会改革作用》⑥，认为减租减息政策在土地占有、阶级关系、打击封建势力方面都有重要作用，并分析了其中的内在原因和这种"改良主义"政策的优越性。王晋源的《科学技术在晋察冀根据地经济建设中的作用》⑦，突破以往政治、

① 于松晶、薛微：《抗日根据地的物价管理》，《历史档案》1999 年第 1 期。

② 方明东：《革命根据地农村社区的社会变革》，《北京邮电大学学报》1999 年第 1 期。

③ 李金铮：《论 1938—1949 年华北抗日根据地和解放区合作社的借贷活动》，《社会科学论坛》1999 年第 Z3 期。

④ 郭晓平：《太行根据地的金融斗争》，《中共党史研究》1995 年第 4 期。

⑤ 李金铮：《抗日战争时期晋察冀边区的农业》，《中共党史研究》1992 年第 4 期。

⑥ 温锐：《变革封建土地所有制的另一种方式——略论晋察冀边区减租减息的社会改革作用》，《抗日战争研究》1992 年第 4 期。

⑦ 王晋源：《科学技术在晋察冀根据地经济建设中的作用》，《山西师大学报》（社会科学版）1995 年第 3 期。

经济视野，独辟蹊径地从边区科技发展及推广方面分析农村经济的发展，具有开创性的意义。魏宏运的《论晋冀鲁豫根据地的集市贸易》①，论述了抗战时期边区集市贸易在繁荣经济、调剂余缺、统一货币、支持抗战等方面的重要作用。郝建贵、郝品的《抗战时期的西北农民银行》②，涉及了银行建立的背景、农币的发行、货币斗争及生产贷款，但论述过于简单，没有上升到学术的高度。

此外，还有闫庆生、黄正林的《论抗战时期陕甘宁边区的农业政策》③，乌亭玉的《北方抗日根据地农林牧副业的发展》④，王超航的《抗日根据地的农业经济建设》⑤，朱兴义、赫坚的《抗日战争时期土地政策的转变与抗日根据地的发展》⑥，孙守源的《山东抗日根据地地方流通券探踪》（上）⑦、（下）⑧，李小玲的《晋冀鲁豫根据地金融斗争史略》⑨，花瑜的《晋冀鲁豫抗日根据地的减租减息运动》⑩，申春生的《山东抗日根据地的对敌贸易斗争》⑪ 和《山东抗日根据地的两次货币斗争》⑫，刘宏的《晋察冀边区的棉纺织业》⑬，贾秉文的《晋察冀边区的金融事业》⑭，赵熙盛的《抗战时期晋察冀边区土地政策》⑮，石雷的《回忆晋察冀边区银行》⑯，等等。

第三阶段，21 世纪以来，这是研究根据地经济的兴盛时期，不仅有大量富有深度的论文发表，还出现许多有学术价值的博士、硕士学位论

---

① 魏宏运：《论晋冀鲁豫根据地的集市贸易》，《抗日战争研究》1997 年第 1 期。
② 郝建贵、郝品：《抗战时期的西北农民银行》，《文史月刊》1999 年第 1 期。
③ 闫庆生、黄正林：《论抗战时期陕甘宁边区的农业政策》，《西北师大学报》（社会科学版）1999 年第 5 期。
④ 乌亭玉：《北方抗日根据地农林牧副业的发展》，《北方文物》1999 年第 4 期。
⑤ 王超航：《抗日根据地的农业经济建设》，《辽宁行政学院学报》1999 年第 5 期。
⑥ 朱兴义、赫坚：《抗日战争时期土地政策的转变与抗日根据地的发展》，《松辽学刊》（社会科学版）1999 年第 3 期。
⑦ 孙守源：《山东抗日根据地地方流通券探踪》（上），《中国钱币》1999 年第 2 期。
⑧ 孙守源：《山东抗日根据地地方流通券探踪》（下），《中国钱币》1999 年第 3 期。
⑨ 李小玲：《晋冀鲁豫根据地金融斗争史略》，《山西档案》1994 年第 3 期。
⑩ 花瑜：《晋冀鲁豫抗日根据地的减租减息运动》，《平原大学学报》1994 年第 2 期。
⑪ 申春生：《山东抗日根据地的对敌贸易斗争》，《齐鲁学刊》1995 年第 5 期。
⑫ 申春生：《山东抗日根据地的两次货币斗争》，《中国经济史研究》1995 年第 3 期。
⑬ 刘宏：《晋察冀边区的棉纺织业》，《河北学刊》1998 年第 1 期。
⑭ 贾秉文：《晋察冀边区的金融事业》，《历史档案》1995 年第 2 期。
⑮ 赵熙盛：《抗战时期晋察冀边区土地政策》，《中国人民大学学报》1994 年第 3 期。
⑯ 石雷：《回忆晋察冀边区银行》，《文史精华》1994 年第 3 期。

文，这一阶段学术研究的重要特点是更加注重多学科交叉研究和多种研究方法的综合运用，而且研究范围也大大扩展。

1. 减租减息方面。主要有张玮的《晋西北抗日根据地的减租与交租问题》①，文章从地主减租和佃户交租两个方面探讨了根据地减租减息政策的进行，他指出减租运动并非一帆风顺，主佃双方围绕减租和交租进行了激烈的较量，中共政权介入了地主与佃农的传统租佃关系中，并注意到传统宗族血缘关系在租佃关系中影响，地主与农民深厚的乡间情谊成为减租减息顺利进行的极大障碍，在一定程度上形成对中共这项政策的民间对抗。张玮的《抗战时期晋西北的地租、租率及其变动——以1942年张闻天调查为中心》②，考察了抗战爆发后，在中日战争和中共减租政策影响下，边区农村租佃关系的变化，租佃形式经历了租种向伴种，定租、钱租向分成租、物租的转化；租额降低而原租额相对升高，实租率仍维持战前水平；地主为对抗减租运动对原有地租采取了种种包装方式。李柏林的《减租减息与淮北抗日根据地乡村社会的变迁》③，将减租减息政策与乡村社会变迁联系起来，认为减租减息政策的推行引起乡村社会巨大社会变迁，具体表现在边区土地逐步转移到中、贫农手中；阶级结构呈现出极强的中农化趋势；贫苦农民在生活改善基础上政治参与意识大大增强。黄正林的《地权、佃权、民众运动与减租运动——以陕甘宁边区减租减息运动为中心》④，主要探讨了减租运动中的农民佃权问题；政府减租政策与乡村原始租佃关系冲突问题；地主在运动中态度问题；动员与减租关系等问题。认为中共减租法令打破了以往租佃关系中的欠租常态，反而使农户多交了租子；中共对减租政策的弹性调整缓解了与地方惯性的冲突，从而保证租佃政策的顺利实施；政府通过制度规定和成立农会、租户会、减租会等民间减租组织等形式确保了农民的佃权；通过广泛的群众动员消除农民对地主的恐惧心理；通过减租运动乡村社会不仅形成以农民为中心的新经济体制，而且还促使中共扶植起来的积极分子成为新的乡村权威。李永

①　张玮：《晋西北抗日根据地的减租与交租问题》，《中国农史研究》2008年第4期。

②　张玮：《抗战时期晋西北的地租、租率及其变动——以1942年张闻天调查为中心》，《中国经济史研究》2009年第3期。

③　李柏林：《减租减息与淮北抗日根据地乡村社会的变迁》，《抗日战争研究》2006年第2期。

④　黄正林：《地权、佃权、民众运动与减租运动——以陕甘宁边区减租减息运动为中心》，《抗日战争研究》2010年第2期。

芳的《晋冀鲁豫抗日根据地的减租减息运动》①，将边区经济按时间和发展情况分为四个阶段，并论述了减租减息运动的成绩、意义及历史经验（充分依靠群众；对地主既斗争又让步；防止"左"右倾错误，灵活执行减租减息政策）。徐建国的《抗战时期晋冀鲁豫边区减租减息运动中农民的思想变迁》②，将减租减息与农民思想变迁相结合，认为抗战时期贯彻减租减息政策关键是改变农民的传统思想观念，以农民贫富观念出发引导农民认识到自己受穷得根源是地主剥削，从而使他们产生和增强阶级观念、团结组织意识、集体斗争意识、参政议政意识、国家民族观念、政策法令意识。另外还有王晓蕊的《抗战时期晋西北地区中共减息政策的变迁》③，刘学礼的《抗战时期晋察冀边区减租减息运动的历史作用和经验探析》④，林淼的《陕甘宁边区减租减息运动研究》⑤，等等。

2. 互助合作运动方面。王晓蕊的《晋西北根据地合作社研究》⑥，运用区域史研究方法概述了抗战时期晋西北根据地合作社发展情况，并对其组织管理原则、发展特征、历史意义及发展偏差进行了细致的梳理。周婷婷的《以乡村民众的视角探寻历史发展的多面性——以土改前山东根据地农民互助状况为例》⑦，通过"自下而上"的研究方法考察抗战时期边区互助运动中的农民心态问题，指出私有制下农民经济条件与参加互助合作的热情成反比，总结了中共领导下互助合作组织的基本原则，并认为互助运动正式开启了农村集体化劳动的序幕。侯春华的《论抗日根据地的农业互助合作运动》⑧，对中共领导下根据地互助合作运动做了整体性的考察。王晓荣、李斌的《陕甘宁边区互助合作运动的社会治理功能论

①　李永芳：《晋冀鲁豫抗日根据地的减租减息运动》，《中国社会经济史研究》2005年第4期。

②　徐建国：《抗战时期晋冀鲁豫边区减租减息运动中农民的思想变迁》，《党的文献》2008年第5期。

③　王晓蕊：《抗战时期晋西北地区中共减息政策的变迁》，《学理论》2012年第11期。

④　刘学礼：《抗战时期晋察冀边区减租减息运动的历史作用和经验探析》，《党史研究与教学》2006年第5期。

⑤　林淼：《陕甘宁边区减租减息运动研究》，硕士学位论文，延安大学，2011年。

⑥　王晓蕊：《晋西北根据地合作社研究》，硕士学位论文，山西师范大学，2012年。

⑦　周婷婷：《以乡村民众的视角探寻历史发展的多面性——以土改前山东根据地农民互助状况为例》，《山东社会科学》2012年第3期。

⑧　侯春华：《论抗日根据地的农业互助合作运动》，硕士学位论文，郑州大学，2007年。

析》①，将经济史与社会史相结合，认为边区互助合作运动不仅是抗战胜利的重要保证，同时还促进了农村社区发展和社会资本积累，提高了群众政治参与热情，并形成一群以精英为主体的乡村新权威。刘大可的《山东解放区的农业互助合作运动》②，探讨了互助合作运动的形成条件、组织形式、发展过程，及发展过程中的经验与不足。贺文乐的《20世纪三四十年代晋西北农村变工互助探析》③，文章探讨了边区变工互助的背景、组织原则、互助绩效及偏差问题。李玲玲的《晋察冀抗日根据地农业劳动互助运动的历史考察》④，考察了抗战时期边区互助合作运动的起源、发展过程、管理组织形式、取得的成绩。张玮、李翠青的《中共晋西北抗日根据地劳动互助政策及实践评价》⑤，具体阐述了边区互助合作组织的形成背景、互助组织形式、历史意义及发展局限性。此外还有童振华的《晋西北变工互助研究（1943—1945）》⑥，李丽芳的《抗战时期晋察冀边区合作经济的发展》⑦，刘庆礼的《抗战时期晋察冀边区的合作社述论》⑧和《试论抗战时期晋察冀边区的劳动互助合作》⑨，张永刚、张丽的《抗战时期晋察冀边区的合作社商业》⑩，等等。

3. 金融、银行、货币方面。陈林的《华中抗日根据地的货币研究》⑪，对华中抗日根据地货币发行背景、原则、途径、准备金等问题进行研究，同时还论述了本币与日伪币、法币、杂钞的斗争情况及本位币的

---

① 王晓荣、李斌：《陕甘宁边区互助合作运动的社会治理功能论析》，《宁夏大学学报》（人文社会科学版）2011年第3期。

② 刘大可：《山东解放区的农业互助合作运动》，《东岳论丛》1991年第3期。

③ 贺文乐：《20世纪三四十年代晋西北农村变工互助探析》，硕士学位论文，山西师范大学，2010年。

④ 李玲玲：《晋察冀抗日根据地农业劳动互助运动的历史考察》，硕士学位论文，吉林大学，2006年。

⑤ 张玮、李翠青：《中共晋西北抗日根据地劳动互助政策及实践评价》，《古今农业》2006年第3期。

⑥ 童振华：《晋西北变工互助研究（1943—1945）》，硕士学位论文，山西大学，2008年。

⑦ 李丽芳：《抗战时期晋察冀边区合作经济的发展》，《沧桑》2011年第3期。

⑧ 刘庆礼：《抗战时期晋察冀边区的合作社述论》，《党史文苑》2010年第4期。

⑨ 刘庆礼：《试论抗战时期晋察冀边区的劳动互助合作》，《商业文化》（学术版）2009年第11期。

⑩ 张永刚、张丽：《抗战时期晋察冀边区的合作社商业》，《河北大学学报》（哲学社会科学版）2007年第6期。

⑪ 陈林：《华中抗日根据地的货币研究》，硕士学位论文，华中师范大学，2007年。

历史作用。此外还有陈珂的《陕甘宁边区述论》①，高翠的《抗日根据地驱逐伪币的斗争述论》②，杨建芳的《西北农民银行探析》③，光梅红的《西北农民银行成立原因探析》④ 和《抗战时期西北农币信用危机及原因分析》⑤，赵颖的《晋西北根据地发行农币的原因》⑥，梁丽哲的《晋察冀边区对日伪货币的斗争》⑦，等等。

4. 农村借贷问题。李金铮的《华北抗日根据地私人借贷利率政策考》⑧，以华北抗日根据地为考察对象，将根据地私人利率发展分为两个时期，其中 1942 年以前边区借贷利率普遍减至 1 分或 1.5 分，1942 年以后受民间借贷停滞影响，开始放松新债借贷利率限制，大多数地方利率由借贷双方自由议定，少数地方提高了利率标准。作者认为新债利率自由议定与禁止高利贷政策，利用高利贷又没有高利贷利率标准，两者之间不可调和的矛盾是边区借贷始终不活跃的直接原因。张玮的《中共减息政策实施的困境与对策——以晋西北抗日根据地乡村借贷关系为例》⑨，在中共实行减租减息政策和根据地混乱的金融状况下，乡村社会出现了农民肆意拖欠甚至不还借贷以及农民告贷无门的情况，中共为了活跃民间借贷采取了一系列的措施，先是制定了新的减租减息条例，规定取消分半减息限制，利息依当地社会习惯由债权人与债务人自行约定，并区分新旧债，对其偿还分别规定，还鼓励民间直接互助借贷，在一定程度上缓解了借贷停滞的局面。张玮的《抗战前后晋西北乡村私人借贷》⑩，认为贫困是边区农民大量借债的直接原因，这些借贷大部分用于家庭生活消费、清偿旧债、维持生计等非生产性消费，因此粮食借贷利率普遍高于货币借贷率，

---

① 陈珂：《陕甘宁边区述论》，《沈阳大学学报》2011 年第 2 期。
② 高翠：《抗日根据地驱逐伪币的斗争述论》，《延安大学学报》（社会科学版）2011 年第 6 期。
③ 杨建芳：《西北农民银行探析》，《社会纵横》（新理论版）2011 年第 1 期。
④ 光梅红：《西北农民银行成立原因探析》，《山西档案》2008 年第 2 期。
⑤ 光梅红：《抗战时期西北农币信用危机及原因分析》，《山西高等学校社会科学学报》2008 年第 8 期。
⑥ 赵颖：《晋西北根据地发行农币的原因》，《山西高等学校社会科学学报》2008 年第 7 期。
⑦ 梁丽哲：《晋察冀边区对日伪货币的斗争》，《大众文艺》（理论）2009 年第 3 期。
⑧ 李金铮：《华北抗日根据地私人借贷利率政策考》，《抗日战争研究》2001 年第 3 期。
⑨ 张玮：《中共减息政策实施的困境与对策——以晋西北抗日根据地乡村借贷关系为例》，《党的文献》2009 年第 6 期。
⑩ 张玮：《抗战前后晋西北乡村私人借贷》，《抗日战争研究》2011 年第 3 期。

债权者的主体是地主、商人和富农，而普通农民与小手工业者也是重要补充，债务人则是以中贫农、贫农、雇农为主。借贷期限方面，一般来说钱债长于粮债。借贷主要分为信用借贷与抵押借贷（以土地为最多），其中土地抵押又分为"押地"和"典地"，前者不会发生地权转移，而后者则成为抗战前后乡村社会地权转移的基本路线。武婵的《20世纪四十年代晋绥边区农贷研究》①，论述了晋绥边区政府各种农贷政策、农贷原则、农贷对象、农贷利率、农贷种类、债务清偿等问题，并以河曲为个案进一步分析。接着专门介绍西北农民银行的成立及农贷政策，并以黑峪口村为例进行个案分析。最后总结了边区农贷的绩效与不足。还有李丽芳的《浅谈晋察冀抗日根据地北岳区农贷发放》②，刘立的《抗战时期陕甘宁边区农业贷款研究》③，张永红的《陕甘宁边区政府货币政策研究》④，徐建国的《关于减租减息运动中的农民动员——以晋冀鲁豫抗日根据地为例》⑤，杨建芳的《浅析西北农民银行的农贷》⑥，等等。

5. 土地政策与阶级关系方面。王先明的《晋绥边区的土地关系与社会结构的变动——20世纪三四十年代乡村社会变动的个案分析》⑦中，以晋绥边区为研究区域，系统阐述了中共减租减息和土地改革所引起的乡村土地关系变动问题。他指出减租减息政策改善了贫苦农民的经济生活，在一定程度上调整了租佃关系，使农村土地由集中走向分散的步伐加快。通过地权关系的变动也使乡村阶级结构发生了明显的变化，主要表现为农村阶级两级差距的缩小，中农阶层的明显扩大。在解放战争中，又通过土地改革进一步变革乡村地权关系，从1946年中共发布"五四指示"之后，晋绥边区及时向边区贯彻执行，使抗战期间基本维持的传统地主土地制度彻底被摧毁，在阶级划分和中农利益方面，"左"倾错误始终伴随，直接

---

① 武婵：《20世纪四十年代晋绥边区农贷研究》，硕士学位论文，山西师范大学，2010年。

② 李丽芳：《浅谈晋察冀抗日根据地北岳区农贷发放》，《党史博览》（理论）2011年第1期。

③ 刘立：《抗战时期陕甘宁边区农业贷款研究》，硕士学位论文，延安大学，2011年。

④ 张永红：《陕甘宁边区政府货币政策研究，硕士学位论文，延安大学，2011年。

⑤ 徐建国：《关于减租减息运动中的农民动员——以晋冀鲁豫抗日根据地为例》，《中共山西省委党校学报》2011年第1期。

⑥ 杨建芳：《浅析西北农民银行的农贷》，《沧桑》2011年第1期。

⑦ 王先明：《晋绥边区的土地关系与社会结构的变动——20世纪三四十年代乡村社会变动的个案分析》，《中国农史》2003年第1期。

导致农民怕富思想的肆虐。岳谦厚、张文俊的《晋西北抗日根据地的"中农经济"——以 1942 年张闻天兴县 14 村调查为中心的研究》①，认为这一地区在抗战前后都是典型的"中农化"小农经济生产区，战前主要表现为户口上地主、富农所占比重极少，大多数地区都以中、贫农为主；在地权分配上各阶层是相对平均的；在耕种方式上以自种为主。抗战后边区政府通过减租减息、合理负担等政策，使贫雇农经济条件大大改善，中农阶层进一步扩大，地主、富农比重更形减小，土地更加分散化，更强化了当地"中农化"的经济特点。其实证分析法的运用给边区经济史研究提供了良好借鉴。张文俊的《革命乡村阶级结构与土地关系之嬗变——以晋绥边区西坪村为例》②，以晋西北兴县西坪村为个案，认为受革命与战争的影响，西坪村阶级关系和地权关系都趋向"中农化"，在阶级结构方面，富农、中农比重没有太大变化，贫农、商人、雇农等阶层却大量转化为中农；在土地占有方面，新中农群体成为土地的主要占有者。此外还有刘鹏的《山东革命根据地的土地政策》③，牛建立的《抗战时期晋绥边区的农业》④，达凤云、边质洁的《抗战时期晋察冀边区的土地政策初探》⑤，张照青的《抗战时期晋察冀边区农业改良述论》⑥，等等。

6. 劳动力方面。张玮的《二十世纪三四十年代晋西北的农业雇工》⑦，对晋绥边区农村雇工问题进行了研究，涉及了雇工类型、雇佣程序、雇工工作、雇工待遇、雇工家庭生活水平变化等方面内容。他在文中把晋西北的劳动力分为家工和雇工两类，其中雇工又分为长工与短工。雇工与雇主的雇佣程序既没有书面契约，也没有"中人"，双方只要就工资和工作时间直接叩头约定即可，如果任意一方有正当的理由或者感情不洽

---

①　岳谦厚、张文俊：《晋西北抗日根据地的"中农经济"——以 1942 年张闻天兴县 14 村调查为中心的研究》，《晋阳学刊》2010 年第 6 期。

②　张文俊：《革命乡村阶级结构与土地关系之嬗变——以晋绥边区西坪村为例》，《兰州学刊》2009 年第 10 期。

③　刘鹏：《山东革命根据地的土地政策》，硕士学位论文，山东大学，2006 年。

④　牛建立：《抗战时期晋绥边区的农业》，《许昌学院学报》2011 年第 1 期。

⑤　达凤云、边质洁：《抗战时期晋察冀边区的土地政策初探》，《河北省社会主义学院学报》2007 年第 4 期。

⑥　张照青：《抗战时期晋察冀边区农业改良述论》，《河北理工学院学报》（社会科学版）2005 年第 2 期。

⑦　张玮：《二十世纪三四十年代晋西北的农业雇工》，《山西师范大学学报》（社会科学版）2004 年第 3 期。

均可随时解约。在待遇上长工一般以务工的时间长短及质量的好坏定夺，短工工资则具有极强的季节性，在农忙季节的工资最高。由于战争爆发消耗了农村所有的资源和储备，农民生活水平与战前相比呈下降趋势。李常生的《晋西北根据地妇女劳动力资源开发探析——以纺织妇女为例》[①]，简论边区政府通过互助变工、贷粮贷款、思想动员、培训纺织训练班等方式整合妇女劳动参加纺织生产的具体情况，指出妇女纺织对解决军民穿衣问题、支援巩固根据地及妇女自身的解放都有重要意义。

7. 工农商业及财政税收方面。高洪方的《山东抗日根据地的私营工商业管理》[②]，简论边区工商业政策和发展概况，并指出鼓励私营工商业发展对于活跃工商业，打击囤积居奇，促进内外贸易，补充公营经济，培养经济干部、积累工商业发展经验等方面都有重要作用。牛建立的《论抗战时期华北根据地的商业建设》[③]，论述华北抗日根据地在残酷战争环境下，在中共领导下，边区政府建立贸易机构，颁布鼓励商业发展政策、成立公营、公私营商店、统一货币和度量衡、加强缉私、运输和武装结合等方式，建立边区商业的过程及发展商业的积极意义。郑立柱的《论中共抗日根据地的农业科研及社会变迁》[④]，指出抗战时期各根据地存在着农业科技成果丰硕与难以推广的尴尬，为此边区政府采用组织推广机构，号召党政机关团体示范，建立特约农田、示范农户、特约农家，举办农业展览会，培养农业技术干部，利用媒体宣传普及等方式大力推广，最终使农业科研成果转化为生产力，使农民物质生活得到改善，同时也培养了农民的科学精神，提升了农民的精神境界，为抗战最终胜利奠定了坚实基础。刘波的《论晋西北革命根据地贸易政策的演变》[⑤]，阐述了抗战时期和解放时期边区贸易政策的演变发展及实施效果，认为从整体上来说边区贸易是逐步走向成熟的，但受政治干预和战争影响，经济自由调节功能基本没有发挥出来，从而对边区经济产生某些消极影响。赵立伟的《晋察

---

①　李常生：《晋西北根据地妇女劳动力资源开发探析——以纺织妇女为例》，《山西大同大学学报》（社会科学版）2011 年第 6 期。

②　高洪方：《山东抗日根据地的私营工商业管理》，《工商行政管理》2011 年第 21 期。

③　牛建立：《论抗战时期华北根据地的商业建设》，《洛阳理工学院学报》（社会科学版）2012 年第 1 期。

④　郑立柱：《论中共抗日根据地的农业科研及社会变迁》，《农业考古》2012 年第 3 期。

⑤　刘波：《论晋西北革命根据地贸易政策的演变》，硕士学位论文，山西大学，2012 年。

冀边区集市研究》①，论述了抗战时期边区集市的恢复和发展，还探究了集市的管理与运作方式，结构与交易情况，以及集市的政治宣传和对敌斗争功能。闫庆生、黄正林的《抗战时期陕甘宁边区的农村经济研究》②，文章论述边区经济发展的背景、措施及成效，认为农村经济发展促进了边区阶级结构变化和农工商贸的一体多元发展。王晋林的《抗战时期陕甘宁边区私营商业发展的特点及意义》③，论述抗战时期在边区政府扶植下私营商业获得很大发展，在经营方向上由经营外来商品为主转向以原料和自产商品为主；在商店性质上经营奢侈品与迷信品的商店大量减少，而加工兼销售型的商店迅速增多；在发展规模上大商户减少，中小商户不断增多；在发展场所上集市成为私营商业发展的重要场所。私营商业发展对边区经济的重要意义在于它是新民主主义经济的重要组成部分；是边区公营商业的重要补充；也是边区社会经济发展的重要标志。王建国的《华中抗日根据地田赋征收考述》④，论述抗战时期边区政府以"量能纳税"为原则，采用清产田亩、田赋征粮、整顿征收秩序，以及废除册书制度等方式，彻底改革原有田赋制度的过程及重要意义。黄正林、文月琴的《抗战时期陕甘宁边区的农业税》⑤，辩证地分析了抗战期间边区救国公粮的征收政策及实施情况，认为皖南事变前边区大多数地方都没有按照统一累进原则，而是采用政治动员方式征收公粮；皖南事变后边区政府通过修订减租减息条例使各阶层负担逐渐趋于合理，但1943年开始实行的统一累进税征收税方式却没能在更多的地区推广。还有魏宏运的《晋冀鲁豫抗日根据地的商业贸易》⑥，刘云的《安徽敌后抗日根据地水利建设初探》⑦，杨肃娟的《晋绥抗日根据地的工商税收》⑧，李春峰的《抗战时期

①　赵立伟：《晋察冀边区集市研究》，硕士学位论文，河北大学，2009年。

②　闫庆生、黄正林：《抗战时期陕甘宁边区的农村经济研究》，《近代史研究》2001年第3期。

③　王晋林：《抗战时期陕甘宁边区私营商业发展的特点及意义》，《兰州学刊》2010年第11期。

④　王建国：《华中抗日根据地田赋征收考述》，《中共党史研究》2012年第4期。

⑤　黄正林、文月琴：《抗战时期陕甘宁边区的农业税》，《抗日战争研究》2005年第2期。

⑥　魏宏运：《晋冀鲁豫抗日根据地的商业贸易》，《历史教学》（高校版）2007年第12期。

⑦　刘云：《安徽敌后抗日根据地水利建设初探》，《沧桑》2010年第10期。

⑧　杨肃娟：《晋绥抗日根据地的工商税收》，《党史文汇》2011年第6期。

晋察冀边农田水利建设的历史考察》①，李自典的《抗战时期晋察冀边区的农业生产与政府干预》②，李丽芳的《抗战时期晋察冀边区的农业生产》③，庞琳、刘鹏的《略论抗日战争时期晋察冀边区的农业政策与立法》④，孙建刚、史红霞的《试论晋冀鲁豫抗日根据地的贸易"统制"政策》⑤，等等。

8. 群众生活方面。张玮的《三四十年代晋西北农民家庭生活实态——兼论"地主阶层"经济与生活水平之变化》⑥，用社会学方法考察了抗战时期边区普通的吃、穿、住、用、行的具体状况，并以"地主阶层"⑦为考察样本进行分析，认为由于财政收入减少及负担的加重，"地主阶层"的整体生活水平是普遍下降了。

9. 物价问题。张照青的《抗战时期晋察冀边区物价问题研究》⑧，认为物价整体上升，不同商品价格不平衡，同一商品价格地区差异悬殊是抗战期间边区物价的三个特点。引起物价问题的原因有多种，其中日寇的掠夺、破坏是根本原因，边区政府超额发行货币是直接原因，贸易逆差和自然债也是重要影响因素。边区政府将发展经济作为稳定物价的根本，同时又利用发行货币、平衡供求关系、加紧对敌斗争等方式加以调节，最终使

① 李春峰：《抗战时期晋察冀边区农田水利建设的历史考察》，《延安大学学报》（社会科学版）2011 年第 3 期。

② 李自典：《抗战时期晋察冀边区的农业生产与政府干预》，《抗日战争研究》2006 年第 2 期。

③ 李丽芳：《抗战时期晋察冀边区的农业生产》，《湘潮》（下半月）2011 年第 4 期。

④ 庞琳、刘鹏：《略论抗日战争时期晋察冀边区的农业政策与立法》，《法制与社会》2010 年第 11 期。

⑤ 孙建刚、史红霞：《试论晋冀鲁豫抗日根据地的贸易"统制"政策》，《前沿》2011 年第 12 期。

⑥ 张玮：《三四十年代晋西北农民家庭生活实态——兼论"地主阶层"经济与生活水平之变化》，《晋阳学刊》2005 年第 1 期。

⑦ 作者这里使用"阶层"一词，一般情况下与"阶级"一词是通用的，但严格意义上说，这两者的概念意义是不同的，"社会阶层是一个科学概念，意谓财富地位、身份相同之人士，社会阶层更包括政治、心理因素"。（张华葆：《社会阶层》，台北：三民书局股份有限公司 1987 年版，第 1 页。）对于阶级，学者普遍认为是"建立在认为社会存在着分裂和对立的集团，并且集团之间的对立使社会处于持久的冲突之中"。阶层则"是一个社会中具有相对的同质性和持久性的群体，它们是按等级排列的，每一个阶层成员具有类似的价值观、兴趣爱好和行为方式"（http://wenku.baidu.com/view/38e7552e0066f5335a812145.html），因此本人认为这篇文章中所指的"地主阶层"更多的是特指"地主阶级"。

⑧ 张照青：《抗战时期晋察冀边区物价问题研究》，《中国经济史研究》2008 年第 3 期。

边区物价逐渐趋于稳定，不仅保障了边区军民的物质需求，繁荣了市场，而且积累了丰富的物价管理经验。倪立敏的《抗战时期晋冀鲁豫边区物价问题探析》①，对边区商品物价的变动特征、原因，政府为稳定物价采取的政策及效果、启示做了深入的探讨。还有张秀芬的《抗日战争时期陕甘宁边区的物价斗争》②，郑彦林的《试论抗战时期陕甘宁边区的物价问题》③，张照青、张帆的《论抗战时期晋察冀边区的物价变动》④。

综上所述，通过对以往研究成果的总结，我们看到 20 世纪 80 年代以来学术界在研究农村经济方面已经取得丰硕成果，但其中还有以下几点缺憾：（1）研究内容的不平衡性。有关减租减息、借贷政策的研究较多，对边区土地地权关系、劳动力整合、物价管理、农业生产情况等方面的研究较少。（2）区域研究的不平衡性。对于晋察冀根据地、晋冀鲁豫根据地、陕甘宁边区的研究成果明显较多，而对于晋绥边区的研究相对较少。（3）研究范围的狭窄性。有关根据地的大多数研究都是针对边区经济发展的某一方面进行研究，很少有对根据地经济整体概况进行综合研究。

三　研究思路

本书将区域史与经济史研究结合起来，对抗战时期晋绥边区农村经济主要问题进行系统的综合性研究。这种整合研究的方法，不仅可以在地域文化的框架下凸显出晋绥边区农村经济的独特性，又可以极大地丰富抗日根据地经济的整体性研究。晋绥根据地是中共开辟的众多敌后抗日根据地重要组成部分之一，为了在极其艰苦的环境下坚持战斗，中共颁布了一系列经济建设政策，虽然具有极强的战时特征，但还是在一定程度上改变了边区农村经济结构，促进了边区经济发展。以前对根据地的经济研究大多数被笼罩在革命史观的"政策—效果"模式中，"把视角定位于'上层'，即国家政策的制定及实施过程，而作为生产主体的劳动者—农民（即社会层面），却被搁置在研究视野之外"⑤，他们的"声音"被湮没在革命

---

①　倪立敏：《抗战时期晋冀鲁豫边区物价问题探析》，硕士学位论文，河北大学，2009 年。

②　张秀芬：《抗日战争时期陕甘宁边区的物价斗争》，《北京商学院学报》2001 年第 2 期。

③　郑彦林：《试论抗战时期陕甘宁边区的物价问题》，《传承》2012 年第 4 期。

④　张照青、张帆：《论抗战时期晋察冀边区的物价变动》，《广西社会科学》2009 年第 9 期。

⑤　高王凌：《人民公社时期中国农民"反行为"调查》，北京：中共党史出版社 2006 年版，第 192 页。

政治话语的框架内，农民成为没有主观思想，任人摆布的陈设品。其实不然，不管任何政策的实施，都是上层与下层的双重互动过程，因此本书对晋绥边区农村经济的研究中，不仅重视中共各项经济政策的实行及其成效，而且力求挖掘民间的"声音"，将中共经济建设与民间社会的互动联系起来，以全面地考察中共的乡村经济建设。

四　创新点及不足之处

（一）创新点

1. 研究范式的创新。经济建设与基层社会之间的关系是一个相互排斥、融合乃至转换的互动过程。民间社会、广大民众并非处于完全被动的角色，民间传统运行方式、传统心态及其行为也在相当程度上制约着共产党的政策，塑造着中共各项经济政策本身。因此突破过去研究中的上层视角，重视中共经济建设与乡村社会的双重互动，对中共乡村建设的全貌考察是大有裨益的。

2. 研究内容的扩展。以往对于晋绥边区经济的研究大多数只是对某个问题的单独研究，而本书将对晋绥边区农村地权和租佃关系，新式金融建设与乡村借贷关系等问题进行综合分析，以全面反映战争背景下国家与社会间的互动关系。

3. 研究资料的创新。本书充分运用山西档案馆有关晋绥根据地的大量原始资料对边区经济发展进行系统研究，扩大了根据地经济研究的资料范围，尤其是当时边区政府所作的许多调查报告，提供了许多有关农民应对政府措施的真实实例。

（二）不足点

1. 解读资料的能力不足。由于个人理论水平和学术素养的限制，对许多原始资料的解读还很不充分，因此在行文论述中多侧重于对材料的直接引用，缺乏对资料的辩证考订。

2. 缺乏口述史和田野调查资料。口述史与调查资料是实证研究的重要组成部分，由于年代久远，许多亲身经历过这段历史的人基本上都已离开人世，许多当年经济建设遗存也在现代化影响下逐渐消亡了，如过去缺乏耕畜，多采用人工耕作方法，但现在很多地方都实现了农业机械化生产，我们就无法对当时耕作制度及效果作出实践性的考察，因此只能使用现存的文字资料进行论证研究。

第 一 章

晋绥边区自然社会环境

第一节 自然环境

"研究朝廷政治、士绅意识形态或城市发展的史学家，不一定考察气候、地形、气候等因素。研究农村人民的史学家，却不可忽略这些因素，因为农民生活是受自然环境支配的。"[①] 因此，研究晋绥边区农村经济，我们亦从考察当地自然环境着手。

一 地貌、山脉、河流

晋绥边区地跨山西、绥远两省[②]，区位上处于山西省西北部、绥远[③]中、东部地区，包括晋西北根据地和大青山根据地两部分[④]。其中晋西北根据地，位于同蒲铁路以西；西临黄河；南到汾（阳）离（石）公路；北达外长城，位于平绥铁路以南。大青山根据地，位于阴山山脉中段，东

---

① [美] 黄宗智：《华北的小农经济与社会变迁》，北京：中华书局2000年版，第51页。

② 晋绥边区主要处于山西和绥远两省，此外还包括陕西神府，1941年5月，中共中央"为使晋绥党政机关有一个安全的后方，在兴县黄河对岸，将陕甘宁边区神木、府谷二县各一部化为神府县，归晋绥边区管辖"。（中共山西省委党史研究室等编：《晋绥革命根据地大事记》，太原：山西人民出版社1989年版，第162—163页。）直到1948年12月，神木、府谷等县政府重新划归陕甘宁边区管辖。

③ 绥远最早建制是始于"自民国元年，外蒙附俄，政府防其内犯"，而在在长城以北地区建立"热河、察哈尔、绥远三个热别行政区，宁夏则设护军使驻镇其间"。到1928年时，正式成立宁夏省、绥远省、察哈尔省、热河省四个行省，本书所涉及绥远则专指绥远省。

④ 晋绥边区本包括三个地区，分别为晋西北、晋西南和绥远大青山根据地，但1939年12月"晋西事变"后，阎锡山退守晋西南，为维护统一战线，中共与阎锡山方面于1940年4月达成协议，以汾离公路以南为阎锡山的"吃粮区"，因此本书没有将边区晋西南部分列入研究范围。

起集宁灰腾梁；西至包头、固阳；北达百灵庙、乌兰花一带，与外蒙古相接；西南接外长城，与晋西北根据地相连。边区全境约33万余平方公里，其中南北约2000里，东西约500里，人口约计60万①。

　　边区地处黄土高原与蒙古高原之上，由于受历次地壳造山运动影响，境内以山地丘陵居多，山脉主要包括吕梁山、管涔山、洪涛山、云中山、大青山，其中吕梁山脉南北纵贯于晋西北地区，大青山则东西逶迤于大青山抗日根据地。

　　吕梁山脉，北接宁武、五寨、岢岚、神池等县，走至晋南西，形成一大分水岭。在此分水岭以西，拥有晋西北抗日根据地的中心地带，最南至黄河入口处之河津龙门山，全长300多公里，是山西西部的主干山脉②。吕梁山脉以东地区为一系列断裂带，并被"一系列北东向的隆起所分隔"③，由北向南形成大同盆地、忻定盆地、太原盆地，盆地内经积年河流、雨水冲刷，分别形成大同平原、崞县平原和太原平原。吕梁山脉以西地区为黄土覆盖区，土层厚度深达几十米，局部地区达到百余米，在地貌上"由于长期的侵蚀切割，形成以塬、梁、峁为代表的"④黄土丘陵区，其中梁峁丘陵分布于区域北部，具体种类、成因及分布情况是：梁状黄土丘陵区，由黄土梁与切割沟交错构成，分布于偏关至兴县之间，吕梁山脉以西的山前地带；峁状黄土丘陵，由黄土峁构成，分布于离石以北的黄河沿岸各县；梁峁黄土丘陵，由黄土斜梁和连续的峁构成，分布于晋西离石、中阳、石楼、韩侯岭一带；黄土缓丘，是由黄土覆盖在轻微沟谷切割的缓丘上构成，主要分布于晋西北的平鲁、左云、右玉等地⑤。另有黄土塬状地貌，分布在区域南部，"为晋西粮食主要产区，但塬面高谷谷深，水蚀严重，塬面不断受到沟壑溯源侵蚀而日渐缩小"⑥。在黄土沟壑丘陵

　　① 刘欣、景占魁主编：《晋绥边区财政经济史》，太原：山西经济出版社1993年版，第6、16页；张国祥主编：《晋绥革命根据地史》，太原：山西古籍出版社1999年版，第1页。

　　② 中共山西省委调查研究室：《山西省经济资料·地理地质矿产部分》第1分册，太原：山西人民出版社1958年版，第7页；刘欣主编：《晋绥边区财政经济史资料选编·总论编》，太原：山西人民出版社1986年版，第1页。

　　③ 张维邦：《山西省经济地理》，北京：新华出版社1986年版，第5页。

　　④ 山西省地方志编委会：《山西概况》，太原：山西人民出版社1985年版，第16页。

　　⑤ 张维邦：《山西省经济地理》，北京：新华出版社1986年版，第7—8页。

　　⑥ 赵济、高起江：《晋西黄土高原地区遥感应用研究》，北京：北京师范大学出版社1992年版，第2页。

纵横之间分布有五寨、静乐等盆地。

大青山是阴山山脉的重要支系，其范围"自丰镇而西绵亘于包头"[1]，呈东西走向，东西长 240 公里，南北长为 20—60 公里，其主峰海拔高达 2338 米。这一地区地形复杂，以大青山为界，山麓以北，地势较缓，川梁交错，有"见山不走山，走山如走川，骑马一蹦子，步行得半天"之说；山麓以南，坡度陡峭，是地壳运动构造的断裂地带，断层经多年侵蚀切割，形成一系列三角形的断裂面。境内地形复杂，类型多样，主要有（1）丰镇丘陵。其范围为伊马图山以南，察哈尔省以西，延伸至陶林—和林格尔—清水河一线，面积约为 3 万平方公里，主要包括丰镇、凉城、和锡林格勒、清水河、集宁、陶林等县。（2）归绥平原（盆地式平原）。本区处于大青山南面地壳运动形成的"断层之俯侧，而为沿线断陷落之区也"[2]，北连大青山，"自归绥北面的蜈蚣坝以西，至包头以西的乌拉山，山势渐形陡峭，多峻峰峭壁"[3]，东临丰镇丘陵，西南濒临黄河，全区东西最长有 2500 余公里，南北最长处约为 120 余公里，主要包括归绥、包头、萨拉齐、托克托等县。（3）乌兰察布草原。本区位于大青山以北，是由"数个消蚀平面及多数盆地建造而成"，而其中消蚀平面又是由"高低不平之地形，经过极大值风化及侵蚀作用"而形成的[4]，主要包括固阳、武川等县。

边区所属之晋西北地区河流径流空间分布严重不平衡，东部山间盆地之间，水量较大，西部黄土覆盖区，水量较小。边区河流众多，有汾河、桑干河、蔚汾河、离石水等等，总体来说境内河流属于黄河与海河两大流域，以吕梁山脉为界，以东之河流都汇入汾河，变为黄河之支流，以西之支流都汇入桑干河，变为海河之支流。其中较大河流为汾河和桑干河，汾河发源于宁武管涔山，全长 171 公里，年径流量 4.45 亿立方米，是山西最大河流，亦是黄河之第二大支流，从河津附近汇入黄河。在晋西北根据地境内主要流经宁武、静乐、娄烦、太原、清徐等地，是汾河从河源雷鸣

---

① 廖兆骏编：《亚洲民族考古丛刊·第 5 辑·绥远志略》，台北：南天书局有限公司 1987 年版，第 24 页。

② 同上书，第 22 页。

③ 刘欣、景占魁主编：《晋绥边区财政经济史》，太原：山西经济出版社 1993 年版，第 21 页。

④ 廖兆骏编：《亚洲民族考古丛刊·第 5 辑·绥远志略》，台北：南天书局有限公司 1987 年版，第 22 页。

寺到太原兰村的上游河段，全长约200公里，流经区域面积达7705平方公里，河道宽达100—200米，平均纵坡4.4‰，东南流经太原变成汾水流域。桑干河河源主流是源子河和恢河，其中源子河从左云县截口山发源，恢河发源于宁武管涔山分水岭村，年径流量为4.65亿立方米，在山西境内全长252公里，流经区域面积15464平方公里，在边区内主要流经朔县，其在马邑村流量最快，平均流量达到每秒钟7.4立方米，河流东北流向，经察哈尔进入河北，成为永定河。此外根据地内还有些较小的河流，主要有从岚县白龙山发源，经兴县汇入黄河之蔚汾河；从临县与东临县交界处发源，流入黄河之湫水；从方山发源，流经离石，进入黄河之离石水[①]。晋绥边区所属的大青山地区居于黄河北岸，主要有"佘太河、黑河、包头河、苏尔哲河、大黑河、红河、清水河等"[②]，最主要的则是黑水河，"其源出大青山，为塞外黄河最大之支流，自归绥西流，至察素齐之南，折而南向入于河（黄河）"[③]。

二　气候、土壤、自然资源

（一）气候

山西位于北纬34°35′—40°43′，属于温带大陆性季风气候，是从中温带、半湿润向温带、半干旱的过渡地带。境内四季分明，由于地势北高南低，峰峦叠嶂，气候垂直变化和南北差异十分明显，冬季受内蒙古高压影响，寒冷干燥，夏季受东南亚暖风气流影响，温暖多雨，但"与华北平原同纬度相比，气温较低。冬季漫长寒冷，多暴风雪；夏季较短无酷暑"[④]。由于境内多高山阻隔，受海洋暖湿气流的影响相对较少，因此这里的气候以寒冷、干燥为特征，"尤以晋西北地区表现更为严重，该地为

---

① 刘欣主编：《晋绥边区财政经济史资料选编·总论编》，太原：山西人民出版社1986年版，第2页；山西省史志研究院编：《山西通志·第2卷·地理志》，北京：中华书局1996年版，第193、195页。

② 廖兆骏：《亚洲民族考古丛刊·第5辑·绥远志略》，台北：南天书局有限公司1987年版，第194页。

③ 同上书，第26页。

④ 刘欣、景占魁主编：《晋绥边区财政经济史》，太原：山西经济出版社1993年版，第43—44页。

全省最大的风沙地区"①，而大青山地区由于植被破坏、放牧过度，亦是风沙肆虐之地。如果按照"大致恒山—内长城以北，属于温带半干区，恒山以南，至昔阳—太岳山—河津一线之间，为暖温带半干旱气候区，此县以南为暖温带半湿润气候区"②的标准划分，晋绥边区的气候又可进一步细分为温带半干旱和暖温带半湿润两种。

热量是农业发展的必然要求，而气温与积温是衡量热量资源的重要标准。边区气温冬季寒冷，夏季炎热，温度最高月为7月，最冷月为1月，由北向南呈逐渐递减之势。由于受地形和山峦影响，总体温度比边区其他地区偏低，其中边区境内右玉为全省气温最低之处，年平均气温仅为3.7℃，与山西省内平均气温最高地中条山南麓的13.8℃相比，相差将近10.1℃。边区内长城以北地区≥10℃的积温在2200—3200℃，属于中温带农业区，作物制度为一年一熟，内长城以南的晋西北地区≥10℃的积温在3200—3800℃，属于北暖温带区，耕作制度有一年一熟与两年三熟两种，其中一年一熟制占绝大多数。边区境内无霜期相对较短，从区位上说从北向南逐渐增加，从地形上说山地短于盆地，其中太原盆地为160—175天，忻定盆地为140—150天，大同盆地125—135天，吕梁山脉以西从五寨到右玉之间仅有100—120天，山区更是少于100天。

雨量充沛与否直接影响到农业生产的发展。山西全省雨量"从东南向西北逐渐减少，最少者为晋西和晋北地区平均一般不足400毫米"③。大青山根据地所处的内蒙地区相对山西更为靠北，不仅雨水少，而且风沙大。具体而言，边区内大同盆地、忻定盆地、太原盆地以及吕梁山以西黄河沿岸黄土丘陵地区，年降水量为400—500毫米，是山西的主要少雨区，干燥度>0.15K，属于半干旱地带；吕梁山系从右玉到吉县之间，年降水量为500—600毫米，是山西境内的一块多雨区，干燥度为0.10—0.15K，属于半湿润地带。由于是季风气候，降水亦具有季节性特点，降水集中于夏季，且多暴雨，极易造成洪水灾害，而在庄稼下种的春季，则干旱少雨，风沙不断，以致造成春荒，影响农业生产。边区各地生产季节严重缺

①　中共山西省省委调查研究室编：《山西省经济资料·第1分册·地理地质矿产部分》，太原：山西人民出版社1958年版，第17页。

②　张维邦：《山西省经济地理》，北京：新华出版社1986年版，第19页。

③　中共山西省省委调查研究室编：《山西省经济资料·第1分册·地理地质矿产部分》，太原：山西人民出版社1958年版，第27页。

水，其中忻定、太原盆地缺水 200—300 毫米，大同盆地及黄河沿岸各地缺水 150—240 毫米，极大地影响了边区农作物的生长，致使当地经济落后，人民普遍贫困①。

（二）土壤

晋绥边区被黄土广泛覆盖，德国著名地理学家、地质学家、旅行家李希霍芬②（Ferdinand Von Richthofen）曾形象描述过这里的景观，他说："一切都是黄色的。山丘、道路、田野、河流与小溪的水是黄色的，房子是黄土造的，植物上覆盖着黄色尘土，甚至空气中也免不了黄色朦雾。"③边区黄土属于地带性土壤，其主要类型有褐土、淡褐土、灰褐土、淡灰褐土、温带草原栗钙土。

褐土分布于吕梁山以东各盆地的二级阶地及其以上的阶地、丘陵和低山地带，其特点是土壤富含矿物质，有黏性，土壤剖面一般有一层褐色或者棕色的黏化层，这是本区主要的农业生产土壤。淡褐土分布于忻定盆地和太原盆地，由于气候干旱，淋溶作用小，相对于褐色土壤，其黏化层较薄，颜色较淡。温带草原栗钙土分布于内长城以北的根据地内，其特点是土壤颗粒较粗、砂性大、结构差，由于受土壤表面好气性细菌的分解，致使土壤有机质钙化严重，在土壤中、下层形成厚积的钙积层面，但由于土壤多为块状结构，相互间隔较大，有利于导热散热和吸收养分。灰褐土分布于内长城以南，吕梁山以西的广大黄土高原沟壑区内，区内土壤受侵蚀严重，水土大量流失，大多数土地内土壤结构差，层次不明显，植物生长所需的有机质少。只有极少数的山前丘陵地带，土壤条件较好，在土壤表层有一层较薄的腐殖质层，土层下层有一定的碳酸盐积淀，富有一定黏

①　张维邦主编：《山西省经济地理》，北京：新华出版社 1986 年版，第 9、12、13、16 页。山西省地方志编委会：《山西概况》，太原：山西人民出版社 1985 年版，第 19—20 页。

②　李希霍芬（Ferdinand Von Richthofen，1833—1905），全名 Ferdiand Paul Wilhelm Diebrand Frieherr Von Richthofen，1856 年获得博士学位后在维也纳等地从事科学研究，1860 年奉普鲁士国王命令赴东亚考察，1862—1868 在美国进行地质学研究。1868—1872 年，在加州银行和上海西商会的援助下，先后 7 次到中国考察，在世界上第一个提出中国黄土风成说理论，历任波恩、莱比锡、柏林大学教授，1905 年病逝于柏林。他的中文名字习惯译为费迪南·冯·李希霍芬，简称李希霍芬，但也有其他翻译，如［美］马克·塞尔登著，魏晓明、冯崇义译的《革命中的中国：延安道路》（北京：社会科学文献出版社 2002 年版），翻译为巴隆·冯·李德芬，本书按照习惯译法取李希霍芬，在此特作说明。

③　转引自［美］马克·塞尔登《革命中的中国：延安道路》，北京：社会科学文献出版社 2002 年版，第 10 页。

度，有利于农作物的生长。淡灰色褐土，分布在紫金山以北，主要包括河曲、保德、偏关、神池、五寨等县，由于受内蒙古、陕西风沙的影响，土壤种类介于灰褐土和栗钙土之间，被称为淡灰色褐土。

黄土本身就有疏松、易溶、垂直发育等特点，再加上当地植被稀少，极易受暴雨冲刷，侵蚀严重，尤其是晋西黄土丘陵地区，受侵蚀的黄土每平方公里达到一万五千吨，这在世界范围内也是极其罕见的。由于常年侵蚀，边区水土流失严重，在土壤自表土和耕作层中，作物生长所需的大量营养成分氮、鳞、钾等有机物，随泥沙被冲走，农业生产遭到严重破坏①。

（三）自然资源

边区地域辽阔，有丰富的矿产资源和林业、畜牧业资源。在矿产资源方面，盛产煤、铁、锰、铜、铅、金、银、云母、石灰、石膏、硫磺、盐、销、古生物化石等金属与非金属资源。山西素有"煤铁之乡"之称，全省"含煤面积 5.7 万平方公里，占总面积 15.6 万平方公里的36.5%"②。边区煤炭分布尤其广泛，除岢岚、五寨、方山等县外，其他各县均有煤炭资源蕴藏，以保德、兴县、临县为最多，虽然三县均采取原始土法开采，但仍可满足当地需要同时，销往山西其他地方和陕西各地。铁矿资源主要分布于宁武、静乐、河曲、偏关、保德、阳曲、临县等地，其中临县与静乐、偏关较多，临县仅招贤一镇过去就有铁矿 7—8 家，铁厂 20 多家；静乐西马坊不仅含铁量丰富，而且成质也很好，矿石含铁量达到 50%—70%；偏关全县 9 个乡镇都蕴藏铁矿石，"储藏量为 4800 万吨，含铁量为 40%，提璜率 20%"③。此外，静乐西马坊还蕴藏大量的锰矿，矿质亦十分优良，含氧化锰量达到 50% 以上；离石与中阳县之间，有大量铜矿；临县与离石交界处有铅矿石和银矿石；临县、离石出产石膏；河曲、阳曲及偏关生产硫磺；临县、偏关蕴藏硝石；保德有珍贵的古

①　山西省史志研究院编：《山西通志·第 7 卷·土地志》，北京：中华书局 1989 年版，第83 页；张维邦主编：《山西省经济地理》，北京：新华出版社 1986 年版，第 22—23 页；山西省史志研究院编：《山西通志·第 2 卷·地理志》，北京：中华书局 1996 年版，第 242—243、259页。

②　张维邦主编：《山西省经济地理》，北京：新华出版社 1986 年版，第 36 页。

③　牛儒仁主编：《偏关县志》，太原：山西经济出版社 1994 年版，第 163 页。

生物化石[①]。

森林资源。边区森林资源基本属于残留的天然次生林，其分布范围从晋西南的乡宁、吉县开始，沿吕梁山脊向北，蜿蜒延伸到晋西北的五寨县，其主要的行政区域为蒲县、中阳、方山、交城、宁武、五寨，除了蒲县、中阳，其余都属于汾离公路以北的晋西北根据地，据不完全统计，仅交城、方山之间就有48道大沟（每道沟尚有若干道小沟）的树林。林区树种从北向南随着气候变化而呈现不同特征，"南部以栎类、杨、桦阔叶杂木林为主，夹有少数油松、侧柏、白皮松，北往关帝山是华北落叶松、油松为主的针阔混交林，再往北到管涔山是青杆、白杆、华北落叶松针叶林"[②]。这些天然林区是当地经济的重要富源之一，每年出产大量木材供给经济建设，如修筑同蒲铁路的枕木、沿线的电线杆及其太原的建筑、器具所用的木料，有一大半产于宁武、方山、交城。此外，晋西北根据地北部的平鲁、偏关、神池三县的山区地带，林木面积占山区总面积的44%，适宜种植落叶松、油松、樟子松等树种。大青山根据地内亦有大量茂密森林，主要树种有白桦、青杨、山柳、山榆、松柏、柞树等多年生乔木。总之，境内森林分布集中，主要分布在吕梁山、黑茶山、关帝山、白龙山、大青山等林区，其他丘陵、盆地的林地相对较少。

药材资源。由于边区地貌形态、气候类型复杂多样，因此构成草地的植物种属和生态结构也十分复杂，这为野生药材的生长创造了良好的生长条件。晋西北是山西境内著名的药材中心，药材的种类达六七十种，能叫出名字的有五六十种，有杏仁、枸杞、王不留、款冬花[③]、槐花、艾叶、麻黄、车前子、菊花、黄芩、马兰花等，尤以款冬花、麻黄、黄芩等为名产，这些药材主要分布在岚县、岢岚、神池、五寨、兴县，并大量运往边区以外地区，获利颇丰。大青山地区亦盛产中药材，其品种多达二百多种，主要有黄芪、柴胡、芍药、防风等。除了植物性药材以外，边区还盛产鸡内金、猪胆汁、蜂蜜等动物性药材。

畜牧业资源。晋绥边区气候适宜，牧草丰盈，是天然的畜牧业发展区，战前山西的四大公营牧场有三个在晋西北，其中静乐一个，方山一

---

① 刘欣主编：《晋绥边区财政经济史资料选编·总论编》，太原：山西人民出版社1986年版，第6—7页。

② 山西省地方志编委会：《山西概况》，太原：山西人民出版社1985年版，第24页。

③ 款冬花，别名冬花，属菊科款冬属植物，具有润肺下气，化痰止咳的作用。

个，交城一个，另外一个在晋中的安泽，此外边区境内还有大青山牧区。畜牧业发展的首要条件是草场资源丰腆与否，所谓草场资源，是指由多年生草本植物为主的、可供割草饲养与放羊的土地。晋西北主要有6块草场，分别为紫金山草场，分布在临县与兴县之间；荷叶坪草场，分布在宁武、五寨、岢岚、保德一带；马家梁草场，主要集中在朔县及周围地带；赫赫岩草场，分布在关帝山、黑茶山、娄烦、方山一带；大草坪草场，分布在平鲁与朔县一带①，占山西全省草场数量的3/5。抗战前晋西北的畜牧业就比较发达，不仅有大量本地畜种的繁殖，还从美国引进良种羊，从荷兰、爱西亚引进牛，在本区牧场牧养、繁殖，加快物种更新，并取得很大成绩，如抗战前美国纯种羊及改良物种，在当地已经发展到一万多只。除了牧场饲养的牲畜外，在广大普通农家亦有饲养羊、牛等传统，其中尤以养羊最为普遍，几乎每一个小村庄都有几个大羊群②。大青山地区水草丰茂，亦是天然的好牧场，境中牧场主要有马场梁、井眼梁、村空梁、淖尔梁、骆驼场，可饲养牲畜几十万头。

第二节　社会环境

一　边区建立前的政治军事形势

山西自辛亥革命以来基本处于阎锡山统治之下，中原大战后虽然名义上听从于国民党中央，而实际上阎锡山在山西仍有着绝对统治权力，因此中共早在华北事变后就开始将阎锡山作为争取对象。时阎锡山在山西的统治权不仅受到日军威胁，还时时受蒋介石15万中央军（先前帮助阎锡山驱逐红军东征而留下的）的挑战，阎锡山为在中共、日本、国民党集团求生存，认为："为了山西的'存在'，必须抗日、拒蒋，而抗日、拒蒋必须寻找新的暂时的同盟者，这个同盟者就是中国共产党"③，为中共进入山西奠定了良好的政治基础。随着日军侵略步伐的加快和全国建立统一

---

① 山西省地方志编纂委员会：《近代的山西》，太原：山西人民出版社1988年版，第109页。

② 刘欣主编：《晋绥边区财政经济史资料选编·总论编》，太原：山西人民出版社1986年版，第9—10页。

③ 马小芳：《中国共产党与阎锡山集团统一战线研究》，北京：中共党史出版社2005年版，第88页。

战线呼声的不断高涨，"拒蒋"口号变得日益不现实，阎锡山认为"今日华北的事，应找着配好，当好，能为三者合一的路，才能迈步"①，初步形成了"联共、拥蒋、抗日"的政策。此后，经过中共多方努力，阎锡山在1936年"九一八事变"五周年纪念日上发表《大会告同胞书》与《牺盟会成立宣言》，其中在告同胞书中说："我们一心一意希望的和平，而侵略者却报之以得意洋洋的进攻，快到我们晋绥的头上。同胞们，和平确已到了绝望的时候，牺牲确已到了最后的关头……我们应该牺牲过去的成见，大家团结起来，把我们的力量用到救亡的奋斗上"②，对建立统一战线给予充分肯定与支持。同年10月底，薄一波接受阎锡山邀请回到山西，并按照中共指示对阎锡山进行统战工作，担任牺盟会③常务秘书（阎锡山担任会长，但实际工作由薄一波统领负责），重新改组牺盟会，他将其"总部到各个委员会以及中心区和县的实权基本掌握在共产党和左派势力的手中"④，使之成为中共党中央和北方局领导下的抗日民族统一战线的进步组织。不久，牺盟会趁学校放假，招收部分进步青年，进行培训，并按阎锡山意思以"村政协助员"的身份，派往各县宣传抗日，由此建立了牺盟会在各县的分支组织，为中共在山西开展工作奠定了良好的组织基础和群众基础。

"七七事变"后，中国民族危机空前加重，中共和广大爱国民主人士为建立统一战线积极奔走，国民党亦在日军步步进逼和全国人民群情激奋下，积极为建立统一战线而努力。同年8月1日，国民党军事委员会第六部主任秘书张冲受国民党委派电邀中共领导人毛泽东、周恩来、朱德赴南京参加国防会议，共商国防大计，中共派周恩来、朱德、叶剑英前往参加。8月4日，朱德、周恩来给毛泽东、张闻天发电，草拟了国防会议提

---

　　① 王振华：《阎锡山传》，北京：团结出版社1998年版，第457页。

　　② 杜任之：《关于山西抗日战争开始前后的几段回忆》，山西省政协文史资料研究委员会编：《山西文史资料·第15辑》，太原：山西人民出版社1981年版，第187—188页。

　　③ "牺盟会"，全称"牺牲救国同盟会"。1939年9月初，由"山西省自强救国同志会"中宋劭文、荣子和、刘玉衡、张隽轩等"左派"进步青年倡议建立，阎锡山任会长，梁化之任总干事，刘岱峰为秘书，并在9月18日纪念"九一八"五周年大会上，向民众正式宣布成立。但由于阎锡山素来反共，再加上日本抗议、国民党干涉，以及阎锡山周围反共分子的反对，阎锡山遂在报纸上公开宣称："所有宣言及工作纲领等，均未正式决定，外间所传宣言及工作纲领，仅一二发起人之个人行为，未经会议通过"，致使牺盟会工作陷于停顿。

　　④ 王振华：《阎锡山传》，北京：团结出版社1998年版，第468页。

议案，提出"争取我们在抗战中参加和领导"的作战方针，并对此提出五项保证措施："（一）对参战不迟疑，但要求独立自主担任一方面作战任务，发挥红军运动战、游击战、持久战的特长。（二）不拒绝红军主力出动，但要求足够补充与使用兵力自由。（三）不反对开赴察、绥，但要求给便于作战察、绥、晋三角区与便于联络的后方。（四）不拖延改编，但要求宣言、名义及全部名单同时发表，迅速补充、发足善后开拔费，以便开动。（五）对作战序列，要求只属于一方面的指挥路线，由韩城、平民分两路渡河，经同蒲路北上作战。"① 8月5日，毛泽东与张闻天回电，补充修正国防提议案，指示："关于担任一方面作战任务问题，红军担负以独立自主的游击运动战，钳制敌人大部，消灭敌人一部的任务。这是在一定地区内协助正面友军作战，而不是'独当一面'。我们事实上只宜作侧面战，不宜作正面战，故不宜以独当一面的语意提出"②，首次提出红军以游击运动战的方式开辟侧面战场，以配合国民党正面战场，这一方针在洛川会议中以正式文件的形式公布。随着日本大举进攻上海，国民党最终同意中共这一战略主张，国民党政府军事委员会亦于8月22日颁发改编红军正式命令，中共同意取消红军名义及番号，将主力改编为国民革命军第八路军（不久改为"第十八集团军"），朱德和彭德怀分别担任正副总指挥，下辖115、120、129三个师，分别由林彪、贺龙、刘伯承任师长，每师15000人。八月底九月初，八路军115师、120师先后从陕西省韩城县芝川镇渡过黄河，分别到达晋东北恒山山脉南段地区和榆次地区，在当地开辟游击战斗，并待命而动。

1937年9月初，为使八路军到山西后顺利展开抗战斗争，中共中央专门派遣周恩来、朱德、彭德怀、徐向前等领导人赴山西，与国民政府第二战区司令长官阎锡山，就八路军进入山西的指挥关系、活动区域、军队补给等具体合作事宜展开第一轮谈判，阎锡山同意八路军在太行山以北地区，"以涞源、阜平、灵丘三县为中心，在东起宛平、涞水、唐县，西到五台、繁峙，南到孟县、平山，北到阳原、涿鹿的区域内活动，创建游击

---

① 《关于全国对日抗战及红军参战问题的意见》，《周恩来军事文集》（第2卷），北京：人民出版社1997年版，第7—8页。

② 中共中央文献研究室编：《毛泽东年谱：1893—1949》（中卷），北京：中央文献出版社2002年版，第9—10页。

根据地"①。在发动群众方面，阎锡山同意在第二战区行营直接指挥下，成立各级战地总动员委员会（允许有共产党、八路军代表参加领导），以动员广大参加游击战争，其工作纲领由中共提出。中共亦接受阎锡山提出八路军在山西境内活动区只动员群众，不更换县长，不干涉县政的要求。与此同时，阎锡山还允诺为八路军补充物品，兵站帮助运输，为表诚意，阎锡山率先为八路军配备了 30 门炮，4000 发炮弹②。不久，大同沦陷，战局形势更趋紧张，中共与阎锡山的第二轮谈判遂主要集中于八路军的作战方针上，阎锡山要求中共正面出击，而中共贯彻洛川会议精神，坚持山地游击战的作战方式，经过双方反复交涉，阎锡山最终同意，中共也许诺在有利条件下配合友军进行运动战，双方达成共同抵抗协议。

时大量日军对山西形成包围夹击之势，沿平绥路进军的日军第五师和关东军第二旅、第十五旅混成旅团兵分两路，一路取道广灵、灵丘，进逼平型关；另一路沿同蒲铁路南下，占领晋北重镇大同，进逼雁门关、茹越口。在此情形下，八路军 119 师在刘伯承率领下，经陕西富平县庄里镇，渡过黄河，与先前进入山西的八路军 120 师、115 师一起挺进华北前线。按照中共中央战略部署，得到阎锡山允许后，120 师进驻晋西北的管涔山地区，115 师进入晋东北恒山山脉南段地区，从敌人侧翼分别出击雁门关与平型关，129 师则奉命进入正太铁路南侧的太行山地区，与 115 师共同抗击日军。为配合国民党第二战区正面战场的抗战，打击日军侵略气焰，八路军 115 师于 9 月 25 日，在平型关伏击板恒师团补给队伍，取得抗战开始后的第一场胜利——平型关大捷，大大振奋了中国军队的士气。此后，为配合阎锡山忻口会战，八路军在敌之后方展开轰轰烈烈的游击战斗，120 师、115 师分别切断了敌人在晋西北和晋东北的交通运输线，129 师深夜奇袭代县阳明堡机场，炸毁敌机 24 架，一度切断日军的空中补给线。但由于沿平汉线进军的日军，在占领石家庄后分兵沿正太线向太原行进，攻破娘子关，中国军队面临腹背受敌的困境，阎锡山遂下令部队南撤。10 月 8 日，太原失陷，毛泽东在《上海太原失陷以后抗日战争的形势和任务》中，明确指出，"在华北，以国民党为主体的正规战争已经结

---

① 毛磊、范小方主编：《国共两党谈判通史》，兰州：兰州大学出版社 1996 年版，第 480 页。

② 黄修荣编：《抗日战争时期国共关系纪事》，北京：中共党史出版社 1995 年版，第 269 页。

束，以共产党为主体的游击战争进入主要地位"①。

二 边区正式建立前的经济状况

晋绥边区经济发展总体水平较低，以"家庭"为单位的小农经济是最普遍、最重要的生产形式，但当地经济在长期发展积累中，亦有一定基础，以物产而言，首先，以农产品为主，出产大量的粮食、棉花及油料作物胡麻；其次，在边区特殊的地理、气候条件下，皮毛和山货成为仅次于农业生产的经济创收点；再次，当地的纺织业发展亦有相当基础，煤铁生产也在全省经济中占有重要地位。近代以来，在帝国主义和封建主义的双重压迫下，农村经济普遍衰败，呈现出明显的半殖民地半封建性，抗战爆发后，战争客观上的破坏和日军蓄意的烧杀掠夺，又使边区经济受到极大破坏，各业经济水平更是普遍下降。

农业方面。抗战以前，边区农业生产整体水平较低，大部分地区仍然采用原始耕作方式进行简单粗放式经营。主要表现在：生产工具落后，机械化的农具根本没有，基本上还是人力与畜力协同耕作，最贫困者则完全是人力拉拽；所种农作物品种单一，质量低下，几世几辈都没有改良更新；田间管理松散，很少专门为作物施肥。近代以来受半殖民经济的制约，农牧产品棉、麻、丝、皮毛等产品，"大部分供给各帝国主义，特别是日本帝国主义，一部分供给太原、榆次的土著工厂"②，更滞后了当地农业经济的发展。抗战爆发后，农业生产受到进一步破坏，首先，耕地面积减少，据其中 26 县统计，战前耕地为 13148210.3 亩，1939 年为 11121707.2 亩，只有战前耕地面积的 84.6%，晋西北根据地政权建立后为促进农业生产大力提倡开荒，到 1940 年耕地达到 11318981.9 亩，但仍然没有赶上战前水平，只达到战前耕地总量的 86.1%③。其次，用于农业生产的畜力和耕地面积大大减少。据 1940 年估计，"牛比战前减少了十分之六，驴骡比战前减少十之八九，……土地荒芜，耕地面积仅达战前的

---

① 《毛泽东选集·第 2 卷》，北京：人民出版社 1991 年版，第 388 页。
② 刘欣主编：《晋绥边区财政经济史资料选编·农业编》，太原：山西人民出版社 1986 年版，第 83 页。
③ 若衡：《晋西北抗日根据地》，《解放日报》1942 年 4 月 13 日，第 2 版，第 331 号。

84%"①。最后，农业劳动力大量减少。抗战爆发以来，边区人口急剧减少，这一方面是由于大量人口死于战乱，或为躲避战乱而迁徙他处，另一方面是日军在其占领区内实行大肆屠杀政策，据不完全估计，在晋西北朔县、山阴、宁武、崞县、代县等地，日军在五个月内就杀害了11715人。在边区剩余人口中，又有大量人口，尤其是精壮劳动力加入军队，其中一部分被阎锡山政府和国民党以拉丁抓夫的形式强迫加入军队，另一部分在八路军和中共领导的牺盟会和战动总会的大力动员下，主动加入抗战队伍，直接减少了边区劳动力数量，据1940年统计，边区"劳动力数量比战前减少1/3"②。另据受损失较严重的62个村子统计，1940年的劳动力只有1937年的36.8%③。耕地、畜力、劳动力是农业生产最基本的条件，这些生产资料的缺乏，直接导致农业产量的降低，"山地比战前产量减少1/3，下等山地每亩仅产粮折小米3升多，棉花总产量55000斤，仅为战前160万斤的3%"④。

手工业方面。晋绥边区所处地区是山西最贫困的地方，手工业历来较为落后，只有一些满足群众基本生产、生活所用的小作坊，所产物品大多数供给当地群众，向外运输的比重较小。近代以来，随着中国沦为半殖民地半封建社会，广大农村逐渐变为帝国主义的原料供应地和工业产品的倾销地。受西方商品倾销的影响，边区境内洋货充斥，乡村手工业小作坊和家庭手工业受到重大打击，逐年衰落，"洋布洋纸泛滥于内地市场，土布麻布销路被夺"⑤，所需主要工艺品亦主要依靠外货。但在原有自然经济受挫的同时，洋货也间接推动了边区商品经济的近代化发展，如纺织业，为应对洋布对土布的市场冲击，边区群众在原有土机基础上，改制成新兴改良木机，成立了"公益工厂"、"大丰"、"民生工厂"等纺织工厂，并以开办"纺织传习所"的形式，训练了大批操作工人。从1925年到1929年，纺织工具经历了土机—新兴改良机—机器生产的重大转变，质量优

---

① 刘欣主编：《晋绥边区财政经济史资料选编·总论编》，太原：山西人民出版社1986年版，第25页。

② 同上。

③ 刘欣主编：《晋绥边区财政经济史资料选编·农业编》，太原：山西人民出版社1986年版，第66页。

④ 刘欣、景占魁：《晋绥边区财政经济史》，太原：山西经济出版社1993年版，第53页。

⑤ 刘欣主编：《晋绥边区财政经济史资料选编·工业编》，太原：山西人民出版社1986年版，第3页。

质、价格低廉的洋布成为市场的"宠儿"。边区手工业在洋货充斥和小农经济的双重制约下，根本没有机会向近代大工业转化，都是以小规模作坊式经营方式存在着，但经过多年发展，亦积累了一定基础，其中纺织业、煤炭、铁矿业、瓷业、油坊业的发展尤著。

抗战爆发后，受战争影响，边区手工业经济水平下降很多，其大体概况如下。

纺织业，近代以来土布生产由于洋布倾销已经逐渐衰退，本来临县（包括临南）、离石等产棉区，妇女几乎都会纺线织布，但 1925 年以后，"新兴改良木机代替了土机，土法纺纱也为洋纱所打垮"，[①] 从事纺织者大量减少。抗战初期，以前受洋货倾销而衰败的乡村纺织业，有所复苏，其原因主要有三方面：第一，在日军封锁、交通阻隔、供求紧张的影响下，只能自给；第二，乡村原有纺织作坊重新开业，如临南白家峁、泥家沟、临县龟峁等村旧作坊开始复工；第三，主要大城市和绝大多数县城、重要村镇几乎都被日军占领，纺织工人大量失业，很多工人选择回乡以开办纺织作坊为生，他们的回归不仅壮大了当地纺织业发展的规模，而且使新兴改良机从城市、县城进入广大乡村社会。但整体来看，受日军不断扫荡、破坏的影响，乡村纺织业还是受到沉重打击，农民的正常生产根本无法保障，不仅纺织人数、纺织时间不断减少，就连纺织所需的基本纺织原料棉、麻种植面积亦大量减少，供应严重不足。据不完全统计，纺织产量已减少至战前的48%[②]晋西事变后，纺织业更加衰败，"原有一些小织布厂，大都倒闭；家庭纺织手工业，也几乎完全停顿，据 1940 年 6 月调查临县（临南在内）有改良机 200 余架，土机 2000 余架完全停开。军民穿用主要还是洋布，1940 年 10 月份，7 个县统计布匹入口值 498701.4 元，占入口总额的 60%"[③]这直接导致群众穿衣困难，夏天由于没有换季衣服，有些农民只得穿着冬天的羊皮裤子在酷热中耕作、锄草，"他们因为怕热、怕出汗，只好把羊皮裤的毛朝外穿，过路人如不注意看，还以为是什么动物在地里掀动禾苗呢。十多岁的男孩，夏天不穿衣服是常见的事，十来岁姑娘只蒙个遮羞裤衩，没有长裤子穿，也不是很稀罕的"。到冬

---

① 刘欣主编：《晋绥边区财政经济史资料选编·工业编》，太原：山西人民出版社 1986 年版，第 150 页。

② 同上书，第 34 页。

③ 同上书，第 151 页。

天，穿衣就更加困难，"山野村寨有些人家，夫妇俩共有一条棉裤，男人在外面干活，女人就坐在热炕上不出去，女人要出去一下，男人只好交替坐在炕上，腾出裤子来"①。

煤窑业，根据地蕴含着丰富的煤炭资源，抗战以前煤炭业就有了一定的发展，但战争爆发后也减少了不少。据山西省政府 1934 年年鉴统计，仅晋西北临县、兴县、河曲、阳曲、交城、文水等 16 县，就有煤窑 392 个，工人 3669 人，年产煤 428894 吨。边区铁矿业以规模最大的临南招贤镇为例，1929 年拥有 18 家铁矿，工人 108 人，年产铁 1260 吨。战前边区制磁业一度是重要的出口物资，仅磁业相当发达的保德、河曲、临南、离石、朔县、静乐、静宁、兴县 8 县，就有磁窑 114 家，其中临南商业重镇招贤一地，就有 48 家。抗战爆发，尤其是晋西事变后，边区各地矿业数量普遍减少，其中煤窑数量，临县由战前的 30 家减至 12 家，兴县由 14 家减少到 12 家，河曲亦由于日军及旧军的扰乱、破坏，相继停业。铁矿业也减少很多，据临南招贤的资料统计，1929 年有工厂 18 家，抗战爆发后减为 7 家，晋西事变后一度减为 3 家②。再以招贤镇为例，铁矿业减少至 3 家，工人只有 18 人，年产铁仅 210 吨，磁业亦减少至 17 家。据估计，"煤减至战前 47%，铸铁减至战前 69%"③。而战前磁业发达的 8 县，亦由以前 114 家减至 45 家，仅占原有数量的 39.5%。油坊业也急剧衰败，如 1937 年春季兴县有油房 36 家，1939 年减少为 31 家，到 1940 上半年仅剩 10 家。造纸业，抗战以前有作坊生产，抗战爆发后，受战争影响，从事造纸的户数大量减少，据兴县东关，河曲平泉等 6 处调查，"战前共有造纸 172 户，到 1940 年仅余 107 户"④。此外，边区粉坊、酒坊、麻纺、皮坊、毡坊、烟坊在战后都有不同程度的减少，大大削弱了边区的经济基础⑤。

商业方面，边区境内大部分地区山高路陡，交通不便，商品经济相对

　① 段云：《忆西北经济总局》，中国人民政治协商会议山西省委员会、文史资料研究委员会编：《山西文史资料》（第 49 辑），1987 年版，第 49 页。

　② 刘欣主编：《晋绥边区财政经济史资料选编·工业编》，太原：山西人民出版社 1986 年版，第 104 页。

　③ 同上书，第 34 页。

　④ 《晋西北三年来的生产总结》，《解放日报》1943 年 1 月 20 日，第 2 版。

　⑤ 刘欣主编：《晋绥边区财政经济史资料选编·工业编》，太原：山西人民出版社 1986 年版，第 85、104—105、259、263—264 页。

落后，只有乡、镇才有一些店铺和货栈。广大乡村大部分时间仅靠肩挑小贩供给一些小商品，否则就得翻身越岭到乡镇去购买，农家自产的一些土特产品，亦由于交通阻隔很难售出，更加剧了当地小农家庭的贫困。但边区作为陕北、三边、宁夏、太原、天津之间商业贸易的重要通道，过境贸易较为发达，尤其在某些交通便利的地区，过往贸易发展更好，如1931年，临县碛口就有商店200家，其中有十多家全年流水量达50万元以上。每年经碛口转运货物量亦十分可观，大商号"集义兴"和"义兴成"每年仅转运甘草就达3500吨。此外，临县战前尚有商铺289家，保德有商店107家，其中较大的两家在全国重要城市都有分号，资本额达到16万元。

　　日本侵华战争爆发后，对根据地发动了一系列扫荡，其所到之处，大肆烧杀掠夺，大量平民被杀，众多房屋被毁，如1938年日军为逼迫120师西渡黄河，对晋西北发动进攻，其先头部队在保德县城放火，城内90%的房屋都被烧毁，死伤平民无数。边区商业亦受到巨大打击，商店数量减少，据估计仅1940年临县被烧掉的房子就达8658间，其中有不少是商店铺面，而兴县县城仅在冬季扫荡中就被烧毁店房5273间。很多商店亦因战争倒闭，兴县商店数量由396家减至350家；保德商号由107家减至69家；新屯堡镇商店由24家减至6家。临县不仅抗战前新成立的商户倒闭，就连清朝光绪年间建立起来的老商户也发生倒闭现象。具体情况如表1。

表1　　　　　　　　　　1937.7—1939.12临县停业商号统计

字号	业行	创立日期	股东	资本（法币、单位：元）	备考
巨兴隆	药铺	光绪年间	周绍武	5000	
巨和厚	绳麻铺	1920年	郝嘉言、郝文华	10000	停业商号大部散伙，各自缩小营业，独自经营
格和祥	饼子铺	1926年	高光宗、张耀宗	1000	
庆和隆	布疋什货庄	1934年	李增瑞、李殿仕	2000	个别商号迁移内地经营
协義厚	纸烟布疋什货庄	1930年	赵学礼	1600	

续表

字号	业行	创立日期	股东	资本（法币）	备考
德记商行	盐局、书铺、什货行	1935年	贺子巽	20000	
中和信	当铺估衣庄	光绪年间	李承启	1500	
同生利	布疋、零星什货	1937年	商子温	500	
同生义	酒店面行	抗战前	侯锡福	1000	
德厚昌	面行	抗战前	刘敦芝	1000	停业商号大部散伙，各自缩小营业，独自经营
积顺昌	磨坊	抗战前	秦三根	600	个别商号迁移内地经营
伍义隆	什货行	抗战前	贺茂招	5000	
复义广	什货行	抗战前	李庆富、马锡山	1000	
德成厚	什货行	抗战前	郭保恩、李计升	4000	
共计	14家				

资料来源：中共晋西区党委：《晋西北区党委经济建设材料汇集·Ⅳ·商业贸易》，1941年12月，太原：山西省档案馆，档案号：A22—7—4—1。

　　与此同时，交易规模也大不如前，以碛口为例，资本流通额由战前的150万元减至70万元，晋西事变后，流水3万元以上的商家，由事变前得60家减至18家，减少了原来总量的70%[①]。此外，晋西事变后八路军个别部队随意扣留商人货物，如"四纵队扣商人布；二纵队扣商人牛；八区抗联、方山县四区区公所、暂一师、三八五旅都曾借故扣留商人货物"[②]，也影响了边区商业贸易的发展。在这些因素影响下，边区许多富商大贾携资逃亡，商业资本大量外流，有的逃到大后方；有的逃到陕北、甘肃、宁夏等地；有的甚至逃到了敌占区，据不完全统计，保德逃亡商店达15家，离石和临县逃亡榆林商民不下300人[③]。到晋西事变之前，保

---

　　① 中共晋西区党委：《经济建设材料汇集之四—商业贸易》，太原：山西省档案馆，档案号：A22—7—4—1。
　　② 刘欣主编：《晋绥边区财政经济史资料选编·金融贸易编》，太原：山西人民出版社1986年版，第491页。
　　③ 同上。

德仅前往府谷的商户就达 20 余家①，商业资本流失进一步加大。大量商店倒闭和大批商人逃亡，使市场上商品极为缺乏，物价不断上涨，如食盐由每百斤 70 元上涨到 2000 元以上，上涨了将近 30 倍②。再加上通货膨胀十分严重，人民生活由此受到很大影响，连生活必需的食盐和布匹都不能充分满足，据临县武家坪调查，1937 年平均每人食用食盐 7.5 斤，1938 年减少到 5 斤，1939 年又减少到 3 斤。布匹由 1937 年的每人 1 匹，减少到 1938 年的 1/3 匹，1939 年只好穿旧衣③。

　　除侵略战争造成的损失外，日军为保证战略物资供应，达到"以战养战"目的，还在其最高经济侵略组织兴亚院的领导下，在占领区内实行普遍的统制经济，他们任意压低商品价格，使边区境内煤、铁、棉花、粮食等物资遭到疯狂掠夺，其中尤以粮食、棉花所受损失最大，棉花损失以汾阳为例，"1938 年汾阳市场出售中等棉花每斤平均价格为 0.75 元，而日本当局规定的收购价格仅为 0.38 元，其收购价格只占市场价格的 50.67%，1939 年占 50%，1940 年占到 62.5%"④。粮食损失亦不断增加，仅"汾阳、文水、孝义、交城等县，每年每县被掠去的粮食均在 10 万石以上，全省则在 500 万石以上"⑤。此外，晋绥边区畜产也被日军设在汾阳、交城的"皮毛合作社"所统制，为便于掠夺，还专门派人绘制战前羊毛产区、产量示意图。在大青山根据地，日军依靠其扶植成立的伪蒙疆联合委员会，大肆搜刮民脂民膏，"仅 1938 年就从伪蒙疆输出各种物资总值达 108391730 元，而进口物资总值才有 67553043 元"⑥，进出口严重脱节，出超数额达到惊人的 40858687 元。

三　教育状况和社会问题

　　晋绥边区处于偏远高原地带，交通落后，民贫地瘠，当地不仅经济发展缓慢，文化教育水平亦十分落后，文盲率达到惊人的 90% 以上⑦，素有

---

①　晋西北党委：《晋西北区党委经济建设材料汇集·Ⅳ·商业贸易》，1941 年 12 月，太原：山西省档案馆，档案号 A22—7—4—1。

②　刘欣、景占魁：《晋绥边区财政经济史》，太原：山西经济出版社 1993 年版，第 55 页。

③　同上。

④　渠绍森等编：《山西省外贸志》（上册），山西省地方志编委办 1984 年版，第380 页。

⑤　桑润生：《中国近代农业经济史》，北京：农业出版社 1986 年版，第 214 页。

⑥　中国联合准备银行调查室：《中外经济统计汇报》1941 年第 1 期。

⑦　穆欣：《晋绥解放区鸟瞰》，太原：山西人民出版社 1984 年版，第 114 页。

"文化荒原"之称。学校都是为有钱人家子女开门的，穷苦人家很少有能力支付孩子学费，连最基础的小学教育普及率也很低，以偏关县为例，1934 年"全县有男学龄儿童 3568 人，入学的 1499 人，入学率 42%"。在绥远，在蒙古王公贵族的野蛮统治下，当地教育水平更是落后，据 1936 年全省"小学生总数（包括短期小学）不到 6 万人"。此外，受"男尊女卑"封建思想影响，当地农民普遍认为女孩子迟早要出嫁，根本没有必要投资上学，因此"除平川地区少数有钱人家的女子可以读书外，一般山乡农村妇女几乎都是文盲"①。另据偏关部分村庄统计，1934 年"女学龄儿童 1785 人，入学的 268 人，入学率仅 15%"②。抗战爆发后，受战乱破坏，以前建在大村镇的很多学校也相继倒闭，据不完全统计，晋西北原有小学几乎全部停办，绥远也被日军占领大半，只剩绥西地区，"亦陷入无政府状态，省政既废，教育更无人过问，数十年来苦心经营之十数中等学校，除中央政校包头分校全体退至青海外，其他各校均被迫解散"③。这更直接减少了受教育的机会。

鸦片问题。鸦片战争以来，随着西方列强侵略步伐的不断加快，鸦片在中国广大的城乡的"接受"，山西亦成为重要的鸦片种植、吸食地区。1909 年，丁宝栓继宝菜担任山西巡抚，他厉行"禁种为主、禁吸为辅"的政策，在鸦片种植集中地区与种户发生巨大利益冲突，进而引发了轰动一时的"文交惨案"，惨死 40 多人。社会各界对此事件广泛热议，清政府在强大的舆论压力下，对此案相关官员作出处理，丁宝栓亦被"交部察议"，但保住山西巡抚之职的丁宝栓继续推行禁烟政策，山西鸦片种植遂得以逐年减少。"由于重禁种，轻禁运、禁吸的政策性偏差，山西由一个烟土输出省变为外省乃至日本的毒品输入省"④，据阎锡山估计："山西自有外来鸦片及吗啡消耗，现金输出，每年约在 1000 万元以上。民国改建以来，社会经济，入不敷出，各县纸币，到处充斥，不有根本上之救济，流弊必及于省城。各县因无现款，纯用纸币交纳省库，名为收入，其

①　山西省妇女联合会编：《晋绥妇女战斗历程》，北京：中共党史出版社 1992 年版，第 4 页。

②　董纯才等主编：《中国革命根据地教育史》第 2 卷，北京：教育科学出版社 1991 年版，第 426 页。

③　费雪：《绥远教育概况》，《西北通讯》1948 年第 3 期。

④　雒春普：《晋省禁烟》，侯伍杰主编：《山西历代纪事本末》，北京：商务印书馆 1999 年版，第 783 页。

实废止。迨至省城军政各费，无法应付，势必发行不兑换之纸币，以救燃眉之急。果到此等地步，则全省金融，已现死相，国家地方收入，将归无着。言念及此，不寒而栗。推其所以至此之由，鸦片吗啡之输入，实为一大原因。综上各情，不得不通盘筹划，另图禁烟方法，以扫除余毒，并为金融根本之救济"①。为此，1917 年兼任山西省长后的阎锡山，为振兴山西，大力根除烟祸，同年推行"六政三事"，其中明确将"禁烟"列为"六政"之一，并在《六政考核处成立宣言》中，强调"男子吸烟、女子缠足，尤为治生之大害，务在必除"。同时还对如何禁烟提出进一步指示，称："前因禁烟紧要，省公署曾设考核禁烟成绩处，此后赓续进行，种、运、吸、售四种均加注重。"② 随着山西禁烟事业的强力推进，山西本省鸦片种植面积大量减少，但外省鸦片却乘机进入，仅使山西大量钱财外流，而日使山西成为鸦片倾销的重灾区。

　　1932 年，阎锡山担任太原绥靖公署主任，重新执掌山西政权，为恢复经济，阎锡山提出"省政十年建设"计划，苦于资金短缺，而鸦片作为迅速集聚财富的手段，便成为其筹集资金的首选。同年 5 月 9 日，阎锡山在绥署省府扩大纪念周上发表讲话稿《渐禁有效之禁烟办法》，回顾了以前以"法律制裁"和"感化主义"为特点的禁烟政策，前者由于累及家庭而失败，后者颁布之后"虽未竟全功，收效已达十之七八。嗣因军事影响，此法破坏，金丹料面，大批输入，每年全省因此而输出之款，约有数千万元，总计 20 年来，此项损失当在 10 万万元以上。山西社会经济之穷，此为唯一的最大原因"③。与此同时，阎锡山还指出："西北各省仍然种烟，天津租界制造料面，都以山西为主要销场，弄的金丹料面遍地，为祸更烈"，这都是"过去不看周围环境，不顾人民利害，一味严禁"④。的结果。因此，山西必须改变过去对鸦片的严禁政策，而实行"渐禁"政策，并制成所谓的"戒烟药饼"（以鸦片为原料），由"禁烟考核处"

---

①　阎伯川先生纪念会编：《民国阎伯川先生锡山年谱长编初稿》一，台北：商务印书馆 1988 年版，第 252—253 页。

②　山西省史志研究院编：《山西通志·第 50 卷·附录》，北京：中华书局 2001 年版，第 119 页。

③　刘存善等编著：《阎锡山的经济谋略与诀窍》，太原：山西经济出版社 1994 年版，第 27 页。

④　山西政协文史研究委员会编：《阎锡山统治山西史实》，太原：山西人民出版社 1984 年版，第 176 页。

实行专卖，公然利用政权力量推动鸦片的种植与销售。此后，阎锡山不仅在雁北各县和察绥交界鸦片种植集中区大量收购，而且还在绥西地区专门种植鸦片，仅"1933 年第一年种植就中了 6000 亩，净产烟土 60 万两"①，使山西与绥西地区成为鸦片种植、运销、吸食的重灾区。

日本亦以鸦片为侵略的重要手段。早在民国初年就依靠"日本浪人"与山西毒贩之间的非法贸易，将鸦片输入省内，随后不断渗透至村庄内部，如"1920 年，山西徐沟县村村都有吸食金丹者，大村多至 100 余人，小村也有 70—80 人。县城城关一带尤其盛炽"②。抗日战争爆发后，为了支付庞大的军政费开支和腐蚀中国人民的反抗意志，日军在其占领区内秘密③推行鸦片侵略政策，并于"七七事变"后，直接将鸦片贸易由东北扩展至华北地区，晋省所受鸦片之毒害更加严重。在日军武装保护下，从事贩毒的日本浪人以开办"商会"或"公司"的形式，加紧在省内推销鸦片和扩大种植。据不完全统计，"1940 年，山西种植鸦片的县份达 56 个，占到全省总县数的一半之多，而在这 56 县中，仅晋西北又占到三分之一"④。蒙疆地区是日军的重要"鸦片发源地"和"鸦片主要供应者"，尤其是辖区内的绥远省，鸦片种植地域不断扩大，从传统的土默特平原，延伸至大青山的"后山"⑤ 和河套地区，这一方面，由于当地自然条件适宜于鸦片生长；另一方面，战前统治绥远的山西军阀阎锡山，将鸦片视为其财政主要收入之一，在当地大力鼓励鸦片种植。以 1936 年为例，阎锡山通过其掌管的禁烟稽查处获得巨额的收入，绥远省"鸦片总收入为 370 万元，其中 270 万元为禁烟稽查处所有，剩下的 100 万元则是禁烟办事处的收入"⑥，阎锡山政府约得到绥远全部鸦片收入的 73%。晋绥边区所辖大青山的"后山"地区，自清末已被开垦的土地中，大部分都用来种植鸦片，从武川到百灵庙的途中，"全是一片荒草，除了长着一些草，或是

①　雒春普：《阎锡山传》，太原：山西人民出版社 2004 年版，第 245 页。

②　张全盛、魏卜梅：《日本侵晋纪实》，太原：山西人民出版社 1992 年版，第 276 页。

③　1931 年 11 月 27 日，日本政府签署国际禁烟条例，日军在其占领区内，遂不得不在表面上完全遵从这一协定，但实际上在当地积极提倡鸦片种植，秘密进行贩卖毒品的勾当。

④　刘欣、景占魁：《晋绥边区财政经济史》，太原：山西经济出版社 1993 年版，第 52 页。

⑤　所谓大青山"后山"地区，是大青山以北地区，包括武川、固阳等县。

⑥　［日］江口圭一著，王玉平、唐克俊译：《抗战时期的鸦片战争》，国外中国近代史研究编辑部编：《国外中国近代史研究》第 19 辑，北京：中国社会科学出版社 1992 年版，第 101 页。

种植一些鸦片外，极少看见种植五谷"①。

第三节　晋绥边区正式建立

1937 年八路军挺进华北后，120 师便按照中共中央指示，一边在晋西北开展独立自主的山地游击战，一边在当地发动群众。同年 10 月，为调动广大群众抗日热情，由 120 师教导团和政治部 700 人共同组织成立"地方工作团"，在师政训处主任关向应的率领下深入晋西北兴县、岢岚、偏关、临县、宁武、方山、崞县、神池、忻县、保德、河曲等县，进行广泛的抗日动员和建党建军工作，使广大群众增加了对八路军和抗战的了解，而且为进一步建立根据地奠定了良好的组织、军事基础。在牺盟会帮助下，"地方工作团"还在各地建立起战动总会各级分部以协助根据地的建设。时担任第二战区战防任务的晋绥军与中央军，除一小部分进行抵抗外，其余都望风而逃，地方政府官员亦一哄而散，有民谣称，"十月山西人人忙，富人忙搬家，穷人心惶惶。军官扔部属，小兵扔大枪"②，形象地描述了当时的溃逃情形，这也直接导致部分地方政权陷入瘫痪，中共抓住这一权力真空时机迅速掌握了一批县政权，如晋西北兴县、偏关县县长就分别由中共党员张干丞和梁雪担任，同年底，中共山西工委派赵仲池、李葆华、徐子荣赴晋西北协助创建根据地。

太原沦陷以后，国民党军队相继南撤，山西主要交通干线和大城市基本沦于日军之手，如何在极其艰苦的环境下，坚持敌后战场的战斗就成为摆在八路军面前的重要问题。为此，毛泽东指示八路军要"发挥进一步的独立自主原则，坚持华北游击战争，同日寇力争山西全省的大多数乡村，使之化为游击根据地"③。根据这一指示，八路军总部在山西和顺县石拐镇召开高级干部会议，讨论布置了新阶段的军事战略部署，"第 120 师以管涔山脉为支点，开创晋西北抗日根据地；第 129 师以太行山为中心，开创晋冀豫抗日根据地；第 115 师除留一部在晋冀豫边区外，其主力

① 张佐华：《蒙古旅游散记》，《新亚西亚》1925 年第 4 期。
② 牺盟会和决死队编写组：《牺盟会和决死队》，北京：人民出版社 1986 年版，第 57 页。
③ 《毛泽东军事文集》第 2 卷，北京：军事科学出版社、中央文献出版社 1993 年版，第116 页。

转至吕梁山区，开创晋西南抗日根据地"①。此后，120师在师长贺龙、副师长肖克的带领下，一方面，按照中共中央指示，积极配合蒋介石、阎锡山保卫太原的战斗。120师的主要任务是在同蒲路北段进行破击战，"共破坏桥梁8座，拆毁铁路10余公里，连续攻占了平社车站、斗罗车站和麻会、石岭头、关城镇等日军据点，控制了北起麻会、南至高村间的铁路、公路各10公里"②，有效地牵制了日军的进军步伐。1938年2月，日军为迫使120师西渡黄河，缓解同蒲线北段的压力，调集重兵，分五路发动围攻晋西北的战斗。贺龙得讯后，迅速率领120师日夜兼程，赶回晋西北，连续收复宁武、神池、五寨、岢岚、偏关、河曲、保德七县，奠定了晋西北根据地的基础。6月，120师派出由李井泉任司令，姚喆任参谋长的大青山支队，挺进大青山开辟根据地，战动总会亦成立武新宇任主任的"晋绥边区工作委员会"，一同前往协助八路军工作。

　　另一方面，在进步组织战动总会和牺盟会协助下，120师继续在广大农村健全党组织和动员群众。早在1937年10月，为进一步开辟敌后战场，刘少奇就电示贺龙、关向应及华北各地党组织，在晋察绥地区分地区分情况分别开展工作，"在已被敌人占领地区，直接用共产党及八路军政治部名义，去动员群众。如在当地有友军或其他政治团体，即联合他们，并在战委会名义下共同去动员。在未被敌人占领地区，共产党与八路军政治部应该独立自主去动员与领导群众运动，但当地共产党员应尽可能用左派面目出现，如当地有友军及政治团体等，更应联合和推动他们去做，并可用战委会名义去做"③。根据这一指示，120师在进步组织牺盟会和战动总会协助下，迅速在晋西北地区展开建设根据地的工作。11月，按照中共北方局指示，关向应组织成立中共晋西北临时省委（1938年8月，改称晋西北区党委），为维护统一战线，对外以120师民运部名义存在，统一领导整个晋西北根据地。1938年11月22日，中共中央为加强对大青山工作的指导，专门发布《关于绥蒙工作的决定》④，令在大同至包头铁路沿线和大青山后至后套一带，以李（李井泉）支队为中心，成立绥远

①　刘国语：《左权传》，北京：当代出版社2005年版，第381页。
②　张国祥：《晋绥革命根据地史》，太原：山西古籍出版社1999年版，第29页。
③　《刘少奇选集》上卷，北京：人民出版社1981年版，第92—93页。
④　中央统战部编：《民族问题文献汇编》（1921.7—1949.9），北京：中共中央党校出版社1991年版。

省委（不久改为绥远区委）领导大青山根据地的建立，省委直接受中共北方局领导。

牺盟会与战动总会都是以阎锡山政府名义组织成立的，是中共与阎锡山统战阵营的直接表现形式，因此在执行党的政策路线时，必须戴上阎锡山政府的"帽子"，如牺盟会为适应这种特殊政治情况，根据阎锡山不愿提"抗日"、"民先"口号，便以"抗敌"、"抗先"口号来代替。在实践工作中，这些进步组织协助中共重建了县、区、村政权，恢复了学校、机关等基层组织，成立了各地工会、农救会、妇救会、青救会、商救会、儿童团等群众组织。与此同时，还配合 120 师地方工作组在广大农村进行广泛经济动员，实行"有钱出钱，有力出力，有粮出粮"的合理负担和减租减息政策，不仅广泛调动了群众抗日热情，使很多进步青年加入中共领导下的抗敌决死队①、游击队、自卫队，还直接培养了群众敢于反对封建剥削，追求民主的良好社会风气。经过不懈努力，在党组织方面，1938年年初，晋西北便建立起晋绥边特委、兴岚保中心县委、临县中心县委、岢岚地委、大青山特委。1939 年大青山地区建立河套、绥中、绥西、绥东四个特委。在群众团体方面，各地群众组织不断发展，先后成立了晋西北农民救国联合会、晋西北青年救国会、晋西北妇女救国联合会。在社会经济方面，通过开展合理负担和减租减息政策，减轻了人民负担，改善了群众生活。在军队建设方面，1938 年八路军 120 师从出发时的 2 个旅 3 个团扩大到 2 个旅 6 个团，人数从 8200 余人增加到 25000 余人；战动总会在晋察绥地区组织成立"抗日武装，除工人武装自卫队外，共计 25 个游击支队，计 21000 多人"，此外，还有"政治保卫队 1100 余人，……察绥游击军辖 4 个支队，近千人"，晋西北各区县"地方游击队 12000 余人，自卫队 65000 余人"②。至 1938 年 9 月，决死队也由 4 个总队扩展至 4 个纵队（旅），活动在晋西北地区的决死四纵队"由原来的 3 个团扩编为 5 个团，工卫旅由原来的 800 人，发展到 4000 人"③。边区内政治、经济、

---

① "抗敌决死队"，全称"山西青年抗敌决死队"，1937 年 8 月 1 日正式成立，是薄一波提议，经阎锡山同意而组建的，初以青年知识分子为主，虽然其中也有不少阎锡山军队中的旧军官，但新军的各级主要将领都由中共与进步青年担任，实际上是中共领导下的一支新型革命队伍，是建立山西新军的开始。

② 梁正主编：《战动总会简史》，北京：文津出版社 1993 年版，第 43 页。

③ 刘欣、景占魁：《晋绥边区财政经济史》，太原：山西经济出版社 1993 年版，第 12 页。

军事的不断成熟，为根据地的建立奠定了良好的基础。

随着八路军敌后战场的开辟，日军后方基地越来越不稳固，遂改变以正面战场为主的进攻策略，转而对国民党和阎锡山主要进行政治拉拢诱降。在山西，八路军不断壮大和力量蓬勃发展，亦使阎锡山亦感到莫大威胁，其反共、反人民的本质逐渐显露，对日军的诱降日益倾心，于是开始在暗中积极筹划反共计划。1938 年 6 月，阎锡山在他主持的第一次古贤会议上，抱怨：“抗战以来晋绥军抗光了，唯独八路军不但没有减少，反而增加了，再加上‘牺盟会’、‘决死队’和八路军合作，今后哪里还有我们立足之地”①，赤裸裸表达对中共力量壮大的不满。在会上还提出对旧军进行以“新的教育”、“新的统驭”、“新的管理”、“新的作战”为标准的“四新教育”，欲图振兴旧军，削弱新军。同年 10 月，日军占领武汉、广州以后，停止对国民党正面战场进攻，对其采取“政治诱降为主，军事打击为辅”的方针。退守大后方的国民党集团亦想借此消灭八路军，政治立场发生动摇，并于 1939 年 1 月国民党五届五中全会上确定了“溶共、防共、限共、反共”的反动方针，此后国民党开始奉行消极抗日路线，日军将主力兵力投入中共领导的华北敌后战场，抗日战争进入战略相持阶段。时 120 师主力依照中共六届六中全会“巩固华北、发展华中”的战略部署，已经进入冀中地区，日军趁机对晋西北和大青山发起进攻，留守八路军部队与其他抗日武装英勇抵抗，取得日军对晋西北春季进攻和绥远“大扫荡”的胜利，极大地巩固了根据地。但国民党反共政策的颁布，使主张消灭八路军的阎锡山更如虎添翼，积极充当了国民党反共高潮的急先锋。

1939 年 3 月，阎锡山在陕西宜川县秋林镇召开“军政民高级干部会议”，会议中阎锡山对部属说：“蒋先生脑筋中决无抗战之意，今天是如何妥协的问题了。因之它可以设法更多增加前线的困难，使前线将领均自动要求停战，他可以任意说共产党、八路军破坏统一不服从命令，加他们一个奸党奸军，将来转移抗战为剿共，一切关键只在日本条件能否接受，这种情势我们要看得很清楚。天快下大雨了，要赶紧准备雨伞。一落人

---

① 山西省社会科学研究所编：《山西革命回忆录》第 1 辑，太原：山西人民出版社 1983 年版，第 298 页。

后，就要吃大亏"①，在构建其反共理论的同时，暗示国民党要妥协，山西要做好投降反共准备。大肆宣传"中日不议而和，国共不议而战"的反动论调，提出"无条件存在""狡兔三窟"等反动谬论，其中"无条件存在"是指不择手段的求生存，只要能够生存，投降日本也未尝不可，所谓"狡兔三窟"，是延续阎锡山中的哲学，与日本、国民党与中共三方面拉关系，其中尤其要与日军搞好关系。虽然中共与会代表薄一波、续范亭、牛荫冠、韩钧等人，进行了针锋相对的斗争，但阎锡山一意孤行，并进一步提出《军事统一方案》，欲将新军和进步组织牺盟会、战动总会，按照"统一编制、统一训练、统一指挥、统一人事与待遇"的方针，统一于阎锡山山西省政府的统治之下。秋林会议后，为夺取中共敌后抗日根据地的政权，阎锡山将山西划为四个行政公署，公署主任由其高级旧军官兼任，其中晋西北地区为第二行署，主任由第七集团总司令赵承绶担任，以兴县为驻地。同时组织"突击队"、"精建会"等特务团体监视八路军及牺盟会、战动总会的活动，散布谣言，破坏新军，离间中共与群众之间的关系。中共通过进步组织牺盟会与战动总会在广大农村实行的"武装群众"、"组织群众"、"合理负担"、"减租减息"等进步政策被迫废除。6月，阎锡山取消新军政委制及番号，山西新军被按照国民政府军事委员会动的统一番号进行改编，不久阎锡山又下令取消战动总会和各种群众组织，还在各地挑起多起军事摩擦，阎锡山欲图消灭中共的企图彻底表面化。

1939 年 10 月，韩钧赴秋林参加阎锡山召开的民族革命同志会临时代表大会，阎锡山为便于突然发动对决死队的进攻，将韩钧羁绊。韩钧得知阎锡山已决定向新军进攻的企图后，便想方设法返回二纵队司令部报告了消息。11 月，阎锡山与日军达成合作协议，答应日军反共要求，日军同意"将其侵占阎锡山集团在山西工矿企业的资财归还百分之四十九，将阎锡山各将领之住宅全部归还。答应接济晋绥军枪械弹药，帮助晋绥军'剿除'在山西的八路军和新军"②。在取得日军和国民党支持后，阎锡山下令组成以陈长捷为总司令的"剿叛"军，密令军队分三路向新军和八

---

① 中国政协文史资料研究会编：《文史资料选辑》第 64 辑，北京：中华书局 1979 年版，第 16 页。

② 山西省社会科学研究所编：《山西革命回忆录》第 1 辑，太原：山西人民出版社 1983 年版，第 302 页。

路军发起进攻。12 月 1 日，阎锡山按照预定谋划，向决死二纵队发布"冬季攻势"电令，以国民党第二战区司令官的身份命令二纵队于 5 日在同蒲线之霍县至灵石段发动对日破击战，以达到其与日军前后夹击，消灭决死二纵队之目的。王靖国领导的十九军和陈长捷所部六十一军亦按照指示不断袭击新军，制造双方摩擦。为此，晋西南区党委于 6 日专门在张家川召开紧急会议，成立"拥阎抗日讨逆指挥部"，统一领导晋西新军及八路军晋西支队，武装抵抗"讨逆"军的进攻。12 月 7 日，决死二纵队政治部主任韩钧以个人名义向阎锡山发电，称："六十一军欺我太甚，甘做汉奸。学生誓与二纵队万余健儿，为总座争一伟大胜利，兹决定于 12 月 12 日誓师。此后半月内，恐无暇报告钧座。将在外君命有所不受"[①]，断然拒绝"冬季攻势"命令。阎锡山接到电报后，立即召开高干会议，大骂韩钧反了，下令将韩钧撤职拿办，阎锡山以此为借口发动"十二月事变"，亦称晋西事变。

晋西事变发生后，尽管中共多方解释韩钧之事并非"叛变"，但阎锡山却坚决剿灭新军，晋西南新军各部和 115 师陈士榘所领导的晋西支队，被迫进行反击，先后消灭阎锡山两个旅的兵力。但晋西南区党委鉴于敌人兵力之多，中共弹药缺乏，又没有回旋余地，遂命令部队主力向北转移，越过离（石）军（渡）公路，进入临县招贤镇。随后，中央来电肯定部队北上战略的正确性，指示部队继续北上，进入晋西北地区，与八路军 120 师和新军汇合。12 月 30 日，按照中共中央指示，晋西北区党委在赤坚岭召开紧急军事会议，鉴于阎锡山没有公开投敌，为争取其继续抗日，成立了"晋西北拥阎抗日讨逆总指挥部"。同时制定了详细的战斗方略，具体为"以决死四纵队十八团等部进占兴县，摧毁兴县、岚县两县的反动政权，并控制黑峪口，确保我军同陕甘宁边区的交通；以工卫旅、暂一师及彭绍辉三五八旅的一部，分别监视北面保德等地的顽军和各地日寇的动向；以决死四纵队的四个团，暂一师的一个团，在彭八旅的支援下，由彭绍辉指挥南进，迎接决死二纵队等顺利北上"[②]，经过十多日的激战，晋西北的阎锡山旧军被赶至临县附近。为使八路军与新军迅速在晋西北站

---

① 山西文史资料编辑部：《山西文史资料全编·第 9 卷·第 97—108 辑》，内部图书，第 819 页。

② 穆欣：《晋绥解放区鸟瞰》，太原：山西人民出版社 1984 年版，第 17—18 页。

稳脚跟，中央军委专门派遣滕代远传达中央指示，部队主要任务是接应二纵队和晋西支队北上和将顽军彻底赶出晋西北，根据这一指示，晋西北各军发起对赵承绶顽军的进攻。到 1940 年 1 月中旬，境内临县、方山、静乐、河曲、保德、岢岚等地区都被新军与八路军占领，基本肃清了晋西北的顽固势力。2 月 1—3 日，新的山西第二游击区行署（1941 年改称晋西北行署）召开第一次行政会议，宣布行署正式成立，续范亭、牛荫冠分别担任正、副主任，这标志着晋西北抗日根据地的正式建立。4 月 24 日，中共与阎锡山在秋林达成正式停战协议，双方规定军队停止武装冲突，以汾（阳）离（石）公路为界，以北为新军、八路军的活动区，以南为旧军的活动区，由此结束了晋西北地区两种政权、两种军队并存的局面。

第二章

晋绥边区农业生产状况

第一节　农业经济分区

山西一级农业经济区有三种，分别是中部盆地农业经济区、西山农业经济区、东山农业经济区，晋绥边区所属晋西北根据地属于西山经济区，其区域范围"北起右玉，南至乡宁大的吕梁山及其两侧广大黄土丘陵地区。……全区全部是黄土丘陵地区，黄土层深厚，一般为 10—13 米，局部地区厚达 70—80 米，地形破碎，千沟万壑，是全省水土流失最严重的地区"①，再加上常年只重开采，不重植被保护的经济开发方式，更加剧了当地生态环境的恶化，与山西全省其他地区相比，人民生活水平更加贫困。

在一级农业分区的基础上，按照气候、土壤等自然条件和农业资源的不同，山西全省农业经济又被分为 10 个二级农业经济区，涉及晋绥边区经济分区，主要有三种：一是晋西黄土丘陵水保林草羊牛果树区，由于开垦过度，植被覆盖率低，在雨水冲刷下，水土流失十分严重，"侵蚀模数一般达 8000—10000 吨/平方公里左右，临县湫水河最高达 15000 吨左右。兴县以北还有风沙危害"②。其区域范围是北起偏关县的天峰坪，南至汾离公路分界线，东到吕梁山，西至黄河，包括中阳、孝义、离石、临县、兴县、方山、河曲、偏关、保德县所包含的黄土丘陵地区，大多数地区为一年一熟制，只有北部黄河谷地由于地势相对低、气候温暖、水源丰富，可达到两年三熟，农作物主要有小麦、谷子、高粱、玉米、糜子、大豆、

---

① 山西省地方志编纂委员会：《山西通志·农业志》第 8 卷，北京：中华书局 1994 年版，第 59 页。

② 张维邦等主编：《山西省经济地理》，北京：新华出版社 1987 年版，第 324 页。

棉花等。二是吕梁山水源林牛羊马铃薯区，在边区分布范围为北接内长城，南到交口县，西临晋西黄土丘陵区，东至同蒲铁路。在行政区划上主要包括宁武、静乐、岚县、娄烦县及太原市古交的全部地区，另外还包括神池、五寨、岢岚、忻州、原平、兴县、方山、中阳、离石、阳曲、交城、汾阳、孝义、文水县的部分地区。其中吕梁山北段地区由于海拔在1000—2800公尺，气候寒冷，属于高寒植物区，大部分地区不适宜种植业的发展，只有部分山间盆地（如岚县、静乐）、河谷、丘陵地带具备农耕条件，为一年一熟制，其农产品以谷子为大宗，约占所有农产总量的25%，此外还种植玉米、春小麦、马铃薯、高粱、莜麦、大豆、油料等作物。三是晋西北防风固沙林草羊牛胡麻区，北与大青山所处的内蒙古相接，南连吕梁山麓，东跨同蒲铁路，与大同盆地接壤，西与晋西黄土丘陵区相连，包括所属边区的右玉、左云、平鲁县全境，及怀仁、山阴、朔县、神池、五寨、保德、河曲、兴县、岚县的部分风沙丘陵地区。当地自然环境的特点是风沙大、气温低、冰雹多、缺水严重，是山西风沙、雹灾、霜冻灾害最为严重的地区之一，耕作制度为一年一熟制。农作物以耐寒、耐干的莜麦、马铃薯、胡麻、豆类等杂粮作物为主①。

　　绥远属于典型的游牧经济区，在历史上主要以畜牧业为主，随着清末放垦，大青山地区土地才开始被不断开垦，到20世纪初期，"大青山以北的武川、陶林（察右中旗）、四子王旗一带，也出现了成千顷农田"②。民国时期，随着绥远省土地开发的不断扩大，大青山根据地所辖县区的土地面积得到进一步扩大，以武川为例，1931年，有耕地面积167.4万亩耕地，次年就达到240.15万亩，到1937年"七七事变"发生前，更是达到369万亩③，六年间耕地面积增加了2倍之多。土地面积增多，为栽培农作物提供了基本的前提条件，大青山地区亦转变为绥远重要的农业经济区。

---

　　①　山西省地方志编纂委员会：《山西通志·农业志》第8卷，北京：中华书局1994年版，第69—74页。

　　②　郝维民主编：《内蒙古近代简史》，呼和浩特：内蒙古大学出版社1990年版，第32页。

　　③　绥远省政府编：《绥远概况》上，绥远省政府1933年版，第6页；霍世荣：《武川农业考略》，中国政协商会议内蒙古武川县文史资料委员会编：《武川文史资料》第5辑，1988年版，第161页。

第二节　农具

社会经济发展水平的重要衡量标准是生产力水平的高低，而劳动工具作为生产力的三要素之一，又是衡量生产力水平的重要标准，因此，要研究社会经济发展水平，对劳动工具的考察也就十分必要。晋绥边区作为华北经济发展圈的边缘性地区，生产力整体发展水平较低，主要依靠人力与畜力协同耕作方式，所使用的农具依然是"木制或木铁合制的简陋农具，如犁、锹、锄、镰刀、辘轳等"①。

耕地工具，耕地是农业生产最基础的环节，是保存与恢复土壤肥力的重要举措，山西主要有犁、锹、镢、抓子四种，"犁有平地犁、山地犁、两用犁（犁耳能左右活动，山地平地均能使用）、木辕犁、铁辕犁、水地犁、锢犁等种类。锹有大小之分。镢有尖镢、羊蹄镢、条镢、宽镢等种类。而宽镢又有长圆式、月牙式、铲式之分。抓子（铁搭）有二股、三股、四股、五股、六股之别"②。具体到晋绥边区，其使用的农具情况如下，第一种，犁，种类有清徐犁、太谷犁、离石犁、太原犁、乡宁犁，等等。清徐犁，由木制的犁辕、犁稍、犁箭、犁底、犁托和铁制的犁铧、犁壁组成；太谷铁辕犁和太谷箭犁，两者犁辕形制均为前直后弯型，前者有导向轮，由木制犁稍，铁制犁底、犁铧、犁壁组成，后者有木制引头，由木制犁底、犁稍，铁制犁铧组成，由于犁铧未"箭头"形状而得名；太原小店木犁，形制为弓形，由木制曲犁辕、弯犁稍、犁箭、犁底，铁制犁铧组成，其与其他犁具的最突出区别就是没有犁壁；离石铁辕犁，这是吕梁地区使用最普遍的犁具，由铁制犁辕、犁铧和木制犁稍组成，其形制特征是犁辕为前直后弯，且有铁制引头，而犁稍则由于中下部宽大，而呈现为椭圆形的叶片状③。第二种，镢，与犁一样，也是一种翻地、松土工具，但其所能适用的地域比犁更为广阔。晋绥边区广泛使用的有宽镢和条镢两种，其中宽镢主要用于开沟取土，有两种类型，一种为卡口镢体窄，另一种为卡口外延与镢体一样宽；条镢，主要用于开辟荒地，其特征为镢

①　冯合法：《中国农村经济资料续编》，上海：黎明书局1935年版，第245页。
②　徐松荣：《近代山西农业经济》，北京：中国农业出版社1990年版，第199页。
③　胡泽学：《三晋农耕文化》，北京：中国农业出版社2008年版，第166、169—170、172页。

体较窄，但较宽镶厚度大。第三种，抓子（抓钩），其学名为铁搭，主要用于翻土、松土、碎土。第四种，铁锹与铁铲，其中铁锹比铁铲的铁制铲头大而宽，亦是翻土、碎土的小型农具。

整地工具，主要有耙、耱、锄、碌碡四种。耙，是使用畜力拉拽进行碎化土块、清除野草、平整土地的农具，有二字耙、人字耙、手提耙、三字耙之分，晋绥边区多使用二字耙。耱，又被称为耢，其功用是平整土块，覆平地面，一般是用三根木棍与数十根柳条分别作经、纬编织而成。锄，是在平整后的土地上用来"开沟成畦取土用"，具体来说是用于中耕、培土、松土、间苗、锄草的农具，其种类繁多，主要有方板锄、长板锄、块锄、鹤颈锄、漏锄、耨锄、手锄等。其中板锄主要使用地是山西的中南部；块锄集中在晋中、忻定盆地；鹤颈锄，在山西各地普遍适用；漏锄，使用与北方所有黄土覆盖区；手锄，亦称耨、镈，特点是锄柄短小，锄头较小，因此耕作时弯腰很深，甚至蹲下劳作。碌碡，俗称地棍子，作为压地之用。

播种工具，有耧车、耙子、刮子、铲子、砘车等等。其中耧车，按照功用分为籽耧与粪耧，是将开沟、播种/下粪、覆土一次完成的农具；按照形制可分为独角耧车、二脚耧车、三脚耧车。其构造及其工作原理，以籽耧为例，"形同小车，上安一斗，斗底一小孔，籽种置于斗内，以人推置，摇而行之，籽种由小孔徐徐漏入土中"[1]。耙子，由耙体、柄头、手柄三部分组成，柄头置于耙体后端的中心线上，用来连接耙体和手柄，其作用是收拢、散开作物果实、柴草的农具，同时亦可用于平整土地。刮子用于平整土地，有木刮、铁刮两种。铲子，由较宽的铲斗或者铲身，装上柄子而成，根据用途的不同，分为"刨窝铲、点豆铲、栽秧铲、植树铲、挑菜铲等"[2]。砘车，当耧车将种子下种后，用于压实土壤，以便于种子与土壤的接近，提高种子成活率。其结构简单，由一根木制的棍子为轴，穿上两个或三个砘轮（一般是石制）而做成。

灌溉工具，有辘轳、桔槔、栲栳、桶担等。辘轳，手动绞车用桶从井中提水灌溉的农具，由固定在水井上的横轴与辘轳头构成，辘轳头是由硬木制成的圆形状，其头上嵌一个摇把，横轴一端连接辘轳头，另一端在接

---

[1]　徐松荣：《近代山西农业经济》，北京：中国农业出版社1990年版，第199页。
[2]　同上。

近尾部的地方系一重物，置于地面，使轴与辘轳头保持水平，提水时手动摇把即可。桔槔，是利用杠杆原理进行汲水的工具，在靠近井口的地方立一个架子为纵轴，将一根细长的横杆作为横轴，使之与纵轴交叉，交叉点作为支点，且让横轴能围绕支点上下活动，横轴前段挂水桶，后端置一重物。

收割工具，有镰刀、杈子、扒子、扫帚、簸箕、碌碡等。镰刀，由刀片和木把手构成，有裤镰、钩镰、小镰之分，是边区内广泛使用的收割、割草工具，几乎家家都有。杈子，是在收割场内整理秸穰的农具，按制材分，有木制和铁制两种；按功用分，有推杈、钭杈、普通杈等等；按形制分，有二股和四股。扒子，是场圃内用来收推（聚堆或摊晒）的器具，按齿子数量分，有六齿、八齿、十二齿等。扫帚，分为栽少、独扫、绑扫三种，是在场圃上将谷物撮堆用。木刮，亦称木锨，是飏田刮土的农具。碌碡，除压地作用外，还是在场圃中对收获物进行碾压脱粒的农具。簸箕，在场圃上对谷物进行进一步筛选的农具①。

第三节　主要农产品种类及分布

晋绥边区农业生产虽然整体水平较为落后，但在当地人民因地制宜的辛勤耕耘下，农产品还是相当丰富，以粮食、棉花、麻、烟草生产最为突出。

粮食作物是本区农业生产的大宗，全区除河曲、保德、偏关三县外，其余各县均有粮食外运，其品种以麦黍为主，但各地粮食品种又随着热量、水分及地势的不同，而呈现出不同的地域特征。内长城以南地区，以海拔高度为划分标准，具有以下特点：地处 600 米以上，1000 米以下的地区，在行政区划上主包括兴县、临县、河曲、保德、离石、中阳等县。这一地区以"谷子、麻子、黑豆及各种豆菽类，春麦子（在山西中部及南部则是冬小麦）、高粱、玉米、荞麦、西北麻（北则胡麻多）、山药"等农产品为主，其中"离石以南以冬小麦、玉米为主，临县以玉米、高

---

① 徐松荣：《近代山西农业经济》，北京：中国农业出版社 1990 年版，第 200、231—237 页。

梁为主，兴县以北以玉米、谷子、春小麦、糜子为主"①。地处 1000 米以上（一般都在 1600 米至 2000 米）的地区，则受高地寒冷气候的影响，以莜麦、山药、胡麻、荞麦为主要粮食作物，但在少数海拔较低地区，仍可种植低海拔的糜谷、高粱、豆菽类作物，属于这一地区的县份主要有宁武、神池、岢岚、方山、静乐、岚县。吕梁山以东的崞县平原和太原平原地区，由于地势平坦，气候温暖，北方各种农作物几乎都能成活，其中以种植高粱大宗，其次为谷子。内长城以北的雁北地区，则由于气候寒冷，无霜期短，以莜麦（学名燕麦）、胡麻、山药（全名山药蛋，在当地特指马铃薯）为主要农产②。大青山地区降水稀少，气候干燥，山前川地所产粮食以谷子、糜子、黍子、粟子为主，主要分布在五原、临河、萨县；后山地区则以小麦为主要粮食产品，主要产地为武川、固阳、集宁、陶林、丰镇，其中又以武川东乡乌兰花、西乡白灵地麦子、陶林秃麦子最为出名，质量最为上乘。此外，还有各县普遍种植的马铃薯，以及豆菽类中大量出产的黑豆、黄豆、豌豆，及其少量的红豆、绿豆③。

棉、麻种植。棉、麻是制衣的重要原料，是仅次于吃饭的重要农业资源，同时亦是当地重要的经济作物。棉花在边区种植较为普遍，其中太原周边地区不仅是边区内产棉最多的地区，也是山西重要产棉区之一，主要包括交城、文水、汾阳、孝义、徐沟等县。此外，离石、中阳等县大部分地区都适宜于棉花种植，临县、兴县的局部地区亦可种植棉花。麻的种植区域主要分布在临县、方山、离石一带，其中尤以临县湫水河川和方山、离石之间的离石河川最为出名。当地十分重视种麻经验的积累，所产麻不仅质量上乘（品质洁白、纤维细长），而且亩产较多，每亩一般可收获 60—100 斤，仅临县每年就能产麻百余万斤，最多时竟达到 200 万斤，因此是当地重要的外销农产，是经济不可或缺的创收点。棉花不适合在大青山地区种植，这是因为其所在的绥远地区"高温气候，时期颇短，种棉

---

①　张维邦等主编：《山西省经济地理》，北京：新华出版社 1987 年版，第 325 页。

②　刘欣主编：《晋绥边区财政经济史资料选编·农业编》，太原：山西人民出版社 1986 年版，第 7 页；中共晋西区党委：《经济建设材料汇集Ⅰ——农林牧畜》，1941 年 12 月，太原：山西省档案馆，档案号：A22—7—10—1。

③　绥远省政府编：《绥远概况》上，绥远省政府 1933 年版，第 17 页。

未吐絮，而霜已降"①，当地适宜种植的主要棉麻品种是大麻，分布在归绥、萨县和东胜县，有雌雄两种，雌株为籽麻（榨油用），雄株为花麻（织维用）。

烟草、油料种植。烟草和油料作物是边区重要的经济作物，其中烟草主要集中在兴县、离石和临县，这其中又以临县为最大产区，一般每年可种植 30 万斤。油料作物以胡麻、糜子、芸苔、黄芥、西比麻为主，在边区栽培范围极广，其中黄芥、大麻分布最广，几乎各县都可种植，而产麻子最多的地区当属岢岚、五寨，产棉籽最多的地方为兴县、文水、临县、交城。在此基础上，边区各地榨油业相当发达，据中共中央财政部 1940 年调查，边区每县仅大油坊一般就能达到 10 家，小油坊更是普遍分布，如临县一地就有油坊 70 座。油坊业发达除边区境内盛产油料作物外，其利大本小也是重要原因，一般可对半获利，甚至更多，如"在油房换油，棉子 15 斤换 1 斤，大麻子 6 斤换 1 斤"②。各地油产品种丰富，有黄芥油、大麻油、胡麻油、麻子油等，由于产量较大，在满足当地人民需用的基础上，大量外销至平川地区，如太原、交城、文水、阳曲、崞县等。大青山根据地的油料作物以胡麻为主，其种植区主要分布在绥远西部。

表 2　　　　　　　　　晋绥边区各地主要农作物统计

地区		农作物种类
晋西北地区	兴县	麦很少，谷米 30%，糜黍 10%，黑豆 25%，豆 10%，高粱、莜麦 18%，麻棉
	河曲	最多糜，其次谷米，再次高粱、黑豆，最次小麦、大麦
	清源	黍、稷、稻、粱、小麦、大麦、荞麦、豌豆、扁豆、绿豆、豇豆、黄豆、小豆、青豆、麻子、芝麻
	保德	小米、豆类
	岢岚	最多莜麦、山药蛋，其次豆类、什粮、胡麻
	五寨	莜麦、米

---

① 廖兆骏编著：《亚洲民族考古丛刊·绥远志略·第 5 辑》，台北：南天书局有限公司 1987 年版，第 122 页。

② 刘欣主编：《晋绥边区财政经济史资料选编·总论编》，太原：山西人民出版社 1986 年版，第 8 页；刘欣主编：《晋绥边区财政经济史资料选编·工业编》，太原：山西人民出版社 1986 年版，第 259 页。

续表

地区		农作物种类
晋西北地区	偏关	以谷、麦、豆为主，山药、荞麦、胡麻、糜黍、高粱次之
	神池	莜麦、米
	朔县	谷米、胡麻
	静乐	莜麦33%，其次高粱、豆类、谷米、黍米，再次麦、山药蛋
	岚县	粟、麦、莜麦
	阳曲	麦、高粱、豆
	临县	小麦、莜麦10%，小米、黑豆70%，高粱、豇豆、菀扁豆20%
	离石	黍、米谷、棉花
	临南	棉花、小麦10%，糜谷40%，什豆9%，高粱6%，黑豆30%，山药蛋5%
	方山	豆、麻、麦、高粱、米、莜麦
	离东	麦、米、什粮
	山朔	高粱、黍、豆
	平鲁	莜麦、荞麦、胡麻
	右玉	麻
	怀仁	黍、稷
	左云	莜麦40%、谷子25%、麦15%、什粮20%
	宁武	莜麦最多，菀扁豆、山药①次之
	崞县	麦、高粱、豆、谷子、玉米
	文水	高粱、米谷
	忻县	高粱、糜黍
	交城	米、莜麦
	汾阳	麦、米、高粱
说明		晋西北地区产棉最多在文汾平川，以及临南、离石、兴县。产麻很普遍，方山、临县较多。神池、朔县、偏关胡麻大宗出产，麻油为大宗输出品

---

① 山药，这里特指土豆，也就是马铃薯，是当地一种俗称。

续表

地区		农作物种类
大青山地区	归绥	黍子、莜麦、荞麦、高粱、糜子、杂豆、麻子、谷子、马铃薯，其中以高粱、谷子为大宗
	凉城	麦子、莜麦、荞麦、高粱、谷子、糜子、莞豆、胡麻、麻子、马铃薯，以莜麦、胡麻、谷子、黍子、麻子为大宗，荞麦、高粱、小麦、各豆类、马铃薯次之
	丰镇	小麦、莜麦、荞麦、谷子、糜子、杂豆、草麦、黍子、胡麻、马铃薯，其中以莜麦、小麦、糜子、黍子、谷子、荞麦、豆类、马铃薯为大宗
	陶林	麦子（大麦、小麦），莜麦，荞麦，谷子，高粱，糜子，杂豆（豌豆、大豆），菜子，以小麦、莜麦为大宗
	和林	麦子、莜麦、荞麦、谷子、高粱、杂豆、马铃薯，尤以高粱、谷子、黍子、马铃薯为大宗
	兴和	大麦、小麦、莜麦、谷子、糜子、黍子、稷子、杂豆、胡麻、菜子、马铃薯，以莜麦、小麦、谷子为最多，胡麻、菜子、糜子、黍子、豆类次之
	托克托	麦子（大麦、小麦）、莜麦、荞麦、谷子、糜子、高粱、杂豆（黄豆、黑豆、扁豆、莞豆）、黍子、麻子，以莜麦、小麦、谷子、高粱、糜子为大宗
	武川	麦子、莜麦、荞麦、马铃薯、草麦、菜子（油料作物的一种），以小麦、莜麦、荞麦为主
	萨拉齐	麦子、谷子、糜子、高粱、麻子、黑豆、黍子
	固阳	大麦、小麦、莜麦、荞麦、谷子、糜子、扁豆
	包头	黍子、莜麦、谷子、麻子、高粱、糜子、杂豆，以高粱、糜子为大宗，黍子、谷子次之
	集宁	大麦、小麦、莜麦、荞麦、谷子、黍子、胡麻
	清水河	麦子、谷子、莜麦、荞麦、高粱、糜子、杂豆、胡麻、蓖麻，以莜麦、荞麦、谷子为大宗
说明		当地"禾本科之小麦、大麦、燕麦（即莜麦）、黍谷、玉蜀黍、高粱等栽培甚广，收获亦丰，为绥省之主要农作品，亦即日常生活主要之食品也"[1]。唯后山之地高温时期较短，不能种植棉花、玉蜀黍、高粱

资料来源：1. 王灏儒纂修：（顺治）《清源县志》上卷，第35—36页。2. 绥远省政府编：《绥远概况》上，1933年版，第1编，第41—42、44、46、48、51、53、55—66页；第3编，第

---

① 廖兆骏：《绥远志略》，《亚洲民族考古丛刊·第5辑》，台北：南天书局1987年版，第122—123页。

41—42、45—47、57—59 页。3. 中共晋西区党委：《经济建设材料汇集 I ——农林牧畜》，1941年 12 月，太原：山西省档案馆，档案号：A22—7—10—1。4. 绥远通志馆编：《绥远通志稿·第3 册·卷 19—27》，呼和浩特：内蒙古人民出版社 2007 年版，第 129、131、134、138 页。

注：1. 内蒙古后山地区系指大青山以北地区，包括武川、中旗、后旗、商都、四子王、达茂等旗县①。

2. 高粱又称茭子，即内地所谓红粮也；小麦又分为宿麦与春麦，宿麦为隔年种者，春麦为开春种者；大麦，俗称草麦；莜麦，也称油麦，即燕麦也；麻子，即火麻也，也被称为黄麻；胡麻，亦名亚麻，是芝麻的一种别种，比芝麻色黑且大；黍子，脱壳后为黄米，性黏；豆类有豌豆、扁豆、豇豆、蚕豆、黄豆、黑豆、菉豆数种②。

第四节　耕作制度

中国是农业大国，在长期农业生产过程中，积累了丰富的经验，形成了较完善的农业耕作制度。所谓耕作制度，是"一个地区或生产单位的作物种植制度以及与之相适应的养地制度的综合技术体系"，是直接反映当地社会生产力水平的标志，其最终是"为了提高土地利用率，全面持续增加产量与收益"③。晋绥边区普遍使用的农业耕作制度，主要有以下几种。

抛荒休耕制。是一种在原始社会，就已经使用的农田耕作方式，是暂时放弃土壤肥力下降的地块，使之经过自然休闲，重新恢复土壤肥力，以便于重新耕作，提高产量，获得最大经济收益。

换茬轮作制，在同一块地上，选取不同的农作物相互搭配，轮流耕种，"茬口倒顺，强似上粪"就是在广大农民群众中有关轮作倒茬制度的流行谚语。依照不同的土壤和气候条件制定轮作制度，是培养土壤肥力的有效方式，其轮种作物种类不同，所起的作用亦不同，"1. 深根和浅根作物的相互轮换，交替种植，可以充分利用上下土层的养分和水分，增加上下土层的腐殖质。2. 豆科作物与其他作物轮作，可以发挥豆科作物的增磷补氮作用，给大茬作物提供较多的氮素和有效性磷。3. 与块根、块茎

① 中国农业科学院：《中国北方不同类型旱地农业综合增产技术》，北京：中国农业科技出版社 1993 年版，第 102 页。

② 绥远通志馆编：《绥远通志稿·第 3 册·卷 19—27》，呼和浩特：内蒙古人民出版社2007 年版，第 98—100 页。

③ 刘巽浩主编：《中国耕作制度》，北京：中国农业出版社 1993 年版，第 1 页。

作物轮作可疏松土壤，改善下茬作物土壤物理性状。4. 不同作物对肥水有不同的要求，正确的轮作倒茬可使土中养分、水分得到合理的利用，充分发挥生物养地培肥增产的良好作用"①。晋绥边区一般采用两种轮作方式，其中在内长城以南地区，多采用豆菽类与谷/麦轮作制，在此基础上，又分为年轮作制和季节轮作制，前者作物实行隔年种植，如"谷田、黍田—黑豆"、"豆田—高粱"、"豌豆—小麦"、"小麦—绿豆"；内长城以北的雁北地区，除采用前一种轮作制之外，还有一种粮草轮作制度，如"草木樨—草木樨—土豆—莜麦（糜黍）"、"草木樨—草木樨—糜黍"等等②。后者夏秋作物之间的倒茬，如边区中阳县的"小麦—谷子/高粱"、"马铃薯—玉米"③ 轮作制。

间种套作制，是在同一块地，实行多种农作物混合种植的耕作制度，可以最大限度地提高农田的复种指数。晋绥边区处于中国的旱作农业区，有多种套种方式，其中两种作物混种形式有：玉米豆间混作、小麦豌豆混作、麦棉混作、芝麻大豆混作、高粱谷子混作、小麦与花生/大豆/甘薯/烟草套种、绿肥与不同作物套种、小麦绿肥间种、高粱谷子间作、玉米甘薯间作，等等④。除此以外，边区内还有多种作物混种的形式，如方山"马铃薯地里带种豆类、黄芥，玉米地里带豆类，谷子地里带种豆类、胡萝卜"⑤。

① 山西农业大学主编：《土壤学》北方本，北京：中国农业出版社1992年版，第194页。
② 同上书；徐松荣：《近代山西农业经济》，北京：中国农业出版社1990年版，第203页。
③ 方山县县志编纂办公室编：《方山县志》，太原：山西人民出版社1993年版，第137页。
④ 刘巽浩主编：《中国耕作制度》，北京：中国农业出版社1993年版，第15页。
⑤ 方山县县志编纂办公室编：《方山县志》，太原：山西人民出版社1993年版，第137页。

第三章

晋绥边区农村土地问题研究

中国是农业大国，农民是人口主体，调动农民投身民族解放事业尤为重要，毛泽东在 1926 年 9 月 1 日发表的《国民革命与农民运动》一文中，曾专门指出："农民问题乃国民革命的中心问题；农民不起来参加并拥护国民革命，国民革命不会成功，农民运动不赶速的做起来，农民问题不会解决；农民问题不在现在的革命运动中得到相当的解决，农民不会拥护这个革命。"① 而土地作为农民生存的最基本需要，又必须是首先要解决的问题，因此"中国革命的中心问题是农民问题，而农民问题的核心是土地问题"②。1935 年中共中央在瓦窑堡会议通过张闻天起草的《中央关于目前政治形势与党的任务决议》，专门提及农民土地问题，指出"要战胜日本帝国主义及其走狗中国卖国贼，不争取占中国人口 80% 的农民参加斗争的战线，是不能成功的。共产党与苏维埃一定要满足农民的土地要求，为彻底解决土地问题，解除农村封建压迫而斗争"③。刘少奇亦于1937 年在《抗日战争中各种基本政策问题》中专门指出："抗日战争没有占全国人口百分之八十以上的农民参加，是不能胜利的，但是全国各地最大多数的农民都是处在就死不暇的状态中，因此，他们就更无力救国。所以，在抗战的时期中正确合理的来解决农民土地问题，是争取抗战胜利的

---

① 中共中央文献研究室编：《毛泽东文集》第 1 卷，北京：人民出版社 2001 年版，第37 页。

② 刘景泉、邵云瑞主编：《毛泽东思想概论》第 2 版，天津：南开大学出版社 2004 年版，第 110 页。

③ 中央档案馆编：《中共中央文件选集·1934—1935 年》第 10 册，北京：中共中央党校出版社 1991 年版，第 615 页。

最重要的一着。"① 能否合理解决农民土地问题，成为中共抗日政权能否巩固的首要条件。

第一节　地权关系

土地是农业生产最基本生产资料，是农民安身立命之根本，研究农村土地问题，对地权问题的研究就显得尤为重要。所谓土地所有权，是指土地归谁所有，在所有土地关系中居于统治地位。不同国家土地分配形式亦不尽相同，但总体来说可分为两种："第一是土地私有权，即所有者为私人，第二为集体土地所有权，即所有者为社会团体，如国家、地方社区、家族、宗教团体、学校等等。"② 私田，顾名思义就是私人所有的田地，允许自由买卖、典当，其对象为单独农户。集体所有地因其归属群体的不同名称亦不同，清朝时集体所有田主要分为官庄、官田、屯田、族田、寺地或庙田，民国时期根据南京国民政府土地委员会及其他团体的调查，又将集体所有地分为官有地、社区共有地及团体所有地，主要包括屯田、学田、庄田、营地、盐地等③。

一　抗战前土地占有关系

"传统中国社会土地产权结构的总体特征是国家始终掌握土地的终极所有权，整个中国古代土地所有权和使用权关系的演变都是在这一前提约束下进行的。"④ 近代以来，随着封建统治阶级统治力降低和商品经济发展，土地私有化趋势不断加强，其具体演变如表3。

从表3我们可以看到，近代中国私有土地比重在不断增大，从明朝万历年间的50%，增至清朝光绪年间的81.2%，民国时期又上升到93.3%，增长了将近1倍。晋绥边区主体部分位于当时的山西省和绥远省，我们也将抗战前两省土地占有关系进行简单分析。

---

① 北京大学中国革命史教研室：《抗日战争时期党内两条路线的斗争资料》第1集，北京：北京大学中国革命史教研室1957年版，第13—14页。

② 吴文晖：《中国人地问题及其对策》，北京：商务印书馆1944年版，第98页。

③ 同上书，第99—101页。

④ 王昉：《传统中国社会农村地权关系及制度思想在近代的转型》，《学术论坛》2007年第3期。

表3　　　　　　　　　　　官公田已耕地私有化趋势统计

时期	总计	官公田				私有
		合计	庄田	各种官田	庙田及其他公田	
明朝万历年间（16世纪末）	100	50.0	9.2	27.2	13.6	50
清朝光绪年间（1887）	100	18.8	7.8	11	—	81.2
民国时期（1929—1933）	100	6.7	2.3	1	3.4	93.3

资料来源：严中平等：《中国近代经济史统计资料选辑》，北京：科学出版社1955年版，第275页。

从表4山西、绥远两省不完全统计资料我们可以看到：（1）私有土地高度集中。在绥远，土地从100亩以上到10亩以下户数分布基本平衡，但土地占有量却相差很大，15.20%的农户是10亩以下土地所有者，占土地总数的1.48%，每户平均7.12亩；19.26%的农户是100亩以上土地所有者，在户数相差不大情况下，却占有56.16%的土地，超过私有土地总数的一半，每户平均占有213.38亩，后者土地户均占有量是前者的29.97倍。如果将51亩以上至100亩之间土地占有者算入，51亩以上土地占有者达到本省总户数的40.52%，占有77.57%的土地，每户平均占有土地140.10亩，是10亩以下户均占有土地量的19.68倍。在山西，37.07%的农户是10亩以下土地所有者，占有7.91%的土地，每户平均6.11亩；14.91%的农户是51亩以上土地所有者，占土地总数的48.69%，接近半数，每户平均约93.57亩，后者是前者的15.31倍。两省土地半数或半数以上的土地都被51亩以上土地所有者所把持，而10亩以下土地所有户却占只有很少的土地，土地高度集中，具有浓厚的封建意义。（2）私有土地在所有土地中占据主导地位。抗日战争前绥远公有土地占所有土地的1.49%，而山西公有土地更少，仅占0.7%，这与近代以来全国私有地权扩大化的趋势相一致。本文研究晋绥边区农村土地关系亦主要以私有土地为考察对象。

表4　抗战前绥远、山西耕地统计

		绥远				山西			
		户数		耕地		户数		耕地	
		户数	百分比（%）	亩数	百分比（%）	户数	百分比（%）	亩数	百分比（%）
私有耕地	100亩以上者	21474	19.26	4582022	56.15	61713	3.79	10279825	22.02
	51—100亩者	23709	21.26	1748002	21.42	181202	11.12	12449593	26.67
	31—50亩者	26369	23.65	1069762	13.11	288437	17.69	10988026	3.54
	11—30亩者	23009	20.63	517602	6.34	494506	30.33	8944538	19.16
	10亩以下者	16950	15.20	120625	1.48	604307	37.07	3691899	7.91
公有耕地		—	—	121718	1.49	—	—	329320	0.70
所有土地		111511	100.00	8159731	100.00	1630165	100.00	46683201	100.00

资料来源：廖兆骏编著：《亚洲民族考古丛刊·绥远志略·绥远·第5辑》，台北：南天书局有限公司1987年影印版，第163页；冯和法：《中国农村经济资料》续编，上海：黎明书局1935年版，第248页。

注：①耕地单位"亩"。
②原表中数据计算错误已更正。

近代以来土地私有化过程中地主、富农成为占有土地最多的阶级。19世纪二三十年代，据估计"地主约占有50%以上的土地，地主和富农合计约占70%—80%的土地；而占乡村人口90%的贫农、雇农、中农及其他人口，却总共只占有约20%—30%的土地"①。根据1934年内政部统计司调查，山西占总户数14.9%的地主、富农拥有全省耕地总数的48.69%，占总户数37.07%的贫农仅占有7.91%的土地②。

晋绥边区抗战前土地占有与上述结论是否一致，我们根据晋西北兴县2区8个自然村，兴县前彰和墕，宁武吉家坪，河曲大宓6个自然村，保德下流碛自然村，共4县17个自然村统计材料进行分析，具体情况如表5。

表5   抗战前晋绥边区土地占有统计

阶级	户数（户）	百分比（%）	人口（人）	百分比（%）	土地（亩）	百分比（%）	户平均（亩）	人平均（亩）
地主	26	4.6	192	8.11	14469	31.6	556.5	75.4
富农	29	5.1	192	8.11	8499	18.6	293	44.3
中农	169	30	584	24.7	15369	33.6	91	26.3
贫农	248	44	1112	47	6303	13.9	25.4	5.7
雇农	51	9	194	8.2	567	1.24	11.1	2.9
工人	12	2.1	37	1.6	48	0.11	4	1.3
商人	8	1.4	33	1.4	228	4.98	28.5	6.9
贫民	10	1.8	21	0.9	72	1.57	7.2	3.4
其他	15	2.6	11	0.47	246	5.37	16.4	22.4
共计	568	100	2367	100	45801	100	81	19.4

资料来源：刘欣主编：《晋绥边区财政经济史资料选编·农业编》，太原：山西人民出版社1986年版，第87页。

注：原表数据计算有误处已更正。

①　严中平、汪敬虞、章有义等编：《中国近代经济史统计资料选辑》，北京：科学出版社1955年版，第267页。

②　毕仁庸：《山西农业经济及其崩溃过程》，《中国农村》1935年第1卷第7期。

从表 5 我们可以看到，（1）晋绥边区土地集中情况与绥远、山西两省整体情况相同。根据表 4 我们可以看出户均土地在 100 亩以上者，绥远占 19.26%，山西占 84.53%，两省平均 20.9%；土地户均 51 亩以下者，绥远占 59.48%，山西占 85.1%，两省平均为 83.5%。而根据表 5 资料统计，晋绥边区户平均土地 100 亩以上户口占总户数 9.7%，而 51 亩以下土地所有户占 90.3%，这正与抗战前绥远、山西两省土地集中趋势基本一致。（2）地主、富农占有土地绝大部分。占总户口 4.6% 的地主，占有 31.6% 的土地；5.1% 的富农占有 18.6% 的土地；44% 的贫农占有 13.8% 的土地。占总户数 9.7% 的地主、富农共占有 50.2% 的土地，超过所有土地的一半，而占人口总数将近一半的贫农却只有 13.8% 的土地，两者土地总数相差 16665 亩，其差数是贫农占有土地的 2.64 倍，贫农土地缺乏可见一斑。与此同时，绥远地区土地分配亦极不均匀，"富者田连阡陌，贫者无立锥，尤以河套后山为甚。一半大地主常拥有土地至十数万亩之多"[①]。土地高度集中直接导致土地出租率提高，根据晋绥边区兴县、保德、河曲、宁武等地调查，地主出租自己所有地的 80%，富农出租所有地的地 1/3，中农、贫农亦有少量土地出租，所有土地中共有 1/3 的土地都为出租土地[②]。

另外，我们再用其他材料对地主富农占有绝大多数土地的结论进行验证，根据兴县、河曲、保德、宁武 4 县 11 村调查资料，占总人口 8.25% 的地主，占有全部土地的 31.7%；8.25% 的富农占有 18.8% 的土地，两者共计 16.5% 的人口占有 50.5% 的土地，而占总户口 83.5% 的中农、贫农、雇农、工人等阶级只有土地 49.5%[③]。地主、富农不仅占有土地总量比其他阶级多，而且户均、人均占有水平亦相差很远，根据兴县 27 个行政村调查，共有地主 179 户，平均每户占有土地 195.1 垧[④]，人均 32.8 垧；贫雇农总户数为 5079 户，平均每户只占有 10.87 垧土地，人均 2.66 垧[⑤]。

---

① 世昌：《整理绥远土地刍议》，《边事研究》1937 年第 5 卷第 3 期。

② 刘欣主编：《晋绥边区财政经济史资料选编·农业编》，太原：山西人民出版社 1986 年版，第 85 页。

③ 刘欣、景占魁主编：《晋绥边区财政经济史》，太原：山西经济出版社 1993 年版，第 47 页。

④ 垧是当时晋绥边区通用土地单位，1 垧 = 3 亩。

⑤ 刘欣主编：《晋绥边区财政经济史资料选编·农业编》，太原：山西人民出版社 1986 年版，第 84 页。

上面是以多个村庄的宏观考察，为使研究更有典型性，我们再以某一个村庄为例进行微观研究，以兴县水磨滩村为例，村中有地主 10 户，每户平均拥有土地 85.5 垧，人均占有 15.2 垧，而贫雇农 188 户，平均每户只有 5.58 垧，人均 1.35 垧①。

二　抗战后地权关系

动员广大民众参加抗战，除了广泛宣传民族大义和国家危机，最根本的是给以实际利益。晋绥边区是中共广大敌后战场的重要组成部分，地处华北边缘农村地区，受外界影响甚少，民众受教育程度也很低，因此相对于宣传教育，在经济上给农民以利益就更为切实。土地是农村最重要的生产、生活资本，而土地高度集中于地主又是抗战前中国农村经济的主要特点，如何解决农民土地短缺问题就成为边区建立、巩固的重中之重。为此晋绥边区中共领导发动群众，在边区开展了两项工作：其一，深入贯彻执行减租减息政策，这主要是对已垦土地地权关系的有限度调整；其二，带领广大群众进行大规模开荒运动，这是对未垦之地的潜力挖掘和已垦但荒芜土地的重新利用。

（一）调整现有土地占有关系

中国共产党自成立以来，就十分关注农民土地问题，并认为解决这一问题最直接最彻底的方式就是"没收地主阶级的土地，平均分配给无地少地的农民"②。在土地革命时期，更是确定了"依靠贫雇农，联合中农，限制富农，消灭地主阶级，变封建半封建的土地所有制为农民土地所有制"的土地政策。③ 随着日本发动侵华战争，中日矛盾上升为中国社会主要矛盾，中国民族危机空前严峻，为了争取全国各阶级共同抗日，中共将减租减息政策确定为处理土地问题的基本政策，将合理回赎土地作为调整土地关系的补充。

1. 减租减息政策

1937 年 8 月中共召开洛川会议，通过毛泽东提出的《抗日救国十大

---

① 刘欣、景占魁：《晋绥边区财政经济史》，太原：山西经济出版社 1993 年版，第 46 页。

② 北京大学中国革命史教研室：《抗日战争时期党内两条路线的斗争资料》第 1 集，北京：北京大学中国革命史教研室 1957 年版，第 14 页。

③ 刘景泉、邵云瑞主编：《毛泽东思想概论·第 2 版》，天津：南开大学出版社 2004 年版，第 110 页。

纲领》，明确将"减租减息"政策确定为抗战时期解决农民土地问题的基本政策。10月，刘少奇在《抗日游击战争中各种基本政策问题》一文，又进一步明确抗日根据地土地政策：

（1）没收汉奸的土地分配给无地及少地的农民。

（2）逃走地主的土地，无租息的分配给农民耕种。

（3）地方公有的土地，分配给农民。

（4）颁布普遍减租的法令，规定最高租额，减租至最低限度。

（5）保障农民佃耕土地之永佃权。

（6）由政府认真办理水利及救灾等事。

（7）协助农村合作社的发展，帮助贫农的耕具、种子、牲畜等。

（8）废止旧的农会法，保障农民有组织农民协会及言论、集会、出版之自由。

（9）惩治敲诈盘剥农民的土豪劣绅。农村政权由农村人民直接选举，组织农民武装自卫队。

（10）整理农民债务，禁止高利盘剥，办理低利或无利借贷。①

同年9月，在山西牺盟会领导人薄一波主持下，依照《抗日救国十大纲领》，结合山西具体情况，采用阎锡山惯用政治术语，拟定了《山西省民族革命十大纲领》，具体内容为：

（1）贯彻拳民抗战，组织自卫队、游击队，开展游击战争。

（2）创造政治化、主义化的抗日革命军，在军队中执行民主集中制。

（3）确定执行优待抗战军人家属条例、改善士民生活。

（4）扩大救亡运动，建立广大的组织。

（5）创造民族革命的干部。

（6）健全总动员实施委员会，加速动员，改善政治。

（7）铲除汉奸卖国贼及坏官坏绅坏人，扶植民主监政。

---

① 北京大学中国革命史教研室：《抗日战争时期党内两条路线的斗争资料》第1集，北京：北京大学中国革命史教研室1957年版，第14—16页。

（8）切实执行合理负担，逐渐减租减息，改善人民生活。

（9）加大工业生产，扶植手工业，改善工人生活。

（10）实施抗战的农村建设。①

并于 11 月 6 日以第二战区司令长官阎锡山的名义公布实施。这一纲领明确将合理负担和减租减息政策作为改善人民生活、动员参与抗战的重要方针。

山西减租减息政策的实施，最初是通过进步组织"牺盟会"和"战动总会"实行的，但由于减租减息政策本身不完善和动员工作不充分，再加上当时处于国共统一战线的政治大背景下，地主资产阶级利益代表者阎锡山在执行上往往阳奉阴违，致使减租减息政策的实施程度极为有限，很多地方都只停留在口头宣传阶段。即使是某些已经执行过的地区，实施效果也极为一般，地主与佃户或通过更为隐蔽的方式继续维持原来租佃关系；或双方"各怀鬼胎"，彼此敌对相望，地主不收租，佃户不还租，租佃关系陷于停顿；或地主干脆收回土地，任其荒芜，而农民则陷入无地可种的困境中。

边区政府正式成立后，1940 年 9 月晋西北行署第二次行政会议上正式通过《山西省第二游击区减租减息单行条例》，又于 1941 年修正颁布《晋西北减租减息暂行条例》，1942 年颁布新的《晋绥边区减租交租条例》，使农村土地租佃关系以法令的形式得以巩固，从而推动减租减息运动逐渐走向深入。

首先，保护佃户佃权。在边区 1940 年、1941 年早期颁布的减租减息法令中便有这方面的规定，"出租人未得租伴佃户同意，不得将耕地收回转租转佃转伴种他人"②。具体来说就是：凡佃农有定期或不定期租契并乐于继续耕作者；凡出租者经济能力尚能维持生活及增加雇工者；凡出租者转卖土地承租人仍可继承土地租佃权；凡已收回土地重新出租原承租人可优先依原条件继续租种，地主都不能随意收回耕地。1942 年减租交租条例规定：土地租约期满后地主有权收回土地，但不论出租者自己继续出

---

① 山西新军历史资料丛书编审委员会：《山西新军决死队第二纵队文献资料》，北京：中共党史出版社 1993 年版。

② 《山西省第二游击区减租减息单行条例》（1940 年 10 月公布），《抗战日报》1940 年 10 月 23 日，第 2 版。

租或转卖转典于他人时，原来佃户对这块土地均有优先承租权，如土地系于抗战期间出租，且出租者收回土地导致佃户无法生活者，经评议后由政府出面干涉，允许佃户留存一部分土地。1943年在晋西北行政公署给各地政府关于修改减租法令指示信中又进一步强调"减租后，必须保证佃权，不许非法夺地"①。上述规定使佃农土地租佃权得到充分保障，提高了广大群众的生产积极性。经济决定政治，政治反作用于经济，中共运动以政权力量保护佃农经济利益，反过来随着佃农经济地位的提升，其必然也会以更大热情投身于抗日战争的滚滚洪流中。

其次，保护土地所有者地权。租佃关系的稳定，不仅是保证佃户有土地租种，还需保障土地出租者收租权及必要条件下收回土地的权利，这是使现有土地得到最大利用的两个必要条件。抗战以来各地经济水平普遍下降，地主与佃户经济能力也相应下降，因此边区政府在1940年和1941年减租条例中规定，在下列条件下出租者可以收回土地，"出租人不能维持生活，收回耕地而不用雇工时；耕地出卖，或依政府命令变更其使用时；承租人死亡而无人继承时；承租人将耕地转租他人时；依减租法减租后承租人力能交租而故意不缴租时；承租人非因不可抗力，继续一年不为耕作时"②。1942年减租交租条例又规定，凡佃户有能力交租而拒不交租者；因天灾人祸及懒惰导致租种地荒芜1/3以上；土地租约到期后土地所有者要自耕或雇工经营者；土地所有者要出卖、出典土地，不论租约到期与否，均可收回土地。

保护佃户佃权与土地所有者地权是一个问题的两个方面，其前者目的是保证佃户有地可种，后者是保证出租户有租可收，两者缺一不可，尤以保护佃权最为重要，这是由于：（1）佃权是减租运动的关键。如果佃权不稳固，地主就会以土地相威胁，随意抬高租额，农民亦会因认真减租而丧失土地，在这种情况下农民只能屈从于地主，在交租时或多交或明减暗不减，从而导致减租政策根本无法推行。（2）佃权是调动农民生产积极性的保证。如果佃权没有保障，佃户势必在土地耕种、农业技术、施肥浇水等方面着力不重，农业产量也无从提高。（3）佃权是维持贫苦农民基

---

① 刘欣主编：《晋绥边区财政经济史资料选编·农业编》，太原：山西人民出版社1986年版，第39页。

② 《山西省第二游击区减租减息单行条例》（1940年10月公布），《抗战日报》1940年10月23日，第2版。

本生活的保证。根据兴县十几个村的调查统计资料，占人口总数 30% 的贫农阶级就占有全部租进土地 60% 左右，再加上其他贫苦阶层雇农、贫民租进土地比例数将更大，一旦失去土地他们的生活便会陷入绝境。(4) 佃权是维护抗日民族统一战线的要求①。为调动最广大人民群众抗战热情，必须给以实际的经济利益，其中土地是最根本的问题，佃权就是保证农民土地使用权的保证。

但自从 1942 年修正减租交租条例后，部分不明大义的地主，尤其是水地、平地较多或地狭人稠地区，出现严重的非法夺地现象，其方法主要有以下几种：(1) 利用政府允许地主约满收回土地自耕或雇工耕种政策夺取佃户土地。(2) 利用假典、假卖、假雇人的方式收回土地。(3) 变换租佃方式以收回土地。如将租种变为伙种，重订伙种分法以借故增加租额。(4) 将自种地租出，将出租地收回自种，钻法律空子年年倒换，佃户土地随时可能被收回。(5) 根据种地收益高低改变土地耕种方式，如今年种地利大，勉强收回自种或雇工耕种，明年利小便立即租出。(6) 利用政府允许地主随时收回土地出卖、出典规定，将永佃权土地收回②。这不仅使佃户因惧怕夺地而不敢轻言减租，更不利于减租交租政策的贯彻执行。

为此，1943 年 1 月边区政府专门颁布"防止非法夺地办法"，指示各级政府切实保护农民佃权，办法中规定：不得随意抬高租额或夺取土地以转租及伙种于他人；通过假卖、假典、假雇人等非法方式夺回土地者，须原数退回并赔偿佃户损失；租期已满后且出租人将收回之地自耕或雇人耕种者，除佃户以此为主要来源者只能收回一半外，其余均可将租地全部收回；所有收回土地均得通过租佃委员会讨论，并由政府机构村公所批准始能生效③。这里由租佃委员会讨论，是否能反映各阶层意志？我们从其人员构成上加以分析，行政村由村长 1 人，出租人代表 1 人，承租人代表 2 人，村中公正人士 3 人组成；大自然村由村主任代表 1 人，出租人代表 1 人，承租人代表 1 人，村中公正人士 2 人，这其中既有政府代表村长、村主任，租佃双方代表，还有村中公正人士参与，充分发挥各阶级的主观能

---

① 析分：《一定要保障佃权》，《抗战日报》1943 年 2 月 18 日，第 4 版。

② 《行政公署关于防止夺地的说明》，《行政导报》1943 年第 1 期。

③ 本报讯：《贯彻减租交租法令　严禁非法夺地》，《抗战日报》，1943 年 1 月 7 日，第 1 版。

动性，是民主集中原则的具体表现。这里需要注意的一点是政府对土地转移拥有最终决定权。此后，减租运动在边区才开始发展成大规模的群众运动，以兴县水磨滩村为例，从新政权建立到 1941 年，村中减租只是一个宣传的口号，真正减租者寥寥无几。1942 年又将减租工作当作公粮征收的"敲门砖"，但由于只重视减租，没有保障佃户佃权，佃户怕地主夺佃根本不敢减租。直到 1943 年，政府专门颁布"防止地主夺佃办法"后，佃户才敢于向地主减租了①。

边区政府自实行减租运动以来，虽然初期由于经验不足导致进程缓慢，但毕竟还是在各地缓慢向前发展着。1943 年以后减租运动开始在边区普遍发展，这使得边区土地占有关系发生很大变化，具体情况见表6。

表6　　　　抗战时期晋绥边区5个村减租前后各阶层占有土地情况

阶层	各阶层户数占总户数百分比（%）		各阶层土地占总土地百分比（%）		各阶层每户平均土地（单位：亩）	
	1940 年	1945 年	1940 年	1945 年	1940 年	1945 年
地主	3.8	2.4	30.3	9.0	595	350
富农	10.8	8.3	24.8	17.5	218	185
中农	25.8	44.0	27.5	49.0	102	125
贫农	53.4	42.0	16.3	23.5	29	50.4
雇农	5.2	2.0	0.85	0.4	16	23.5
其他	1.0	1.3	0.25	0.6	—	—

资料来源：李成瑞：《中华人民共和国农业税史稿——从 1928 年革命根据地创立新的农业税制度到 1958 年农村人民公社》，北京：中国财政经济出版社 1962 年版，第 59 页。

从表6我们可以看出，减租运动前晋绥边区5个村，占总户数14.6%的地主、富农占有所有土地的55.1%，占有总户数53.4%的贫农只占有土地总数的16.3%，这导致的直接结果是土地分布极端不均衡，其中人多地少的贫农户均只有 29 亩土地，而地主、富农户均土地分别达

---

① 刘欣主编：《晋绥边区财政经济史资料选编·农业编》，太原：山西人民出版社 1986 年版，第 28、97 页。

到 595 亩和 218 亩，分别是贫农人均占有土地数的 20.5 倍和 7.5 倍，差距之大，令人咋舌。减租运动实行以后，地主、富农在户数和土地占有率方面都呈下降趋势，其中地主户数由 3.8% 下降到 2.4%，土地由 30.3% 下降到 9.0%，成为土地减少最多的阶级。而贫农受惠于减租政策，户数减少 11.4%，这与中农增加的 18.2% 户数相差不多，在富农户数减少不多，雇农和其他户数增减不大的情况下，说明贫农很大一部分人已经上升为中农，但我们也不排除有些游手好闲的二流子由于懒于劳作，也会下降为雇农，部分特别勤劳耕作之人也会上升到富农的情况，或者地主、富农受减租政策、公粮政策、财政政策等影响，下降为中农、贫农。为使研究更有说服力，我们暂时忽略各阶级户口的动态变动，只比较各阶级土地占有情况和户均占有土地量作为考察点，减租后占户数 10.7% 的地主、富农占有总土地数的 26.5%，与减租前相比，土地减少了 28.6%，超过一半以上；而减租后占总人口数 42.0% 的贫农，却占有总土地量的 23.5%，比减租前增加 7.2%。在户均占有土地量方面，地主、富农减租前后分别减少 245 亩、33 亩，而中农、贫农、雇农的人均占有量分别上升 23 亩、21.4 亩、7.5 亩，其中地主减少比例最大，是原来户均土地占有量的 41.2%，而土地增加比例最大的是贫农，增长率达到73.8%，次为雇农，达 46.9%，最后为中农，占 22.6%。这说明通过减租运动，地主、富农土地占有量大大下降，贫雇农成为土地增加比例和土地占有比例最多的阶级。

2. 回赎土地

边区大多数地区都处于广大农村，土地是农民最有价值之不动产，因此将土地作为典押产者在边区十分普遍，对这部分土地的回赎亦有利于增加农民土地，这是调整现有土地的又一种重要方式。典地是以土地无利借钱，承典人获得土地使用权（多用于自耕），还钱即可回赎，多发生在农民之间；押地是以土地为担保的有利借钱，到期付利还本即可回赎，否则土地使用权归债权人所有（多用于出租或吞并土地），待有钱时再行回赎，多发生在农民与地主、商人高利贷之间。典押地都分死契与活契两种，一般死契约上标有"限几年回赎，过期作绝"字样，活契则标有"钱到回赎无钱永远管约"字样，其中死契之"作绝"是指买地人通过"找贴"等比较公平方式补足地偿而买进土地的方式，其他受地主强迫或利用契约拉大典押价与地价差距而使土地转卖的作绝方式，政府均不予承认，因此出典人或债务人仍可回赎土地。

有关典押地回赎法令主要有《晋绥边区回赎动产暂行办法》（1941 年 11 月 1 日）和《晋西北行政公署关于回赎典地办法的指示信》（1943 年 10 月 30 日）。

回赎期限。1941 年规定：典地典期确定者，30 年以内者均可按约定期限回赎；典期不定者，60 年内之典地均可于 2 年内回赎。押地根据土地使用权归属分为两种情况，当使用权属于债务人时，不涉及土地回赎问题，所借钱按借贷清偿即可；当使用权已归属债权人时，土地回赎依照回赎典地办法执行。这里不定期者典地以 60 年为回赎年限的规定显然太长，这会造成土地赎价走向两个极端，或因年代久远无法计算，或因积年累加赎价高涨，而出典人、债务人自身财力却十分所限，能在规定期限内回赎者很少。为此 1943 年《晋西北行政公署关于回赎典地办法》指示信中，规定不论典押期确定与否，一般只允许回赎 30 年以内者，并取消 "2 年回赎期" 限定。此外，典押地都为耕地者，要考虑农业季节性特点，一般提前 2 个月通知对方，于收获后始得收回。

回赎价格。1941 年边区政府规定：所有典地依据双方财富状况、土地需用程度及承典人使用年限长短，按原典价 2—6 折回赎。1943 年对此进一步细化，边区政府正式成立前之典押地根据双方经销情况、生产情况、土质好坏仍按 2—6 折回赎，政权成立后之典押地则依照双方契约所规定的原价进行回赎。这里所有回赎价格以边区本位币——西北农币进行折算。

抗日战争时期基本土地政策为减租减息政策，虽然如前文有地权转移情况的发生，但其主要侧重点仍在于对现有地权和租佃关系的静态保持，从而使佃户有地可种，地主有租可收。但这一时期也有部分土地所有权或使用权发生转移，这主要通过两个途径实现：第一，利用减租交租政策转移。虽然减租条例的主要目的是维持租佃关系稳定，不允许地主随意收回土地，但在政策范围内政府亦允许地主收回土地（具体条件见上文保护地主土地所有权事项）出卖、出典、转租。第二，利用回赎土地转移地权。典押地都属于高利贷形式，边区政府成立以来严禁高利贷，因此大力鼓励回赎土地，如果说减租运动主要是对现有地权的静态保持，发生买卖关系者很少，那么回赎土地则更多的是对现有地权的动态转移。具体情况如表 7。

表7　　　　　　　　　晋绥边区各阶级历年土地转移数量统计　　　　　　　单位：亩

年代\数\阶级\项别		买典赎出土地（卖出）						买典赎回土地（买进）					
		地主	富农	中农	贫农	雇农	其他	地主	富农	中农	贫农	雇农	其他
1940	亩数	479		62		6		30	64		150	16	40
	百分比（%）	5.6		4		12.2		100	8		1.6	2	20.6
1941	亩数	592	193	63	28				159	87	811	30	
	百分比（%）	6.9	6.4	4	3.4				20	3.7	9	3.7	
1942	亩数	1542	359	172	358		30		54	1079	1765	71	47
	百分比（%）	18	12	11	43		45.5		6.7	45.3	19	8.8	24.2
1943	亩数	5257	2016	1184	300	43	36		524	1006	5531	436	107
	百分比（%）	61	66.7	75.6	36.1	87.8	54.5		65.4	42.3	59.2	54	55
1944	亩数	734	453	86	144					208	1094	254	
	百分比（%）	8.5	15	5.5	17.3					8.7	12	31.5	
合计	亩数	8604	3021	1567	830	49	66	30	801	2380	9351	807	194
	百分比（%）	60.9	21.4	11	5.9	0.3	0.5	0.2	5.9	17.5	68.9	6	1.4

附注	1. 历年栏内百分数，皆系各阶层历年增减土地占本阶层全部增减土地的百分比。2. 合计栏内百分数系各阶层增减土地分别占全部卖出和买进土地的百分比。3. 卖出和买进的合计数不符是因为有和外村的买卖关系。

资料来源：刘欣主编：《晋绥边区财政经济史资料选编·农业编》，太原：山西人民出版社1986年版，第128页。

注：1. "其他"主要包括工人、商人、贫民等阶层。

2. 买典赎出土地包括出典、被赎，统称为卖出；买典赎回土地包括典入、赎回，统称为买进。

3. 原且中部分数据计算有误，已更正。

从表7可以看出，1940年卖出土地的阶层有地主、中农、雇农，分别为479亩、62亩、6亩；买回土地的阶层有地主、富农、贫农、雇工、其他，分别为30亩、64亩、150亩、16亩、40亩。其中卖出土地最多的是地主阶级，最少的是雇农阶级；买入最多的是贫农阶级，次为富农阶级，最少的是雇农阶级，次为地主阶级。这一年边区政府刚刚建立，受日军连续扫荡和国民党阎锡山晋西事变后断绝新军供给影响，边区财政经济极为困难。为此1940年2月边区在第一次行政会议上决定实行"四项动员"（献金、献粮、扩兵、军鞋），各阶层群众对此积极支持，这一年献金收入达到2219304.8元，占总财政收入的58.05%，超过一半以上。但在执行过程中出现某些"左倾"偏差，其中在献金、献粮中曾经使用"'吊'（吊起来）、'打'、'坐'（老虎凳）、'压'（压杠子）、请客、'挖窖'、'没收'、'扣押'、'处罚'等方式"[1]，如"岢岚南和沟请财神说了好话不出，便是打"。"岢岚胡家洼杨桂楼出不起，被没收。""河曲个别地方采取了摊派方式，某些地方发现了打土豪"[2]，还有的地方"向富户者提出过高要求，拿不出就把人扣起来（不是通过群众，而是用行政权力），男的跑了，就把女的扣起来，因为这有个别自杀了的。还有个别的即因拿不来而被打死了的也有（岢岚和临县）"[3]。这一年除干部工作方式出现偏差外，某些政策本身也存在"左倾"错误，如这一年公粮征收以1石为起征点，扣除全家每口口粮及种籽1石后，余粮在1石以下者征10%，此后每增加1石，增加5%，直至9石以下者征收50%，另每户平均每口超过3石者由政府酌量没收，这使得公粮负担主要集中于地主、富农身上，中农很少负担，而贫农基本没有什么负担，如兴县王家塔行政村全村负担户占总户数22.1%，其中地主占21%，富农占57.7%，中农占22.9%，贫农占0.9%。保德县地主、富户承担公粮负担的75%，中农占25%，贫农没有任何负担。这种"左倾"错误行为引起富户极大恐慌，根据边区20县材料统计，因此引起逃亡富户871家[4]，留下的地主、富农也由于对人权、财权的危机感而生产情绪低落，大多数持观望疑虑的态度，

---

　　① 刘欣主编：《晋绥边区财政经济史资料选编·总论编》，太原：山西人民出版社1986年版，第324页。

　　② 中共晋西区党委：《晋西区党委经济建设材料汇集Ⅵ财政》，1941年12月，太原：山西省档案馆，档案号：A22—7—8—1。

　　③ 中共中央财政经济部：《绥米朱葭吴清及晋西北经济考察报告·第二部分·晋西北概况》，转引自刘欣、景占魁《晋绥边区财政经济史》，太原：山西经济出版社1993年版，第83页。

　　④ 中共晋西区党委：《晋西区党委经济建设材料汇集Ⅵ财政》，1941年12月，太原：山西省档案馆，档案号：A22—7—8—1。

即使是中共到来以后经济地位上升的中农也不能安心生产，根本没有买进土地，贫苦农民受削弱富农政策、频繁的抗战勤务及自身财力限制亦没有大量购进土地，因此这一年各阶层土地买卖量约计只有300—500亩。

1941年卖出土地的阶级有地主、富农、中农、贫农，其中最多的是地主，次为富农，最少的为贫农。买入土地的阶级有富农、中农、贫农、雇农，最多的是贫农，次为富农，雇农最少。这一年土地买卖较上一年稍微活跃，但土地买卖量还是很少，地主卖出土地仅比上年增加113亩，没有买进；富农、中农买卖土地相差无几；贫农买进土地数量最多，也只有800亩。这一年实行的第二次公粮征收，将起征点降为每人平均粮数5斗，使负担面扩大到74.9%，其中地主负担22%，富农负担9%，中农占8%，贫农占1%①，由于有最高征收点（每人平均10石以上者征30%）的规定，这较上年人均超过3石酌量充公的政策相比，地主、富农基本利益引起政府注意，因此其负担量较上年大大减少。但这一年"由于起征点低，比例进度公允，终结点太高，所以形成一般的比例均太低"②，这造成当年公粮总体收入减少很多，为完成原定征收量，又采用了政治动员方式，由于没有一定标准，这使部分地区地主、富农负担量占其总产量的56.1%，个别中农负担量也达到34.5%，这大大高于今年公粮征收比例，中农负担量甚至高于去年，因此这年地主、富农仍是公粮主要承担者，因此他们倾向于出卖土地以缩小目标，减少负担量。此外，随着边区政权的逐渐巩固，减租减息运动得到进一步发展，这一年边区除游击区外，几乎所有村庄都实行了减租减息，大多数村庄80%的佃户都减了租，有的甚至达到100%③，地主、富农由此租额、租息收入大量锐减，贫雇农收入量增加，根据1941年兴县、离石、交城、神池、朔县等10个县的不完全统计资料，全年"共减租1002149大石，减租佃户17812大石，平均每户减租57大斗"④，这也是地主、富农出卖土地，贫农大量买进土地的重要原因。

---

① 中共晋西区党委：《晋西区党委经济建设材料汇集Ⅲ公粮》，1941年12月，太原：山西省档案馆，档案号：A22—7—7—1。

② 同上。

③ 张国祥主编：《晋绥革命根据地史》，太原：山西古籍出版社1999年版，第344页。

④ 刘欣主编：《晋绥边区财政经济史资料选编·总论编》，太原：山西人民出版社1986年版，第408页。

　　1942 年，地主出卖土地达 1542 亩，是上年出卖土地量的 2.6 倍，是这一年土地出卖最多的阶级，是这 5 年内出卖土地第 2 多的年份，仍没有购进土地；富农卖出土地 359 亩，是上年出卖量的 1.9 倍，购进土地 54 亩，较上年减少 105 亩；中农卖出土地 172 亩，较上年增加 2.7 倍，买进土地 1079 亩，占 5 年买进土地总数的 45.3%，是买进最多的 1 年；贫农卖出土地 358 亩，是上年卖出总数的 12.8 倍，购进土地 1765 亩，是上年购进数的 2.2 倍，是这 5 年购进土地第 2 多的年份；雇农没有卖出土地，买进土地 71 亩，是上年的 2.4 倍；其他阶层买入量大于卖出量。这一年公粮征收原则是"粮多多出，粮少少出"，起征点降为 4 斗，负担面一般扩大到 80%—90%，根据 10 个行政村 18 个自然村公粮征收资料，地主负担占其收入的 27.5%，富农略等于地主，中农占 22%，贫农占 13.8%，雇农 8.5%，工人 12.3%[①]。有的地方负担面更大，如兴县程家沟等 7 个自然村负担面达到 96.3%，其中地主阶层负担占产量的 30%，富农占 30%，中农占 27.5%，贫农占 13.2%，自由职业者占 11.6%[②]，这种执行比例对地主、富农有利，对中贫农来说是过重了，虽然中贫农征收比例较低，但他们的收入少消费多，交过公粮基本上就所剩无几了，以临南县庙坞村典型户为例，地主、富农、中农、贫农全年消费量分别为 3.6 石、4.75 石、4.3 石、3.8 石，全年收入分别为 11.34 石、8.21 石、5.9 石、4.66 石，出公粮分别为 3.4 石、2.21 石、1.08 石、0.5 石[③]，征收公粮后，中农余粮仅余 0.52 石，贫农仅余 0.36 石，对于维持下年生产已很困难，如再遇意外花费，生产根本无以为继。但这一年减租减息工作取得更大进展，全边区无论减租户占出租户的比例，还是佃户减租户占佃户总数比例，较 1941 年都有所提高，根据边区二专区河曲、保德、朔县、偏关、神池、五寨、岢岚 7 县 179 个行政村、21 个自然村及 1 个游击区不完全调查材料可知，1941 年仅上半年就有 11323 家佃户减租 7456.23 石……佃

　　① 刘欣主编：《晋绥边区财政经济史资料选编·财政编》，太原：山西人民出版社 1986 年版，第 253 页。

　　② 中共晋西区党委：《晋西区党委经济建设材料汇集Ⅲ公粮》，1941 年 12 月，太原：山西省档案馆，档案号：A22—7—7—1。

　　③ 刘欣主编：《晋绥边区财政经济史资料选编·财政编》，太原：山西人民出版社 1986 年版，第 254 页。

户减租比例最高的保德县达 97%，地主减租比例最高的偏关县达
92.78%[①]。因此地主、富农大量出卖土地，而在减租减息运动获利最大
的贫农成为购地最多的阶级，而中农由于自身有一定财力积累，在减租运
动中受到冲击又较小，也成为购进土地较多的阶级。

　　1943 年，地主、富农大量卖出土地，其中地主卖出 5257 亩，富农卖
出 2016 亩，中农卖出土地 1184 亩，是这 3 个阶级 5 年中卖出土地最多的
一年，此外贫雇农分别卖出 300 亩、43 亩，其他职业者卖出 36 亩，数量
都较少。买进土地中以贫农为最多，达 5531 亩；次为中农，有 1006 亩；
紧接着为富农、雇农、其他职业者，分别买进 524 亩、436 亩、107 亩，
如果将地主退回上年底非法夺地部分计算进来，贫雇农增加土地量将更
多。这一年减租运动与以往相比，最大的不同就是由干部主导转变为群众
主导，有更多的群众开始主动的参与到这项运动中，如岚县召开 64 个自
然村减租保佃大会时，农民从各地带着干粮赶来参加，有地方因老汉上了
年纪不让去，老汉反驳道："我们活了一辈子还没有见过穷人也有这么一
天，一天走不到，两天也要去。"各地普遍召开减租集会，如兴县 524 个
村子召开过 23 次减租大会，保德、岚县也分别有 30 余个、60 余个地方
召开过减租保佃大会。此外在游击区与接敌区群众也开始广泛开展减租运
动，形式较根据地更为多样，他们或召开减租集会（静宁、崞县、五寨、
朔县、离东等县），或自动组织农会领导减租，或采用抓大头、树典型的
方式减租，有的甚至举行减租游行示威活动，从而与根据地一同形成群众
广泛参与的减租运动，取得很大成绩。根据对兴县 4 个村与城关减租调
查，这一年较上年交租额普遍减少，城关占上年实交租额的 54%，蔡家
会占 32.6%，曹家坡占 30%，杨家坡占 58%，各地约占 57%，全县较上
年少交 50% 上下[②]。通过减租运动农民地租负担大大减轻，再加上变工互
助及贷款贷粮等政策的实惠，贫雇农在经济上实现了大翻身，经济实力明
显提高，由此形成土地较多的地主、富农大量卖出土地，贫农、雇农大量
购进土地的现象。中农与上年一样由于自身财力基础及受惠于中共减租政
策，这年买进卖出土地相差不多，土地数量没有太大变化。

---

　　①　刘欣、景占魁：《晋绥边区财政经济史》，太原：山西经济出版社 1993 年版，第 109—
110 页；《临县的减租工作》，1941 年，太原：山西省档案馆，档案号：A88—3—25—1。
　　②　刘欣、景占魁：《晋绥边区财政经济史》，太原：山西经济出版社 1993 年版，第 96 页。

　　1944 年，从表 7 中来看地主、富农仍然是卖出土地最多的阶层，分别卖出 734 亩、453 亩，买进土地者主要是中农、贫农、雇农，其中贫农买进最多，次为雇农，最后为中农，由于这年材料是在春耕时调查所得，因此数量上较少，但与前两年土地变化趋势相同，都是以地主、富农卖出土地，贫雇农买进土地为主。

　　贫雇农在抗战期间不仅通过典入、回赎方式获得土地，随着其经济力量的增加，买入土地也成为可能，据不完全统计，通过减租减息运动，全边区从 1943 年冬到 1945 年秋，农民赎回土地 1220484 亩，买回土地 165259 亩①。我们以兴县二村高家村、温家寨，临县三村窑头、刘家疙垴、杜家沟为例，对各阶级不同种类土地转移方式转移的土地数量进行比较。具体见表 8。

表 8　　　　　　　　　　各阶级地权转移中买卖典当回赎比较　　　　　　　　单位：亩

村别及比例　　项别　阶级	卖出	典出	赎出	合计	买入	典入	赎入	合计
地主 兴县二村	2042			2042				
百分比（%）	100			100				
临县三村	3880	2590	415	6885				
百分比（%）	56.4	37.6	6	100				
合计	5922	2590	415	8927				
百分比（%）	66.3	29.0	4.7	100				
富农 兴县二村	192			192	240			240
百分比（%）	100			100	100			100
临县三村	2148	554	157	2859	583		62	645
百分比（%）	75.1	19.4	5.5	100	90.4		9.6	100
合计	2340	554	157	3051	823		62	885
百分比（%）	76.7	18.2	5.1	100	93.0		7.0	100

---

　　①　黄照：《减租减息与农村经济的发展》，转引自刘欣、景占魁《晋绥边区财政经济史》，太原：山西经济出版社 1993 年版，第 192 页。

续表

村别及比例\阶级\项别	卖出	典出	赎出	合计	买入	典入	赎入	合计
中农 兴县二村	471		45	516	975			975
百分比（%）	91.3		8.7	100	100			100
临县三村	813	164	118	1095	988	357	60	1405
百分比（%）	74.2	15.0	10.8	100	70.3	25.4	4.3	100
合计	1284	164	163	1611	1963	357	60	2380
百分比（%）	79.7	10.2	10.1	100	82.5	15.0	2.5	100
贫农 兴县二村	201			201	2838		150	2988
百分比（%）	100			100	95.0		5.0	100
临县三村	441	90	98	629	2696	2237	423	5356
百分比（%）	70.1	14.3	15.6	100	50.3	41.8	7.9	100
合计	642	90	98	830	5534	2237	573	8344
百分比（%）	77.4	10.8	11.8	100	66.3	26.8	6.9	100
雇农 兴县二村					52			52
百分比（%）					100			100
临县三村	49			49	228	396	29	653
百分比（%）	100			100	35.0	60.6	4.4	100
合计	49			49	280	396	29	705
百分比（%）	100			100	39.7	56.2	4.1	100
其他 兴县二村	147			147	15		45	60
百分比（%）	100			100	25.0		75.0	100
临县三村	66			66	162	32		194
百分比（%）	100			100	83.5	16.5		100
合计	213			213	177	32	45	254
百分比（%）	100			100	69.7	12.6	17.7	100

资料来源：刘欣主编：《晋绥边区财政经济史资料选编·农业编》，太原：山西人民出版社1986年版，第131页。

注：原表计算有误处，已更正。

从表 8 可以看出，地主土地转移中，只有转出，没有转进，其中兴县 2 村土地只有卖出 1 种转移方式，临县 3 村土地卖出、典出、赎出 3 种方式都有，5 村土地转移中，卖出占所有转出土地比例最高，为 66.3%；次为典出，占 29.0%；赎出最少，占 4.7%。富农土地转移中，转出土地共计 3051 亩，转入土地 885 亩，其中在转出方面，卖出比例最高，占所有转出土地的 76.7%，典出次之，占 18.2%，赎出最少，占 5.1%；在转入方面，主要通过买入方式，这部分占所有买入土地总数的 93.0%，余下 7% 都是通过回赎土地方式获得。中农土地转移中，转出土地 1611 亩，转入土地 2380 亩，转出方面，卖出最多，占所有转出土地的 79.7%；次为典出，占 10.2%；赎出与典出相差不多，占 10.1%。转入方面，兴县 2 村只有买入，临县三村通过买入、典入、赎入 3 种方式占比分别为 82.5%、15.0%、2.5%，这与 5 村 3 种方式转进土地分布规律一致，都是买入所占比例最大，次为典入，最后为赎入。贫农土地转移中，转出土地 830 亩，转入土地 8344 亩，不论转出还是转入均为通过买卖方式获得土地最多，次为典入典出，最少的为赎出赎入，其中兴县 2 村土地转移只有土地买卖 1 种方式，临县 3 村 3 种方式均有。雇农转出土地很少，只有临县 3 村通过卖出转移 49 亩，转入土地共计 705 亩，其中转入土地中通过典入获得者最多，占所有转入土地总数的 56.2%；次为买入，占 39.7%；再次为赎入，只占 4.1%。其他职业者中，通过出卖方式转出土地 213 亩，通过买入、典入、赎入方式转进土地共 224 亩，其中买入占 69.7%，典入占 12.6%，赎入占 17.7%。

以上分析说明从各阶级横向比较来看，抗战以来除雇农外土地转移使用最多的方式是买卖，次为典入典出，最少的为赎出输入。从所有阶级纵向比较来看，在转出土地方面，地主、富农阶级卖出土地所占比重最小，分别占 66.3%、76.7%；而典出比重最大，分别占 29.0%、18.2%，这一方面是由于土地、富农所占土地多是好地，根据 1941 年兴县、临县、保德、岚县、忻县、交城、方山、宁武、静乐、崞县、河曲 11 个县百余行政村统计资料，7.59% 的地主、富农占有 56.6% 的水地，41.2% 的贫农仅占有 16.8% 的水地。再根据 1941 年 12 月对兴县蔡家崖村 1 个村的调查，占全村人口 27.7% 的地主、富农占有全村 94% 水地和 78.5% 的平地，而占人口 70.6% 的中农和贫农只占水地的 6% 和平地的 21.5%。① 因此地价较高，贫苦农民一时没有能力购买。另一方面，是地主、富农阶级工于心计，为减轻负担，将很大一部分土地使用权以出典的方式暂时转移，到期仍可原价赎回。而中农、贫农由于土地质量较差，地价较低，因此土地直接出卖比例较高，典出土地比例较低。在土地转入方面，各阶级通过买进方式转入土地比例，地主没有买入，富农占 93%，中农占 82.5%，贫农占 66.3%，雇农占 39.7%，是逐渐降低的；典入方式中，地主、富农没有典入，中农、贫农、雇农典入土地分别占本阶级所有转入土地总数的 15%、26.8%、56.2%，是逐渐上升的；赎回土地中富农所占比重最大，占本阶级转入土地的 7%，次为贫农，占 6.9%，再次为雇农，占 4.1%，中农最少，只占 2.5%，这是受各阶级财力所限而发生的差别，富农财力雄厚，一般都采用买进方式，而雇农经济基础薄弱，一般采用典进方式转入土地。

（二）通过开荒运动增加新的耕地

中共领导的广大根据地基本是建立在经济发展水平较低的乡村社会，土地是最重要的生产资料，中共为增加生产、改善人民生活，除对现有已利用土地进行调剂外，也十分重视开垦荒地以增加土地数量。

1. 开荒政策、法令规定

受战争影响，边区劳动力及耕畜大量减少，其中劳动力减少为战前的 1/3，较严重的 62 个村子 1940 年劳动力竟比 1937 年减少 63.2%，而各种耕畜 1940 年较战前平均减少 58%，其中牛减少 38.2%，骡马减少 76.8%，驴减少 67.8%②。边区土地由此大量荒芜，1940 年边区 "荒地的数目达到 20%，最大的超过了 43%"③，其中大部分为新荒，以兴县第三区为例，当年 "荒地占耕地面积 31.7%，其中 8% 是旧荒，23.7% 是新荒"④。为加快开垦荒地，边区政府在行署成立当年的春耕办法中便发出 "垦种熟荒生荒，扩大耕地面积"⑤ 的号召。1941 年山西省政府第二游击区行署在《春耕工作方案》中提出本年春耕总目标 "一般的以做到消灭

---

① 韦文：《晋西北的土地问题》，《解放日报》1942 年 4 月 20 日，第 3 版。
② 韦文：《晋西北的土地问题》（续），《解放日报》1942 年 4 月 21 日，第 3 版。
③ 社论：《认真领导春耕运动，增加农业生产》，《抗战日报》1941 年 3 月 19 日，第 1 版。
④ 刘欣主编：《晋绥边区财政经济史资料选编·农业编》，太原：山西人民出版社 1986 年版，第 675 页。
⑤ 同上书，第 133 页。

新荒为原则，如新荒较少之地区应消灭几分之几，由各县按照实际情况决定之，如荒地较少之地区，要进一步的消灭熟荒，如无新荒熟荒之地区，更应设法开垦生荒，并修理滩地，扩大耕地面积"①。3月底，为鼓励垦荒，增加农业产量，行署颁布《奖励垦荒办法》，这里生荒指从未开垦之地和林地；熟荒分为旧熟荒和新熟荒两种，其中旧熟荒指1937年前已荒芜之土地，新熟荒为1937年至1939年所荒芜土地；新荒指1940年荒废之地；河滩地指被水侵蚀之地。具体奖励办法为：开垦生荒地者，免征公粮3年，免征地租5年，5年后由政府评议向地主缴纳公平之地租，如系地主自己开垦则只减少2年公粮；开垦旧熟荒者，免征公粮2年，免征地租3年，3年后由政府评议向地主交纳公平之地租，如地主自己开垦者免征公粮1年；开垦新熟荒者，开垦后免征公粮1年，免地租2年，如系地主自己开垦，开垦后第一年免交公粮一半；开垦新荒者，开垦后第一年免征公粮1/3，如系地主自己开垦者不减公粮；开垦河滩地者，免征公粮3年，免交地租5—20年，如系地主自己开垦者免收公粮2年②。但由于垦荒办法中将荒地划分为生荒、旧熟荒、新熟荒、新荒、河滩地五种形式进行奖励，过于复杂，很难执行，而且开新荒所享受的优惠不及熟荒，同样是已开垦过之荒地，群众很难接受。为此，同年8月边区政府又专门颁布《晋绥边区开荒条例》，这里将荒地种类整理为生荒、熟荒、滩荒3种，其中生荒包括未开垦地（林地在内）和已开垦且战前已荒芜之土地；熟荒为已开垦且抗战后荒芜1年以上之土地（压茬地和轮歇地不在内）；滩荒地为被水淹没不能耕作的河滩地、沟岔地。在垦荒奖励方面，如为有主荒地，开垦生荒地（不包括林地）者免征公粮3年；开垦熟荒者免征公粮1年；开垦滩荒地者免征公粮5年。如荒地为他人之地，不仅可以按上述规定少交公粮，在地租方面亦有优惠，其中开垦生荒地（不包括林地）者免交地租5年；熟荒地免征3年；开垦滩荒地者由当地政府与农会协商减租10—20年。这种奖励方式与之前《奖励垦荒办法》中所规定奖励办法最大的不同在于，否定了地主自己垦荒降低奖励的做法，开始实行各阶级垦荒同等奖励原则，有利于提高地主、富农的开荒热情，从

---

① 《晋西北民国三十年春耕工作方案》，《抗战日报》1941年3月19日，第2版。
② 特讯：《行署提倡开荒改善民生　颁布奖励垦荒办法》，《抗战日报》，1941年3月29日，第1版。

而加快边区垦荒速度。在土地使用权方面，凡开垦他人之荒地，开垦人享有永佃权，除经垦荒者同意不能收回。在减租方面，在垦荒奖励期限内免征地租，超过免征期后由政府与农会评议向地主交纳公平之地租。如为无主荒地，可依照有主荒地奖励办法执行，唯超过地租免征期后要向政府交纳地租①。

　　1944 年 1 月 29 日，为加快荒地开发，晋绥边区行署在机关生产指示中明确规定"每个脱离生产人员，要开荒地一垧至一垧半"。同年 3 月，行署又在春耕指示中指出"迅速的解决土地问题，目前主要是确定开荒地与淤坝地"②，这说明通过减租减息和回赎土地等政策，行署大部分地区现有土地变动已经基本趋于稳定，而开荒成为今后解决农民土地的重要方式。1945 年，中共中央晋绥分局在《关于进一步开展大规模生产运动的指示》又具体指出今后在"荒地不多的地区，要作到完全消减荒地，荒地尚多的地区，要大量开荒"③。紧接着又在《关于春耕几个问题的紧急指示》中强调"部队机关学校生产应以开荒为主，不能再调剂群众的土地"，同时要切实保障开荒人的合法权利，对已开垦之荒地，地主如果出卖，开荒者有优先购买权；如果已经出卖给第三者，开荒者有继续承租之权；开垦者在免租年限内，唯开荒者同意地主不得收回土地自种④。

　　2. 开荒组织的建立

　　（1）群众开荒组织。抗战时期，晋绥边区群众开荒主要是通过变工互助方式实现的，其中 1942 年以前大多数地区群众开荒只是个体行为，遇到困难很难解决，为此边区政府提出今后要根据各地荒地和劳动力状况组织互助合作组织；有计划地组织集体开荒⑤。各地由此根据实际情况组织了许多集体变工开荒组，如临县开荒英雄刘璋旺将全村 11 户人家，17个劳动力，4 条耕牛，以耕牛为中心组成 4 个互助小组，并以此为基础进

---

　　①　刘欣主编：《晋绥边区财政经济史资料选编·农业编》，太原：山西人民出版社 1986 年版，第 141—142 页。

　　②　同上书，第 194 页。

　　③　《中共中央晋绥分局关于进一步开展大规模生产运动的指示》，《抗战日报》1945 年 2 月 9 日，第 1 版。

　　④　刘欣主编：《晋绥边区财政经济史资料选编·农业编》，太原：山西人民出版社 1986 年版，第 222 页。

　　⑤　同上书，第 712 页。

行集体开荒（有 1 户没有参加），共开垦生荒地 200 亩，分成时根据各家付出劳动力情况按股分粮①。除了专门的变工开荒互助组外，还有许多其他性质的变工互助组也利用节省出的劳力、畜力开垦荒地，土地面积由此广为扩大，如兴县二区原计划各地开垦 23540 亩荒地，结果增开荒地 10548 亩，比原计划增加 44.8% 的土地。保德二区刘家岇村春耕后，组织全村互助组员 1 个月就开荒 132 垧，并组织农业变工组剩余的 22 个劳动力赴岢岚山开荒，1 个月便开垦荒地 132 垧。神府县直属乡上庄子村组织互助组社员集体开荒，5 天内就在山高路远的中崞山开垦荒地 40—50 亩，这些都是过去依靠个体家庭无法完成的，最终将荒山变成了良田。

1944 年，随着互助变工组织的广泛开展，各地又成立许多变工开荒互助合作社。如兴县横城将全村有 40 户，21 头耕按牛力大小编成不同小组，大块荒地分别开发，人力按草根多少分配，劳动方式为部分人铲草根，其余人掏荒，当天任务完成后，大家一起打土疙垃，组员按股获得收益，在此基础上再将组员工资按每股 300 元的标准折合成农业合作社的股金，秋后分红，地上打粮食 4/5 为社员红利，1/5 为合作社公益金；2/3 为社员红利，1/3 为奖励金。其中公益金出借必须经过社员大会和理事会（5 人，分别为合作社主任、经理、开荒队长、保管、会计）通过才行，不同借款出借时间亦不同，如借粮只在每年四五月青黄不接时，借种籽只在下种前才行；在借贷对象上，只借给勤于生产的群众，对于抽烟、赌博等不务正业、不是生产者一律不予借贷；在借贷利息上，社员借贷粮还利 1 升，借种籽实行无利借贷，非社员借贷还利 3 升，丰年借贷本利全清，如遇荒年只还本欠利即可，荒年则本利都缓交，共计开荒 190 亩，产粮 100 石，这是由农民集体开荒集股发展成农业合作社的典型形式②。又如离石劳动英雄李智昇组织村民组织打坝合作社开垦河滩地，由于与政府商议免掉地租，又想办法解决了社员食粮困难，因此村中 21 户积极参加开荒运动，预计可以开垦 100 多亩河滩地，所产粮食亦按股分成。打坝英雄刘福亮亦在村中组织打坝合作社开垦黄河滩地，37 人分成 3 组，参加变工者以工资折价入股，分红时按股分配，社员民主讨论贷粮以解决贫苦群

---

① 晋绥边区行政公署：《晋绥边区的劳动互助》，太原：山西省档案馆，档案号：A90—5—6—1。

② 《兴县横城、神府贺家川群众创办开荒合作社》，《抗战日报》1944 年 5 月 16 日，第 2 版。

众食粮问题，不仅农民、煤窑工人，还有二流子都参加了打坝合作社，各阶级劳动热情普遍增高①。

（2）机关开荒组织。首先，各机关要建立强有力的生产委员会，由机关主要负责人担任领导。其次，在各生产委员会之下设立生产大队、分队、小队等下层组织，这里要注意的是生产组织要与行政组织体系一致，如分队、小队"最好以机关内部小单位划分，如果一个机关是一个大队，则一个或两个处或部即可编一分队，一两个科为一小队（劳动力要调剂适当）"。在开荒时最好将荒地"按分队、小队，个人分开，使每个分队长小队长个人，均负一定土地生产督促检查的责任"，以避免"大家作，大家都不负责"的弊病②。

3. 开荒成绩

1941 年边区垦荒条例颁布以来，因开荒不交公粮、地租，又不用上粪，利益很大，各阶层群众开荒热情大大高涨，如保德县在当年春耕时因争夺荒地引起诉讼的案件有 46 件之多③。通过广泛开荒全边区耕地面积大大增加，据不完全统计，仅晋西北根据地，耕地面积 1940 年为7742322 亩，截至 1944 年已达38480032.6亩，是 1940 年耕地面积的 4.97 倍。具体成绩见表 9。

1940—1942 年，统计区以中共所占区为主，包括较好的游击区，敌占区除外。1943—1944 年为另外统计数据。虽然两则材料区域并不完全一致，但其主体部分都是中共所占区，从中也可反映边区历年开荒成绩，即从总体上说边区通过开荒，土地呈逐年上升趋势。

表 9 所统计的开荒总数，不仅包括开荒，还包括部队、机关的开荒成果，我们以 1944 年机关、部队开荒统计为例，考察他们在开荒中所做出的重大贡献。

---

① 晋绥边区行政公署：《晋绥边区的劳动互助》，太原：山西省档案馆，档案号：A90—5—6—1。

② 刘欣主编：《晋绥边区财政经济史资料选编·农业编》，太原：山西人民出版社 1986 年版，第 181 页。

③ 同上书，第696 页。

表9　抗战时期边区开荒及耕地面积统计

单位：亩

年份地区	1940年		1941年		1942年		1943年	1944年				
	荒地	耕地面积	开荒	耕地面积	开荒	耕地面积	耕地面积	开荒				耕地面积
								春荒	伏荒	秋荒	合计	
兴县	530400	1398897	100035	1498932	52559（51行政村）	1551491	1474150.00	200000	75282		275282	1749432
岚县	186744	260792	25740	286452	1068	287520	264306.00				18060	282366
神府							717901.50	13704	3394.50		17098.50	735000
临县	39038	996790	28218	1024187	27461（1区未列入）	1051648	1321194				28506	1349700
临南	25150	551313	4757	560365	249（36行政村）	560614	786570.50				3795	790365.50
离石	6142	312822	6142	313084	1113	314197	443413.20				6586.80	450000
偏关	17663	686938	8752	695691			600989.45				31474.85	632464.30
河曲	451665	517214	26199	543413	33344	576757	700725.40	62473.30	19587.20	4504.1	86564.60	787289
保德	18444	405963	9052	414745	13567	428312	622787	45784.40	3472	1872	51128.40	673915.40
岢岚	118826	303792	11158	734444	14547	748991	586887.83	30385.07			30385.07	617273

续表

年份 地区	1940年		1941年		1942年		1943年	1944年				
	荒地	耕地面积	开荒	耕地面积	开荒	耕地面积	耕地面积	开荒				耕地面积
								春荒	伏荒	秋荒	合计	
神池	90094	595336	3423	596759	3815(11行政村)	600574	339000				21000	360000
五寨	2118	171921	2646	174567			990160.50				38286	1028446.50
宁武	53000	137350	22128	161478	861(4个区)	162339	366310.55	2667.75	31021.70		33689.45	400000
静宁	2589	139370	1589	139836			170139.30	3256.50	18031.20		21287.70	191427
忻县								2656.70	4347		7003.70	7003.70
崞县	2221	336545	1221	337776				730	6005		6735	6735
阳曲	7605	46646	1605	48251	3000	51251	263574	4111.60	11195.40	1049.50	16356.50	27993050
静乐											22851	22851
交城	17326	253126	11526	264425	3540(3个区)	267965	266197	13815	9157		22972	289169
交西								641	491.50	231	1363.50	1363.50
离东	149033	199789	613	200402			107656.90				4524.80	112181.70
汾阳	3116	427718	3156	430874								
总计	1721174	7742322	267960	8425681	155124	6601659	10021963.1	349840.25	181984.5	7656.6	744950.87	38480032.6

资料来源：刘欣主编：《晋绥边区财政经济史资料选编·农业编》，太原：山西人民出版社 1986 年版，第 288—289、676—677 页。

注：原表个别数据计算有误，已改正。

表10　　　　　　　　　　1944 年机关部队开荒统计

地区 \ 项别	机关开荒（亩）	部队开荒（亩）	合计（亩）
边区级	10875.5	80000（军区直属队）	90875.5
直属级	1582.5		1582.5
二分区	7500	27742（二军分区）	35242
三分区	4133	13300（三军分区）	17433
六分区	（六分区和部队未分）	6342（六分军区）	6342
八分区	1813	12000（八军分区）	13813
塞北分区	6400	（塞北分区和机关未分）	6400
合计	32304	139384	171688

资料来源：刘欣主编：《晋绥边区财政经济史资料选编·农业编》，太原：山西人民出版社 1986 年版，第 816 页。

注：边区级直属各机关开荒，因材料不全只统计了 5 个单位。

据表 10 统计，我们可以得知 1944 年边区机关共开垦 32304 亩土地，部队开垦 139384 亩土地，两者合计达 171688 亩，我们暂且忽略所考察地区范围差别，与晋西北地区当年开垦荒地总数 744950.87 相比较，部队、机关 1944 年所开荒地占晋西北总开荒地数的 23%，如果再加上遗漏地区的数字，部队、机关开荒比例将更高，其已经成为边区开荒的重要组成部分。

下面我们以兴县为例分析开荒在当年耕地增加总数中所占的比例，1940 年耕地面积为 390000 垧，41 年为 420000 垧，42 年为 456188 垧，43 年为 498296 垧，44 年 8 月为 562500 垧，[1] 其中 1941 年开荒面积为 30000 垧，［另有材料统计截至 1941 年 10 月底，兴县开荒面积达 33409 垧，其中开生荒 7814.5 垧，旧熟荒 4604.5 垧，新熟荒 8715.5 垧，新荒 11775 垧，坟地 31 垧，河滩地 468.5 垧[2]。还有材料统计开垦荒地 100035 亩[3]，

---

[1]　兴县讯：《本年农业生产兴县成绩颇好》，《抗战日报》1941 年 10 月 30 日，第 2 版。

[2]　同上。

[3]　刘欣主编：《晋绥边区财政经济史资料选编·农业编》，太原：山西人民出版社 1986 年版，第 676 页。

合 33345 垧①，这些都比 1941 年全年开荒总垧数还要稍多些，这是由于材料统计范围（游击区、敌占地、我占区，受战争影响，各区范围也处于不断变动中）不同所造成的，这里为保持材料可比性，我们选择与其他年份相同数据来源进行比较说明〕1942 年开荒 14951 垧，1943 年为 24419 垧，截至 1944 年 8 月兴县已开荒 65127 垧②，是 1941 年开荒总数的 2.2 倍。1941—1944 年 8 月，每年增加耕地面积分别为 30000 垧、36188 垧、42108 垧、64204 垧，其中每年开荒面积占当年增加耕地面积的 100%、41%、58%、63%，这说明光县此期间土地增加主要是通过开荒获得的。

由于边区开荒条例减免租额、保护佃权，同等条件下对中农、贫农、雇农开荒优惠高于地主、富农，而中、贫农较雇农生产条件更优越，因此抗战时期开荒最多的是中、贫农，以兴县试明村为例，具体情况如表 11。

表 11　　　　　1942 年兴县试明村各阶级开荒亩数比较

	富农	中农	贫农	雇农	共计
户数（户）	2	9	14	1	26
开荒（亩）	36	165	291	9	501
每户平均（亩）	18	18.3	20.8	9	19.3

资料来源：刘欣主编：《晋绥边区财政经济史资料选编·农业编》，太原：山西人民出版社 1986 年版，第 680 页。

注：表中有个别数据计算有误，已改正。

从表 11 可以看出 1942 年兴县试明村贫农开荒亩数最多，有 14 户，达 291 亩，次为中农，有 9 户，开荒 165 亩，两者共开垦荒地 456 亩，占所有开荒户数的 88%，占所有开荒亩数的 91%，超过 2/3。1 户雇农开荒 9 亩，2 户富农开荒 36 亩，分别占总开荒数的 1.8%、7.2%。

---

① 垧，又称公顷，1 垧 = 1 公顷 = 10 大亩 = 15 小亩，在东北地区较为流行，在西北地区 1 垧 = 3 亩或 5 亩。晋绥边区统计数据依据 1 垧 = 3 亩。（刘欣主编：《晋绥边区财政经济史资料选编·农业编》，太原：山西人民出版社 1986 年版，第 731 页。）

② 《兴县今年的春耕运动》，《抗战日报》1944 年 8 月 31 日，第 4 版。

第二节　租佃关系

　　租佃关系是地主与佃户以地租为纽带建立的一系列关系的总称，是土地问题的中心。土地分配不均是租佃关系产生的根源，由于土地集中于少数地主、富农手中，无地少地的农民以租种土地来维持基本生活，因此租佃关系在传统中国社会普遍存在，是农村社会的一种生产常态，主要包括农佃分布、地租类型、租佃条件、租额、租率问题。

一　农佃分布

　　农户按照有无土地可划分为四种，分别是自耕农、半自耕农、佃农、雇农，其中自耕农是完全耕种自己的田地；半自耕农拥有少量土地，但还需租种他人部分田地；佃农是完全依靠租种别人田地为生者；雇农是仅靠帮佃他人之田地者①。因此，佃农与半自耕农是租佃关系中的主要承佃者，其在总户数中所占比重大小，不仅反映租佃发达程度，而且也直接显示出土地的集散程度。抗战以前，针对这个问题，政府与各种科研机构都进行了大量调查研究。南京国民政府时期对各地租佃情况进行了许多调查统计，根据 1933 年南京金陵大学农业经济系统计资料我们可列表 12。

表12　　　　　　　　　　抗战前山西、绥远农佃分布

农户类别	年份	山西	绥远	全国平均
佃农百分比（％）	1912 年	19	36	28
	1931 年	18	28	31
	1932 年	18	25	31
	1933 年	18	26	32
自耕农百分比（％）	1912 年	61	48	49
	1931 年	61	53	46
	1932 年	61	55	46
	1933 年	60	55	45

――――――――――

　　① 实业部国际贸易局：《中国实业志·山西省·山西经济之鸟瞰》第 2 编，北京：商务印书馆 1937 年版，第 55 页。

农户类别	年份	山西	绥远	全国平均
半自耕农 百分比（%）	1912 年	20	16	23
	1931 年	21	19	23
	1932 年	21	20	23
	1933 年	22	19	23

资料来源：内政部年鉴编纂委员会编：《内政年鉴·三·土地篇》，北京：商务印书馆 1936 年版，第 429—430 页。

从表 12 我们可以看到，以各省自耕农、佃农、半自耕农所占比例分析，自民国以来全国平均值中自耕农占所有农户 45%—49%，佃农占有 28%—32%，半自耕农占 23%，承佃户佃农与半自耕农共占总户数的 51%—55%，超过总户数的一半以上。其中山西自耕农比例一直维持在 61%，始终高于全国平均水平，绥远只有民国初年自耕农比例低于全国平均水平，其他调查年份亦比全国平均水平。

另外 1929 年国民政府立法院通过对全国 23 省 394 县 1064 村统计得出，自耕农、佃农、半自耕农分别占总户数的 51.7%、26.2%、22.1%。其中山西、绥远平均自耕农比例分别达到 66%、60%，亦均高于全国自耕农户的平均水平[①]。1934 年中央农业试验所对 22 省 891 个县调查统计资料显示，自耕农占农户总数的 46%，佃农占 29%，半自耕农占 25%，佃农、半自耕农占所有户数的 54%。其中山西、绥远自耕农所占比例分别为 66%、61%，承佃户中佃农与半自耕农分别占 34%、39%，自耕农比例亦比全国平均比例高[②]。

上述材料由于取样时间与区域不尽相同而在数字上有些差距，但其得出的结论相同，即抗战前乡村社会自耕农在总户数所占比例最多，佃农次之，户数最少的是半自耕农，佃农与半自耕农所占比例接近或超过总户数的一半，说明乡村社会半数左右的农户都是承佃户，需要租种地主、富农土地才能维持生产、生活，而山西、绥远两省自耕农比例比全国平均水平更高，说明当地土地集中程度不及全国平均水平，租佃发达程度由于土地

① 吴文晖：《中国土地问题及其对策》，上海：商务印书馆 1947 年版，第 142 页。
② 中国经济年鉴编纂委员会编：《中国经济年鉴·第 3 编》，北京：商务印书馆 1936 年版，第 7 章第 1 页。

零碎化亦不及全国平均水平。

中国地域广阔，地区发展不平衡，因此我们考察各省租佃比例关系后，再以地区为划分标准，探讨租佃分布的区域差别性。

表13　　　　全国不同地区农佃比率加权平均数分布

	自耕农百分比（%）	半自耕农百分比（%）	佃农百分比（%）
东北地区	51	19	30
黄河流域	69	18	13
长江流域及南部	32	28	40
全国平均	51.7	22.1	26.2

资料来源：冯和法：《中国农村经济资料》，上海：黎明书局1933年版，第128—130页。

从表13我们可以看到全国自耕农占总农户的51.7%，超过一半，其中以黄河流域自耕农比例最高，东北地区次之，长江流域及南部地区最少，是自耕农比例唯一低于全国平均水平的地区，说明长江流域及南方地区是全国土地集中程度最高的地区，这是由于这一地区地力富厚、交通便捷、工商业发达，因此农业获益较其他地区丰厚，再加上近代以来汉族官僚几乎都兴起于南方，因此更利于大地主的产生[①]，土地集中程度更高，需要租种土地的佃户更多，租佃发展程度也更高。

由此可知，近代以来中国黄河流域的租佃程度远远不如长江流域及南方地区的发展，山西、绥远两省作为黄河流域省份，亦是土地集中程度较低，承佃户比例较少的地区，而晋绥边区所属的大青山和晋西北左云、平鲁、朔县、河曲、保德、五寨、偏关、岢岚、兴县、静乐、神池等地，都是地广人稀的县份，一般农民都有地耕种，在大青山地区甚至有农民占有耕地在100亩以上，因此自耕农占农户绝大部分[②]。

这种趋势一直延续到抗战时期，这是由于中共减租政策的着力点在于维持现有地权关系稳定，一般来说晋西北地区"平均有20%至50%的佃户"[③]，还有极个别地区有超过这一范围的，如神池县小羊全村共有34

---

①　冯和法：《中国农村经济资料》，上海：黎明书局1933年版，第130页。
②　山西省史志研究院：《山西通志·土地志》，北京：中华书局1998年版，第180页。
③　武新宇：《一年来民政工作中几个重要工作的总结》，《行政导报》1941年第2卷第1期。

户，依靠租种地主土地维持生活的佃户占总户数的55.9%^①，这说明有将近50%—70%的农户不属佃户范围，再加上边区处于广大农村，群众基本上都以农业为生，因此自耕农比例之高可见一斑。

佃户成分是我们接着要考虑的问题，革命史观下租佃关系中出租者与承租者往往被绝对化，这使我们产生一种错觉，认为凡是租种土地的都是贫雇农，其实际情况并不是如此，我们以晋西北区党委的调查报告为依据进行具体考察。

表14　　　晋西北若干村庄各阶层农户租入、租出地调查统计

		户数（户）	总土地（垧）	租入/出土地（垧）	各阶层租入/出地的百分比（%）	租入/出地占本阶层所有租入/出地的百分比（%）	租入/出地占各阶层总土地的百分比（%）
地主	租入	83	9757	—	—	—	—
	租出	66	8288	5485	59.4	66.2	7.75
富农	租入	202	13691	171	1.8	1.2	0.2
	租出	193	13519	2702	29.2	20	3.82
中农	租入	907	25226	2979	31.1	11.8	4.09
	租出	885	25092	681	7.4	2.7	0.96
贫农	租入	1615	23082	5963	62.4	25.8	8.2
	租出	1554	22833	370	4.0	1.6	0.52
雇农	租入	189	469	300	3.1	64	0.4
	租出	189	469	—	—	—	—
其他	租入	185	551	138	1.5	25	0.2
	租出	171	549	—	—	—	—
总计	租入	3481	72776	9551	100		13.1
	租出	3058	70750	9238	100		13.05

资料来源：根据中共晋西区党委《土地问题材料汇编》（1941年12月）资料制成，转引自张玮《战争·革命与乡村社会——晋西北租佃关系与借贷关系之研究》，北京：中国社会科学出版社2008年版，第90—91页。

注：①这是笔者根据两则材料制成，因此租入户与租出户之间并不相同，但其土地租种比例还是可以为我们的研究提供比对。

②原表各别数据有误，已更正。

---

① 《神池土地关系情况调查》，转引自刘欣、景占魁主编：《晋绥边区财政经济史》，太原：山西经济出版社1993年版，第47页。

从表 14 我们可以看到，租入户内贫农所占比例最多，占 62.4%；次为中农，占 31.1%；最少的是地主，没有土地租入，其中中、贫农租入土地分别占本阶层所有租入/出土地的 11.8% 和 25.8%，这一方面说明租入户中占户数 72.5% 的中农、贫农本身是租种土地的主体，这与以往我们认为贫、雇农是承租主体的观点相悖；另一方面也说明，不仅中贫雇农租入土地，富农、中农也会租入土地。我们再以租出地来进行比对，我们可以发现，租出地最多的阶层是地主，占本阶级土地总数的 59.4%；其次为富农，占 29.2%；紧接着是中农，占 7.4%；再次是贫农，占 4.0%；富农和其他阶层都没有租出土地，而地主、富农、中农、贫农各阶级租出土地占本阶层所有土地总数的百分比分别为 66.2%、20%、2.7%、1.6%，这说明不仅地主、富农通过租额获取收入，中、贫农也是出租群体的组成部分，中农的经济情况较好，租出也是正常现象，而贫农本身就是主要土地的租入者，生活比较贫困，能够出租土地者多是老弱病残不能正产生产者。因此承租户与出租户没有绝对的界限，即使是贫农也有可能出租土地成为收租者，即使是富农也会为了扩大生产而租入土地成为出租者。

二　地租类型

地租是土地所有者通过出租土地占有生产者剩余价值的方式，是土地所有权在经济上的实现形式。马克思曾说："地租不管属于何种特殊的形态，它的一切类型，总有这个共通点：地租的占有是土地所有权由以实现的经济形态；并且地租又总是以土地所有权，以某些个别的人对于地球某些部分有所有权这一个事实，作为假定。"[①] 依照不同划分标准，地租分类亦不同。

1. 按交纳物性质划分，传统中国社会先后出现劳役地租、实物地租、货币地租三种形式，其中实物地租是封建社会的主要地租类型，这是社会生产力水平整体低下的反映。近代以来随着商品经济的发展，货币地租所占比重虽然越来越大，但始终没有占据主导。根据 1934 年中央农业实验所对 22 省 879 县调查，各省租佃种类比例情况具体情况，见表 15—1 和 15—2。

---

① 马克思：《资本论》第 3 卷，北京：人民出版社 1953 年版，第 828 页。

表 15—1　　　　　　　　　　抗战前各省租佃种类分布比例

省别	钱租百分比（%）	谷租百分比（%）	分租百分比（%）
察哈尔	18.7	51.6	29.7
绥远	31.2	23.1	45.7
宁夏	46.1	18.5	35.4
青海	10.6	53.8	35.6
甘肃	14.3	51.2	34.5
陕西	15.1	59.0	25.9
山西	27.0	46.3	26.7
河北	52.3	21.6	26.1
山东	30.4	30.5	39.1
江苏	27.6	52.9	19.5
安徽	14.1	52.5	33.4
河南	16.5	39.5	44.0
湖北	20.8	58.0	21.8
四川	26.4	57.8	15.8
云南	14.0	61.1	24.9
贵州	9.6	39.9	50.5
湖南	7.4	74.2	18.4
江西	7.1	80.1	12.8
浙江	27.2	65.7	7.1
福建	19.2	55.5	25.3
广东	23.9	58.4	17.7
广西	6.3	65.2	28.5
各省平均	21.2	50.7	28.1

注：分租实质是实物租。

　　从表 15—1 和 15—2 中我们可以看出，在全国纳租方式中谷租所占比例最大，占总数 50.7%；分租占 28.1%；钱租所占比例最小，占 21.2%，实物地租共占所有纳租方式的 78.8%。大部分省份钱租比例都低于实物地租，只有河北一省超过一半，占 52.3%，钱租最少的省为广西省，只占 6.3%。山西钱租占 27%，绥远占 31.2%，是全国钱租比例较大的省份，两省平均钱租比例为 29.1%，亦高于全国平均水平，但仍大大少于实物地租。这说明实物地租仍然是抗战前各省纳租的主要形式。

表 15—2　　　　　　　　抗战前各省租佃种类柱状对比图

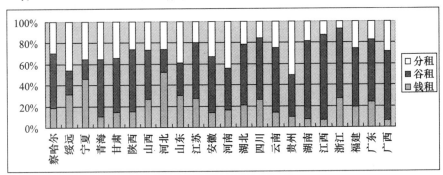

资料来源：中国经济年鉴编纂委员会编：《中国经济年鉴》民国 25 年第 3 编，北京：商务印书馆 1936 年版，第 26—49 页。

注：表中谷租与分租都是实物地租，其中"谷租是指佃农向地主包定的，而不以年成好坏如何为转移的租额，分租是指佃农向地主约定按收获量一定比例缴纳的租额"①。

此外，20 世纪 30 年代，除实物地租与货币地租外，尚有一部分力役地租的存在，根据陈正谟对中国 22 个省抽样调查，全国被抽调处具体情况，见表 16。

表 16　　　　　　　　各省佃户劳役地租负担统计

省别	调查处数	无工资日数有定者		无工资日数无定者		日数工资不定者		总计	
		处数	对调查处数之比例（%）	处数	对调查处数之比例（%）	处数	对调查处数之比例（%）	处数	比例（%）
江苏	77	3	3.90	15	19.48	5	6.49	23	29.87
浙江	92			1	1.09	3	3.26	4	4.35
安徽	72			19	26.39	4	5.56	23	31.94
江西	58	1	1.72	2	3.45	2	3.45	5	8.62
湖北	61	3	4.92	7	11.48	13	21.31	23	37.71
湖南	67			8	11.94	10	14.93	18	26.87
四川	62	1	1.61	21	33.87	14	22.58	36	58.07
福建	28	1	3.57	2	7.14			3	10.71

---

① 陈伯达：《近代中国地租概说》，沈阳：东北书店 1949 年版，第 23 页。

续表

省别	调查处数	无工资日数有定者		无工资日数无定者		日数工资不定者		总计	
		处数	对调查处数之比例（%）	处数	对调查处数之比例（%）	处数	对调查处数之比例（%）	处数	比例（%）
广东	73			3	4.11	3	4.11	6	8.22
广西	59			3	5.08	1	1.70	4	6.78
云南	28			9	32.14	3	10.71	12	42.86
贵州	25	4	16.00	7	28.00	3	12.00	14	56.00
河南	128	1	0.78	74	57.81	10	7.81	85	66.40
山东	185	6	3.24	43	23.24	7	3.78	56	30.27
河北	271	3	1.11	48	17.71	14	5.17	65	23.99
山西	153	5	3.27	21	13.73	16	10.46	42	27.45
陕西	41			8	19.51	3	7.32	11	26.83
察绥	18			2	11.11	1	5.56	3	16.67
甘宁青	22					1	4.55	1	4.55
总数	1520	28	1.84	293	19.28	113	7.43	434	28.55

资料来源：陈正谟：《中国各省的地租》，上海：商务印书馆1936年版，第43页。

从表16我们可以看到在所调查1520处中，需要负担劳役地租的地方有434处，占总数的28.55%，其中山西被调查的153处有27.45%，察绥18处有16.67%的地区存在着劳役地租，且劳役地租的比例都低于全国平均水平。陈正谟按照工资和日数将劳役地租分为无工资日数有定者、无工资日数无定者、日数工资不定者三种形式，其中无工资日数有定者所占比例最少，只占1.84%，山西有5处，占全国28处的17.9%，察绥没有；无工资日数无定者最多，占19.28%，山西有21处，察绥有2处，分别占全国293处的7.17%、0.68%；日数工资都不定者占7.43%，山西、察绥分别有16处、1处，分别占全国113处的14.2%、0.9%。这说明抗战前佃户不承担劳役地租的地方已占多数，在晋绥边区，尤其是大青山地区劳役地租所占比例也已经很少，只是实物地租与货币地租的补充。

2. 按租额固定与否划分有两种，分为活租和死租。活租，"其纳租俟收获后，按成数分配者"①，并根据年景好坏灵活调整，丰年地主多得，歉年地少得。死租，即定额地租，又有包租、板租、铁租、呆租等不同称呼，有两种形式，其一是"定租呆交"，即不论年景好坏，都需按规定的租率交租，承租者每年须向出佃者缴纳一定量的粮食或货币；其二是"定租活交"，即每遇荒年歉收可酌情减租或缓交②，但地主主动减租的也很少，有些地方甚至出现夺佃现象，如山西左云"假如佃户欠了固定的租额，地主的应付办法多半是辞佃；辞了佃，有押金的，扣留押租金"③。至于哪种租佃形式更为普遍，陈正谟以全国 1520 处为调查对象，进行了细致的统计，见表 17。

表 17　　　　　　　　　抗战前各省地租能减与否统计

省别	调查处数	物租		钱租			
		不能减之处数	对调查处之百分比（％）	不能减之处数	对调查处之百分比（％）	能减之处数	能减者对有钱租处之百分比（％）
江苏	77	4	5.20	9	11.69	11	55.00
浙江	92	3	3.26	19	20.65	15	44.12
安徽	72	3	4.17	4	5.56	4	50.00
江西	58					6	
湖北	61	3	4.92	7	11.48	3	30.00
湖南	67	1	1.49			5	
四川	62	5	8.06	6	9.68	6	50.00
福建	28			2	7.14	4	66.67
广东	73	6	8.22	6	8.22	16	72.73
广西	59	8	13.56	2	3.39	4	66.67
云南	28	4	14.29	1	3.57	2	66.67
贵州	25	3	12.00				
河南	128	27	21.09	19	14.84	5	20.83
山东	185	24	12.97	48	25.95	23	32.39

①　实业部国际贸易局：《中国实业志·山西省·山西经济之鸟瞰》第 2 编，北京：商务印书馆 1937 年版，第 27 页。

②　胡世庆：《中国文化通史》，杭州：浙江大学出版社 1996 年版，第 122 页。

③　陈正谟：《中国各省的地租》，上海：商务印书馆 1936 年版，第 14 页。

续表

省别	调查处数	物租		钱租			
		不能减之处数	对调查处之百分比（%）	不能减之处数	对调查处之百分比（%）	能减之处数	能减者对有钱租处之百分比（%）
河北	271	25	9.23	100	36.90	28	21.88
山西	153	27	17.65	32	20.92	14	30.44
陕西	41	6	14.63	6	14.63	6	50.00
察绥	18	1	5.56	2	11.11	5	71.43
甘宁青	22	3	13.64	1	4.55	1	50.00
总数	1520	153	10.06	264	17.37	158	57.44

资料来源：陈正谟：《中国各省的地租》，上海：商务印书馆 1936 年版，第 44 页。

注：原表有个别数字计算错误，已更正。

　　从表 17 我们可以看到，被调查的 1520 处，其中物租不能减的有 153 处，占 10.06%；钱租共有 422 处，不可以减的有 264 处，占所有钱租处的 62.56%，占所有调查处的 17.37%，这说明物租中一般活租比较多，根据年景好坏租额会适当调整，相反钱租一般是死租较多，陈正谟认为这是由于钱租大多数是预先缴纳，或者提前一年缴纳，或者在收获前缴纳，只有很少的一部分时在耕种之后缴纳，因此钱租多是死租，能减者很少[1]。在山西有钱租的地方共计 46 处，其中不能减处有 32 处，占所有钱租处的 69.57%；物租各地一般都有，其中不能减出共计 27 处，占被调查 153 处的 17.65%。察绥被调查处有钱租的为 7 处，其中不能减者 2 处，占所有钱租处的 28.57%；物租不能减除者共有 3 个地方，占察绥所有调查 22 处的 13.64%。这说明战前山西、察绥实物租与全国其他地方一样都是以死租为主，钱租从纯数字看，山西以死租为主，这是由于"以前山西采用定租制者本较多，而定租制者多纳现钱。纳粮则定租与活租均适用之"[2]，察绥钱租以活租为主，但由于当时是察绥两省的统计总数，我们对绥远钱租以活租为主的推论持怀疑态度。

　　此外，由于佃农经济力量薄弱，除遭受地主正租剥削外，还必须承受

---

　　①　陈正谟：《中国各省的地租》，上海：商务印书馆 1936 年版，第 15 页。

　　②　实业部国际贸易局：《中国实业志·山西省·山西经济之鸟瞰》第 2 编，北京：商务印书馆 1937 年版，第 27 页。

许多额外地租剥削，主要有"虚田实租"、"开山写荒"、牛租，以及附送农业副产品。其中"虚田实租"，是指农民所租田地与其交租数量不呈正相关，租额往往多于其应交数额，如租地 5 亩，却要出高于 5 亩的地租。"开山写荒"，是指地主依靠各种关系强占村中山林，贫苦农民要想在此开荒种地，必须先向地主交纳垦荒费。牛租，晋绥边区广大农村人民生活极端贫困，大多数农民根本无力购买耕畜，因此只能向地主、富农租借，由此产生畜租。又由于边区山峦叠嶂，大部分地区使用耕牛种地，因此牛租在当地极为普遍，牛租主要分为长期、短期、临时租借三种，租率极高，如"兴县蔡家崖 1929 年值白洋 26 元的牛，租子每年为粗粮 1—1.2大石。石门村牛租平均年约粗粮 1 大石"[1]。有的地方牛租不仅交粮，还必须交纳牲畜草料，"离石租牛耕地 1 垧交草 25 斤，米 2 升 5 合，黑豆 2升五合"[2]。五寨南关村同样如此，在"招伙计"租佃方式中，佃户除交纳正租外，还需按规定承受许多额外剥削，第一，口粮借贷。为解决农民口粮短缺，保证正常生产，地主规定农民每年须向其借粮 4 石，月利 3 分，秋后连本带利归还地主 5 石 2 斗，但这仅够解决 4 口以下农户口粮，4 口及以上农户借贷量一般都要超过 4 石，多出部分按月息 1 毛计，春借 1 石，秋还1 石 5 斗。第二，替地主支付部分工资。按照双方约定，被招伙计须替地主支付 2 个月冬季雇人放牛工资。第三，终年无偿为地主家供水。"冬天坝水吃干，佃户还须出钱买回水来给地主吃"[3]。此外还必须忍受地主许多额外剥削，农民为稳定租佃关系，时常主动帮地主做营生，但时间长了地主却将此视为规例，农民无奈地总结为"一年勤二年例三年是向△条例"（注：△是原档案印刷不清楚的地方）。由此招伙计在当地又叫"十三石起债"，按照收获量四六分成比例，农户"必须打下十三石，这样佃户正好分得五石二斗，刚够给地主口债的本利，这种口债不管佃户吃不吃△，都须付一石二斗利，所以做营生每年下来刚够农民半年的'揽樵'（生活），故佃户们都说短下半年吃的揽一辈子营生"[4]。当然这种情况是理论预估，一旦遇到灾年，农户收入也许根本达不到十三石，佃农只能一辈子替地主打工。

抗战以后受战争影响货币波动频率太大，全国地租形态都发生变化，

---

① 刘欣、景占魁：《晋绥边区财政经济史》，太原：山西经济出版社 1993 年版，第47页。
② 同上书，第48页。
③ 《二地委关于五寨南关减租工作总结》，太原：山西省档案馆，档案号：A27—1—13—2。
④ 同上。

其基本趋势就是由钱租向实物地租转化，根据 1941 年国民党大后方 12 省统计资料，"钱租改为分成租（实物地租的一种——笔者注）的 19.1%，改为定额实物租的 17.9%，其中四川、浙江、西康、湖北等省钱租改为实物租的占 50%—75%"①。晋绥边区也不例外，以兴县赵家川口村为例，战前地租钱租与实物租（棉花）并行，其中水地大部分都是钱租，梁地全部都为粮租，战后大部分水地也多改为粮租（但必须是细粮，如小米）②，实物地租比重大大增多。与此同时，过去的死租，尤其是钱租也由于货币贬值，无形中转化为活租。

三　租佃条件

凡佃农租种土地，均须订立相应契约，一般分发布、考察、订约三个步骤，主要有两种情况，其一，佃户有相中的土地，由中间人向地主传达，并将佃户的家庭状况和耕作能力作介绍，经地主同意后，始得订约。其二，地主有出租的土地，或者直接通过自己口头传达，或者间接通过他人介绍，向佃农发布消息，如佃农有意向，则先考察土地的优劣，然后与地主直接订约，或通过中人间接订约。租佃形式主要有"口头约"与"书面约"两种，其中"口头约"是地主与佃户双方通过中人作保，双方不立字据，口头约定的租佃形式；"书面约"各地名称不尽相同，在山西称为"订租约"，此外还有承揽、租契、租单、租据、田地字据、揽租等多种名称，都须订立书面契约，"是佃业双方依法订立的有权利和义务的协议书，对当事人都有约束力"③。在山西各县均以"订租约"为主，据南京国民政府实业部国际贸易局调查，在山西被调查的 105 个县中，"采用订租约者有 62 县，采口头约者计 22 县，口头及租约者俱有者计 7 县，以口头约居多者计 6 县，以租约居多者计 7 县，未名者计 1 县"④。

为明瞭边区战前租约整体情况，特对各县租约条件进行统计，见表 18。

---

① 金德群：《民国时期农村土地问题》，北京：红旗出版社 1994 年版，第 50 页。

② 《赵家川口调查资料·土地问题》（二），1942 年，太原：山西省档案馆，档案号：A141—1—130—1。

③ 朱玉湘：《中国近代农村问题与农村社会》，济南：山东大学出版社 1997 年版，第 112 页。

④ 实业部国际贸易局：《中国实业志·山西省·山西经济之鸟瞰》第 2 编，北京：商务印书馆 1937 年版，第 27 页。

表 18 抗战前晋绥边区租契条件一览

		年限	中证人	契约成文（即书面约）	交纳次数	押租	有无转佃情事
晋西北地区	阳曲	有（有1年者有3年5年10年者）	有	有	1次	无	无
	太原	有（1年）	有	有	2次（夏收、秋后各1次）	无	无
	岚县	有（5年到10年不等）	无	有	1次	无	不详
	兴县	有	有	有	1次	无	无
	徐沟	有（1年者占1/3，3年者占2/3）	无	有	1次居多，亦有少数2次的	无	有
	清源	有（1年）	不详	无	1次或2次	无	无
	交城	有（短则3年，长则5年）	有	有	1次或2次	无	无
	文水	有（1年或3年）	有	有	钱租1次，物租2次	无	无
	岢岚	有（1年）	有	有	1次	无	有
	汾阳	有（3年至5年不等）	有	有	2次	无	无
	临县	有（1年或2年，以1年为多）	有	有	1次	无	不详
	离石	有（以1年居多）	有	有	1次或2次	无	无
	中阳	有（1年）	有	有	1次	无	无
	方山	有（普通1年，亦有两三年或三四年者）	有	有	1次或2次	一般没有，唯种西瓜始须押租	有
	大同	有（普通1年，亦有较少2年、3年者）	有	有	1次	无	无
	左云	有（普通1年，亦有3年或5年者，至多不过10年）	有	有	夏秋2次者居多，亦有秋后1次者	无	有

续表

		年限	中证人	契约成文 （即书面约）	交纳次数	押租	有无转 佃情事
晋西北地区	右玉	无	有	不一（但契约极少）	1次居多，2次者甚少	无	无
	平鲁	有（3年或5年）	有	有	秋季1次交租	无	无
	朔县	有	有	有	1次	无	无
	宁武	有	有	有	秋收后交租1次	无	不详
	偏关	无	有	无	1次	无	无
	神池	有（2年至3年）	有	不一（契约居多，口头约较少）	1次居多亦有2次者	无	不详
	五寨	有（普通1年）	有	有	1次	无	无
	忻县	有（通常1年）	有	无	钱租、物租2次，分租1次	无	有（很少）
	静乐	有	有	有	1次	无	无
	崞县	有（1年）	有	有	1次	无	无
	保德	有（3年）	有	有	1次	无	无
	河曲	有（不一，普通1年）	有	有	2次	有	有（极少）
大青山地区	包头	有（10—20年占5%；3—10年5%；1年的占90%）	有	无	1次	无	有（90%是直租，10%是转租）
	和林	有（1年的占60%；永佃占20%；无定期的占20%）	有	无	1次	无	有（80%是直租，20%是转租）
	固阳	无	有	有	1次	无	无

续表

		年限	中证人	契约成文（即书面约）	交纳次数	押租	有无转佃情事
大青山地区	丰镇	有（10—20 年占 10%；3—10 年 30%；1 年的占 40%；不定期的占 20%）	有	有	1 次	无	无
	凉城	不一	有	不一	1 次	无	不详
	集宁	有（3—10 年占 20%；1 年的占 50%；不定期的占 30%）	有	不一	1 次	无	无

资料来源：1. 内政部年鉴编纂委员会编：《内政年鉴·三·土地篇》，北京：商务印书馆1936 年版，第 444—479 页。2. 实业部国际贸易局：《中国实业志·山西省·山西经济之鸟瞰》第 2 编，北京：商务印书馆 1937 年版，第 29—34、49—59、96、99 页。

根据表 18 对晋绥边区其中 34 县统计，在"租契年限"方面，抗战前边区租佃契约有年限限制的 30 县，占总县数的 88.2%；无年限规定的 3 县，占总县数的 8.8%；情况不定的 1 县，占 2.9%。在"是否需要中正人"方面，战前边区大多数地方都具有，仅有 2 处没有中正人，1 处情况不详，分别占总数的 5.9% 和 2.9%。在"是否有书面约方面"，25 个县有，占总县数的 73.5%；5 个县没有，占总县数的 14.7%；可有可无的县份 4 个，占总数的 11.8%，说明边区租约以书面约为主，其中山西所属县"书面契约已极普遍，沿用口头约者，大多为交通阻滞，风气闭塞之处"。绥远所属除表中所列固阳、丰镇、凉城、集宁外，武川、清水河、兴和、托克等县亦是以书面约为主，这是因为"绥远省佃农多客籍，无论领垦或耕种"都讲求立字为证[①]。在是否有转佃方面，有 19 个县没有，占总数的55.9%，有 5 个县情况不详，占总县数的 14.7%，有转佃的县份为 10 个，占总数的 29.4%。在这份统计中契约中有租佃年限、中人、书面约限制比例及无转佃比例都是最高，说明战前边区内租佃关系是比较稳定的。押租是佃户租种地主土地缴纳的一种保证金，主要是保证地主利益不受损，边

---

① 国民政府主计处统计局编：《中国租佃制度之统计分析》，南京：正中书局 1946 年版，第 49、51 页。

区战前只有临县、河曲有，只占总县数的 5.9%，其中临县只在种西瓜时实行，因此押租在边区农村租佃形式中所占比重较小。

从表 18 租期统计中，我们可以发现抗战前边区土地租期有 1 年、2 年者，亦有 3 年、4 年、5 年者，最高者为 10 年，在绥远最高有达 20 年者，其中大多数地方都以 1 年为主。晋绥边区政府成立后在土地租期方面并没有明确规定，各地租期由租佃双方自愿约定①，因此边区政府成立很长一段时间内仍延续各地战前习惯，土地租期仍以 1 年者为多。以兴县××镇 1942 年租佃期限为考察对象，镇中共有租佃关系 61 件，5 年以上者有 5 件，占 8.2%，3 年以上者有 5 件，亦占 8.2%，其他租期多为 1 年或 2 年，此外还有许多约期不定者，3 年以上租期共占 16.4%②，租佃期限仍以短期为主，大大影响了佃农生产积极性。1943 年以后随着非法夺地问题在部分地区的出现，边区政府在《抗战日报》发出"贯彻减租交租法令，严禁非法夺地"的号召，规定"山地平地如契约期满，出租人确系自耕或雇工耕种时，可收回租地。但佃户如主要靠该地生活者，其所收土地不得超过一半"③。这是政府间接延长租期的做法，在此影响下很多地区开始延长租期，如河曲租期以前多为 1 年，现在租期大部分都在 5 年左右或 5—10 年④。同年 10 月边区政府在修改减租法令指示信中又明确规定：在川地及一般人多地少这些地主非法夺佃严重的地区，"订定租约至少得 3 年"⑤。此后，各地在减租运动中大力贯彻这一方针，效果明显，据临县大川 16 个自然村统计资料，佃户租期多在 3—5 年⑥。在宁武佃户更是主动要求减租换约后"租期要长些，最短也得 5 年"之要求⑦。

租约是主佃双方确立土地租佃关系的凭证，从表 18 我们可以看到战

---

① 刘欣主编：《晋绥边区财政经济史资料选编·农业编》，太原：山西人民出版社 1986 年版，第 27 页。

② 析分：《一定要保障佃权》，《抗战日报》1943 年 2 月 18 日，第 4 版。

③ 本报讯：《贯彻减租交租法令，严禁非法夺地》，《抗战日报》1943 年 1 月 7 日，第 1 版。

④ 析分：《减租交租工作在河曲》，《抗战日报》1943 年 3 月 9 日，第 4 版。

⑤ 刘欣主编：《晋绥边区财政经济史资料选编·农业编》，太原：山西人民出版社 1986 年版，第 39 页。

⑥ 同上书，第 51 页。

⑦ 宁武讯：《宁武开展减租运动农民集会讨论减租》，《抗战日报》1943 年 11 月 23 日，第 1 版。

前边区各地租约多以书面约为主，那么租约内容又包含哪些内容？我们选取晋绥边区某些地区抗战前的书面约①，对这一问题进行分析：

1. 徐沟：立租田地人某，因乏地耕种，凭中说合，租到某人田地几亩，每亩租额几元几角，共合几元几角，其洋当下交清，除粮银由地主完纳外，所有村中一切摊派归租者负担，与地主无涉，言定几年为期，此系两愿，各无异言，恐后无凭，立此租约存照。

民国〇年〇月〇日立

租田某某押　中证某某押　代笔某某押

2. 文水：立租地约人〇〇〇，今租到某姓名下某地几亩，同中人说合，以三年为限，每年缴纳谷洋几石元，分三年完纳，所有短租情形有保，是问恐口无凭，立租约为证。

中人保人租地人各书名盖章。

3. 汾阳：立租约人〇〇〇，今租到〇〇〇堂〇〇村某处某地若干亩，同中说定，全年出租价大洋若干元，分夏、秋两季交清不欠，如租洋不到，有保人负完全责任，恐口难凭，立租地约为证。

民国〇年〇月〇日

立租地约人〇〇〇押　同中证合人〇〇〇押　保证人〇〇〇押

4. 武川：立租地约人某某，今因用款在急将自己祖遗武川县第某区属某村地一块计若干亩，东至某姓南至某处西至某姓北至某处四至分明，情愿租与某姓名下耕种为业，同人言明，租期一年为满，共租价现银元〇元〇角，一俟期满该田仍归地主两出情愿各无反悔，空口难凭立租地约为证。

计开官差社款地人所出

地主某某押　　租地主某某押　　中见人某某押

中华民国二十三年六月

5. 清水河县：立租地约人刘有明，今租到张进才名下梁地三十五垧（每垧合5亩），同人言明，种三年，每年交杂色租粮二石，租

① 实业部国际贸易局：《中国实业志·山西省·山西经济之鸟瞰》第2编，北京：商务印书馆1937年版，第29—34、49—59页；中国经济年鉴编纂委员会编：《中国经济年鉴》民国25年第3编，北京：商务印书馆1936年版，第7章第26—49页。

期内地主租户均不许无故退租，恐口无凭，立租约为证。

中见杨永旺、李明

民国十八年十一月二十六日立约

6. 兴和县：立租地文约人〇〇〇，今租到〇〇〇田地一块计地若干亩，系南北畛或东西畛东至〇姓南至〇姓西至〇姓北至〇姓四至分明，今经中见人说合，情愿种若干年，租价按十分之三分配，秋后收获交纳三分，恐口无凭，立租约为证。

中见人某〇〇押

某〇〇押

某〇〇押

中华民国　年　月　日立

7. 托克县：立出租地约人〇〇，今同中证人〇〇等租给〇〇村东耕地〇〇亩，系畛南北长〇〇步东西宽〇步东西至〇南北至〇为界，租期〇〇年，双方同中证议定每亩每年租洋　元，共计每年多少，此款限秋后清交，不得拖欠，倘遇荒年租洋亦得设法清理，出租人不得期前收地，该租人亦不得随意退田，两出情愿立租约为证。

中华民国　年　月　日

出租人〇〇〇押

受租人〇〇〇押

中证人某〇　某〇　某〇

某〇代书

从徐沟、文水、汾阳、武川、清水河、兴和、托克7地书面约中，我们看到战前各地租约一般都会注明佃户姓名、地主姓名，土地位置、数量、质量，中人，租期，租额，缴租时间、签约期限，其中在文水、汾阳还需要保人。此外，在徐沟出租者还有将村摊款通过租约附加于佃户的条款，在清水、托克县则在租契中明确注明租期内主佃双方不得随便退佃的规定。租约盖章多由租地人同中人、保人共同签字盖章，但在绥远大青山的清水、兴和等县只需证人盖章，还有一些地区，如徐沟、托克等县代笔人姓名亦需注明。

晋绥边区正式成立后，积极推进减租运动，而"群众对字据文约看得十分重要，只要文约证据一填，便'万事皆休'"①，因此为确保各地减租工作顺利开展，边区在颁布的减租减息条例中规定各地须在规定时间内按照减租减息条例重新换约或订立新租约，过期仍不换约者，旧约立即作废。为使主佃双方真正认可新租约以保证换约顺利进行，中共一方面向佃户说明这是政府命令，另一方面向地主债主说明如不按期换约，租约作废后政府将不给予保障，由此换约工作在边区逐渐开展起来。新政权成立后租约新格式为：

租地约

　　兹有○○○租得○○○地○垧（或亩），今按行署二五减租法减为每垧年租谷米（或其他粮食）○斗。空口无凭，以此为证。

　　　　　　　　　　　　　　　　村长○○○
　　　　　　　　　　　　　　　　农救主任○○○
　　　　　　　　　　　　　　　　中华民国　　年　　　月　　　日
　　　　　　　　　　　　　　　　经○○收执②

　　从上列新租约看，租约中只注明了主佃双方姓名和减租后应缴租额，约末盖章由村长和农救主任签约盖章。这与边区政府正式建立前得租约相比，最大的特点是政府介入了原本属于民间私人之间的土地租约签订，使地主再也不能利用租约转嫁摊派负担，在一定程度上减轻了佃农负担，增加了对边区政府的信任。

四　租额、租率

（一）战前边区租额、租率情况

1. 租额

　　租额是每亩田地所缴纳的地租数额，分为实物地租额（谷租和分租）和货币地租额两种。根据国民党中央农业实验所统计资料，全国22省平均钱租额中最高的是11.9元，最低的为0.3元，普通的为3.6元，其中

---

① 刘欣主编：《晋绥边区财政经济史资料选编·农业编》，太原：山西人民出版社1986年版，第7页。

② 同上书，第4页。

绥远省最高额为 5.5 元，最低为 0.1 元，普通情况 0.8 元；山西最高为 8
元，最低为 0.1 元，普通为 1.8 元。谷租全国每亩平均最高额为 11.9 元，
最低为 0.6 元，普通为 4.1 元；其中绥远最高为 5.2 元，最低为 0.2 元，
普通为 1.8 元；山西最高为 6.0 元，最低为 0.1 元，普通为 1.7 元。分租
按成数统计，全国最多的是对半分，地主所得在 4—5 成者占 62%，3—4
成及 5—6 成者共占 23%，3 成以下、6 成以上者占 15%，其中山西、绥
远、河北、四川等属于分租额较高的省份，地主占分租额 6 成以上者达
20% 以上。按租额统计，最多的是 2—3 元者，占 23%；1—2 元者占
17%；3—4 元者占 16%；4—5 元者占 11%；比例较少的为 1 元以下和 5
元以上者合占 33%[①]。为比较山西、绥远两省租额在全国范围内处于何种
水平，我们根据《中国近代经济史资料选辑》所载 1934 年全国普通租额
情况统计进行进一步比较分析，见表 19。

表 19　　　　　1934 年各省实物地租及货币地租每亩普通租额统计　　　单位：元

省别		分租			谷租			钱租		
		最高	最低	普通	最高	最低	普通	最高	最低	普通
北方地区	察哈尔	3.0	1.1	1.9	3.7	0.2	1.2	8.0	0.1	0.8
	绥远	3.5	0.6	1.5	5.2	0.2	1.8	5.5	0.1	0.8
	甘肃	8.2	0.6	2.4	7.2	0.3	2.1	8.0	0.2	2.0
	陕西	9.6	1.0	3.0	12.0	0.3	3.1	10.0	0.1	2.4
	山西	5.6	0.4	1.8	6.0	0.1	1.7	8.0	0.1	1.8
	河北	11.3	0.5	3.3	12.6	0.1	3.1	10.0	0.3	3.0
中部地区	山东	15.4	1.1	6.1	15.6	0.8	5.5	20.0	0.4	4.7
	江苏	13.8	1.5	5.6	12.0	0.8	3.4	20.0	0.4	3.8
	安徽	12.3	1.0	5.4	10.0	0.9	3.1	20.0	0.3	3.1
	江西	11.9	2.3	6.7	10.0	0.7	3.3	10.0	0.4	3.5
	湖北	13.3	1.7	5.6	9.9	0.7	2.8	13.0	0.5	3.4
	湖南	16.2	1.4	7.2	14.1	0.9	4.4	12.0	0.3	4.4
	浙江	10.7	3.0	5.9	11.2	0.9	4.6	12.0	0.5	4.3

①　中国经济年鉴编纂委员会编：《中国经济年鉴》民国 25 年第 3 编，北京：商务印书馆
1936 年版，第 7 章第 54、63、72 页。

续表

省别		分租			谷租			钱租		
		最高	最低	普通	最高	最低	普通	最高	最低	普通
南方地区	福建	10.0	1.5	6.0	16.0	0.9	5.7	15.0	0.5	5.1
	广东	15.3	1.9	6.1	15.0	1.0	7.5	18.8	0.2	6.7
	四川	18.2	2.7	8.3	16.6	1.0	7.1	15.0	0.2	5.6
	云南	17.2	2.6	7.6	24.0	0.6	7.5	20.0	0.5	6.3
	贵州	6.2	1.6	4.5	12.3	0.9	5.0	8.0	0.3	2.3
各省平均		11.2	1.5	4.9	11.9	0.6	4.1	11.9	0.3	3.6

资料来源：中国经济年鉴编纂委员会编：《中国经济年鉴》民国 25 年第 3 编，北京：商务印书馆 1936 年版，第 7 章第 54—55、63—64、74—75 页。

从表 19 我们可以得知：

（1）分租额方面，北方地区一般在 1.5—3.3 元，最高为 11.3 元，最低为 0.4 元；中部地区普通为 5.4—7.2 元，最高为 16.2 元，最低为 1.0 元；南方地区一般为 4.5—8.3 元，最高为 18.2 元，最低为 1.5 元。谷租额方面，北方地区一般在 1.2—3.7 元，最高额 12.6 元，最低为 0.1 元；中部地区普通在 2.8—5.5 元，最高额为 15.6 元，最低为 0.7 元；南方地区一般为 5.0—7.5 元，最高为 24 元，最低为 0.6 元。钱租额方面，北方地区普通在 0.8—3 元，最高为 10 元，最低为 0.1 元；中部地区一般在 3.1—4.7 元，最高为 20 元，最低为 0.3 元；南部地区一般为 2.3—6.7 元，最高为 20 元，最低为 0.2 元。从各种租额普通额来看，北方地区、中部地区分租额分别在 3 元左右、5 元以上，南方地区除贵州外，都在 6 元以上；谷租额北方地区、中部地区、南部地区分别在 3 元左右、3—5 元左右、5 元以上；钱租额北方在 3 元以下，中部、南部基本都在 3 元以上，因此北方地区与中国中部地区和南方地区相比，不论分租额、谷租额，还是钱租额都是最低的。

（2）以各省普通租额平均值来看，全国分租平均额为 4.6 元/亩，其中最高额是四川省（8.3 元/亩），最少的是绥远省（1.5 元/亩），次少的为山西省（1.8 元/亩）；谷租额全国平均额为 4.2 元/亩，其中最多的是广东和云南（7.5 元/亩），最少的是察哈尔省（1.2 元/亩），次少为山西省（1.7 元/亩），绥远省为第三少的省份（1.8 元/亩）；钱租额全国平均

表20　　　　　　　　　　抗战前晋绥边区每亩租额统计

县份	钱租额（元）	谷租（石）	分租			折租（元）		
			地主	佃户	田主所出资本	最高	最低	一般
包头	0.3	0.08—0.25	40	60	种子、肥料、农具、耕畜	0.2	0	0.1
			30	70				
丰镇	0.3		40	60	种子、肥料、农具、耕畜各二成	0.5	0.2	0.3
			50	50				
			30	70				
			20	80				
托克	2—3	0.02—0.03	50	50	种子、肥料、农具、耕畜各三成			
			30	70				
和林		0.05—0.1	50	50	种子、肥料、农具、耕畜			
			70	30				
			40	60				
			30	70				
兴和	0.8	0.06	40	60	种子、肥料、农具、耕畜各五成			
			30	70				
陶林	0.3	0.05—0.07	70	30	种子、肥料、农具、耕畜各四成			
			30	70				
清水河	0.1	0.03						

续表

县份	钱租额（元）	谷租（石）	分租			折租（元）		
			地主	佃户	田主所出资本	最高	最低	一般
武川	3—5		50	50				
集宁		0.13—0.14	40	60	农具、耕畜	0.4	0.2	0.3
			10	90				
			30	70				
固阳	旱地1—2；水地3—4		50	50	种子、农具、肥料、耕畜各五成	2.0	1.0	1.5
			40	60				
			20	80				
			30	70				
			30	70				
阳曲			50	50		2.0	1.0	1.4
			60	40				
			40	60				
太原		0.6						

续表

县份	钱租额（元）	谷租（石）	分租			折租（元）		
			地主	佃户	田主所出资本	最高	最低	一般
徐沟	0.7—1	0.6—1.2	50	50		5.0	1.0	2.5
清源	井水地4；泉水地5；平地1	井水地0.4；泉水地0.4；岗地0.1	60 / 40	40 / 60				
交城	水地2—3；旱地1—2	水地0.7—1；旱地0.3—0.7；山地、下沙地、平坡地、更名地0.1—0.6						
文水	水地3；旱地2；平坡地1	水地0.6；旱地0.4；平坡地0.2						
岢岚	0.07—0.2					0.7	0.5	0.6
兴县	0.1—1							
汾阳	水地3.5；旱地0.8	水地0.8；旱地0.2				4.0	1.0	2.0

续表

县份	钱租额（元）	谷租（石）	分租 地主	分租 佃户	分租 田主所出资本	折租 最高（元）	折租 最低（元）	折租 一般（元）
方山		水平地0.5；旱平地0.3；梁地0.2；塌地0.3；荒地0.1				2.0	0.3	1.0
中阳	2	0.4				3.0	1.5	2.0
大同		上地0.2；中地0.15；下地0.1	40	60				
右玉		水地0.2—0.4；旱地0.02—0.1；山地0.05—0.08	30	70		0.4	0.2	0.3
			60	40				
			40	60				
朔县		0.1—0.3	50	50		3.0	0.	0.3
			70	30				
			40	60				
平鲁	0.24	0.1—0.2	50	50		0.5	0.2	0.4
宁武		0.1—0.3						

续表

县份	钱租额（元）	合租（石）	分租			折租（元）		
			地主	佃户	田主所出资本	最高	最低	一般
神池		0.2	70	30	牲畜、农具、肥料、种籽			
偏关	水地 1；旱地 0.3	水地 0.5；旱地 0.15	50	50	种籽主佃各半	0.1	0.1	0.1
五寨			80	20				
			60	40				
			70	30				
忻县	2—5	0.1—0.6	50	50		8.0	0.8	4.0
静乐	1.5	0.03—0.2						
崞县		0.4—0.6	50	50		3.0	1.0	2.0
保德		0.03						

资料来源：中国经济年鉴编纂委员会编：《中国经济年鉴》民国 25 年第 3 编，北京：商务印书馆 1936 年版，第 7 章第 60—61、71、80—81 页；实业部国际贸易局：《中国实业志·山西省·土地篇》，北京：商务印书馆 1937 年版，第 29—34、49—59 页；内政部年鉴编纂委员会合编：《内政年鉴·三·土地篇》，北京：商务印书馆 1936 年版，第 444、448、479 页。

注：合租：是定租制中的"定租呆交"，即不论年成好坏，都要按预定租率交纳地租，包租是他的一种习惯称谓。分租：是按照收获物的一定比例收取实物地租，亦称"分种"，"伙种"，折租：是将各租折合成现款交纳的地租，是实物地租到货币地租的过渡形式，实际上就是一种特殊的货币地租。一般的货币地租是随实物市价折算的，而折租是定额的，且地主总是在有利于自己的条件下决定折价。①

① 胡世庆：《中国文化通史》，杭州：浙江大学出版社 1996 年版，第 122 页；李娴炎：《中国经济大辞典》，南京：南京出版社 1990 年版，第 60—61 页；福建省地方志编纂委员会合编：《福建省志·农业志》，北京：中国社会科学出版社 1999 年版，第 40 页。

值为 3.6 元/亩，其中最大额的省为广东省（6.7 元/亩），最少的为察哈尔和绥远（都是 0.8 元/亩），次少的为山西省（1.8 元/亩）。在不考虑各地土地肥瘠及生产力情况等条件下，从以上比较我们看出山西和绥远在全国范围内是租额较低的两个省份。

为考察晋绥边区抗战前租额范围及其租额水平在全国处于什么位置，特将各县各种租额情况制成表 20：

从表 20 可知，晋绥边区抗战前的钱租额在 0.1—5 元，谷租额处于 0.02—1.2 石，其中钱租额与北方地区 0.1—10 元的租额范围相符。分租制在边区一般称伙种，地租额有四六分（主六佃四）、对半分（主五佃五）、三七分（主七佃三）、二八分（主八佃二）、倒四六分（主四佃六）、倒三七分（主三佃七）、倒二八分（主二佃六），倒一九分（主一佃九）多种分成形式。与此同时边区还有一种重要分成方式，俗称"三条腿地租"，即"地主将佃农所耕种之地共划分为三等分，秋收后，地主二分，佃农一分，即不另给工资。为了获得更多的利益，在粮食正式分配前，地主往往制定更加苛刻的租种条件，如强迫佃农从春天起在一年半要吃他的一石粮食（如不吃者即不许佃耕）。秋收时地主要在全部收成中先扣去五石，做为本利。另外，每亩所打之粮食须由地主率先抹去一斗（即每亩有一斗当然为地主的），然后才拿这剩下的粮食和佃农二一地分开[1]。折租属于货币地租，表中租率范围为 0—8 元，最高的是忻县，最低的是朔县和包头，折租是特殊的钱租，是随实物市价变动而变动的，地主往往在谷物升值的情况下实行，是地主加重剥削佃户的重要方式，因此一般说折租较钱租剥削更大，如忻县钱租额最高为 5 元，而折租最高为 8 元；崞县钱租为 1.5 元，折租为 3 元；中阳钱租为 2 元，折租最高达到 3 元；汾阳钱租最高为 3.5 元，折租最高为 4 元；丰镇钱租 0.3 元，折租最高达到 0.5 元。

2. 租率

租率分为物租率和钱租率两种，物租率是佃户缴给地主的农产物占其收获量的比率，钱租率是佃户缴给地主的钱租折成占地价的百分比[2]。据

---

①　第二战区战地总动员委员会编：《战地总动员——民族革命战争战地总动员委员会斗争史实》上，太原：山西人民出版社 1986 年版，第 154—155 页。

②　陈正谟：《中国各省的地租》，上海：商务印书馆 1936 年版，第 17 页。

陈正谟统计，1933 年全国物租率平均为 43.25%，物租率最高的为贵州，次为河北，接着是四川，其中山西为 41.06%，察绥为 37.54%，均低于全国平均水平；钱租率全国平均为 10.51%，最高为陕西，次为湖南，最低为山东省，其中山西为 10.64%，察绥为 11.77%，均高于全国平均水平①。这是对全国各种土地租率整体情况的分析，那么不同种类、同种土地不同等土地的租率情况又如何，我们在农具、种子、耕畜都由佃户承担前提下，将山西、绥远租率情况与全国平均水平进行简单比较，具体情况见表 21。

表 21　　　　　　　　　　　　1930 年各省水、旱田租率统计

省别		分租率百分比（%）			谷租率百分比（%）			钱租率百分比（%）		
		上等田	中等田	下等田	上等田	中等田	下等田	上等田	中等田	下等田
山西	水田	50.3	46.1	40.2	41.2	39.7	40.3	13.3	15.8	17.2
	旱田	45.1	43.8	39.9	40.9	41.5	42.6	12.5	18.0	17.8
绥远	水田	40.0	45.0	45.0	50.0	50.0	50.0	13.0	16.0	23.0
	旱田	—	—	—	—	—	—	—	—	—
全国平均	水田	51.5	48.0	44.9	46.3	46.2	45.8	10.3	11.3	12.0
	旱田	47.8	45.3	43.6	45.3	44.6	41.4	10.5	10.9	12.0

资料来源：冯和法：《中国农村经济资料》，上海：黎明书局 1935 年版，第 132—134 页。

从表 21 我们可以看到：

（1）全国租率平均值中，不论水田、旱田，分租率和谷租率与田地质量成正比，质量越好的田地，其租率越高；质量越薄的地，收租率越低；钱租率与田地质量成反比，质量越好的田地，所收钱租越少，而质量较差的地，其钱租率反而越高。山西分租率、钱租率及绥远钱租率与土地质量的关系与全国一致，但山西旱田谷租率与土地质量却成反比，水田上等田租率最高，次为下等田，最低租率是中等田。绥远水田分租率中等、上等田租率最低，中等、下等田租率相同；谷租率上、中、下三等水田租率相同，土地质量与实物租率没有明显关系。

---

① 陈正谟：《中国各省的地租》，上海：商务印书馆 1936 年版，第 94—95 页，128—129 页。

（2）全国上、中、下三等田的分租率、谷租率水田都大于旱田，钱租率除上等地的租率是水田小于旱田外，中、下等地租率亦是水田大于旱田，因此从整体上来看，水田租率一般都高于旱田。山西上等地租率均是水田大于旱田，这与全国水、旱田租率整体特点相同，而中、下等田除分租率外，其他两种租率却都是水田小于旱田（与全国情况相反），这是由于：第一，山西是自耕农占多数的地方，其自耕农比例高于全国平均水平和南方及长江流域，很多农户都有一定土地，租种土地只是正常生产的有益补充，因此没有必要租种质量最好的上等地。第二，大多数农户生活拮据，也租不起上等地。第三，山西水田数量少于旱田。据1935年晋绥社会经济调查统计社统计，山西各县共有土地148207009亩，水田有13533216亩，旱田有58284696亩，荒地有76010590亩[1]，其中水田占土地总数的9.13%，旱田占39.33%，旱田远比水田多，山西山峦重叠，旱田中亦是中、下等地多于上等地，因此佃农只能争相租种质量较差的旱地，其租率也就自然高于水田。

（3）根据表21，我们可计算得出全国水田分租、谷租、钱租平均租率分别为48.1%、46.1%、11.2%，旱田分别为45.6%、43.8%、11.1%，各种地租平均值中水田租率高于旱田。山西分租率、谷租率、钱租率水田平均值分别为45.5%、40.4%、15.4%，旱田平均值分别为42.9%、41.7%、16.1%，绥远水田分租率、谷租率、钱租率分别为43.3%、43.8%、17.3%。在田地类别相同前提下，从以上数据可以看到以下两点：从纵向看，山西、绥远分租率、谷租率均低于全国平均水平，但两省钱租率却高于全国平均水平。从横向看，全国分租率与谷租率均高于钱租率，分租与谷租都属于实物地租，因此也可以说实物地租率高于钱租率，山西、绥远亦然，这是因为山西、绥远两省都是北方内地省份，近代以来商品经济远不如南方发达，实物地租更为流行。

晋绥边区抗战前土地出租率亦很高，根据兴县、保德、河曲、宁武等地调查，地租率相当高，"水地，平地一般是51%，最高有到60%—70%的。山地质量差，产量低，平均在30%—40%"[2]。有些地方地租率更高，

---

① 晋绥社会经济调查统计社：《晋绥社会经济调查统计社年刊》，晋绥社会经济调查统计社1935年版，调查统计章第39页。

② 刘欣主编：《晋绥边区财政经济史资料选编·农业编》，太原：山西人民出版社1986年版，第85页。

根据兴县、宁武、朔县、岚县、河曲、保德、神池、静乐等地不完全统计，山地（尚有一小部分平地）地租占土地正产物平均达到 40% 以上，有的水地最高达 80%[①]。

(二) 减租运动后租额、租率情况

山西最早开始减租始于薄一波赴山西领导牺牲救国同盟会的时候，1936 年 11 月薄一波到太原后，立即改组牺盟会，并先后派遣"临时村政协助员"和"牺盟会特派员"到山西各县，大力开展抗日救亡宣传，在农村最先开始实行有限度的减租政策。1937 年 9 月初，随着全面抗战开始，牺盟会向阎锡山提出抗战紧急动员书，其中在《优待抗战军人家属条例》草案中，建议政府对军属"减租 1/5"[②]，并下令在全省各地普遍进行这一政策，得到阎锡山批准，在这里牺盟会充分利用当时战局紧张的现状，选取抗日军属为突破口，制定具体的减租比例作为试探阎锡山的态度，无疑是正确而成功的，这为今后扩大减租范围奠定了基础。9 月 25 日，为进一步使减租政策制度化，牺盟会在太原召开全省第一次代表大会，经过与会代表讨论，共同决定"请政府实际颁发命令，减租 1/5"[③]，得到阎锡山政府支持，使减租比例以政府命令的形式得以公布。

战动总会成立后，对各地减租比例进行了更细化的规定，实行"四、六分粮和二、五减租"政策，具体来说，就是分粮的时候地主分六成，佃户分四成，这相对于以前"三、七分粮"的制度，农民负担大大减轻；在佃农交租的时候，各地要在原有租率基础上，一律减轻 25%。不久，雁门关失陷，国民党部队和晋绥军纷纷向南撤退，牺盟会与战动总会遂在敌后根据地的广大农村，继续推行减租减息政策，成就较好的兴县，其减租比重最多者竟达"十分之七八成"[④]。太原失陷后，阎锡山批准了战动总会提出在晋西北各县建立农会的建议，随后又颁布"一分五减息，二五减租"[⑤]的命令，使晋西北敌后根据地减租标准有了法令上的依据。与

---

① 《地租问题杂记》（藏于山西档案馆），转引自刘欣、景占魁主编《晋绥边区财政经济史》，太原：山西经济出版社 1993 年版，第 47 页。

② 薄一波：《论牺盟会和决死队》，北京：中共中央党校出版社 1990 年版，第 94 页。

③ 王生甫、任惠媛：《牺盟会史》，太原：山西人民出版社 1987 年版，第 246 页。

④ 第二战区战地总动员委员会编：《战地总动员——民族革命战争战地总动员委员会斗争史实》上，太原：山西人民出版社 1986 年版，第 107 页。

⑤ 梁金保：《抗战初期"动委会"简述》，山西社会科学院历史研究所编：《山西革命回忆录》第 3 辑，太原：山西人民出版社 1985 年版，第 107 页。

此同时，在牺盟会的协助下，战动总会通过在晋西北各县建立的农会组织，加紧推行减租政策。1938年，在战动总会帮助下成立的"晋西北三十七县农民救国联合会"，在减租上规定，"原则上二五减租是一律的，但根据具体环境得有所增减"。在这一政策保障下，某些地区佃户分成率比太原沦陷前更高，如"五寨'招伙计'的地主，原来按四、六分成，现在已由农会决议增加一成，为五、五分"，"方山则按二八减租，粮食每斗以三合计利，利息欠短者不得利上加利"①。但这一时期的减租是在阎锡山政府统治之下实行，边区减租范围十分有限，多数地方仍停留在口头宣传阶段，少数已经执行减租政策的地方，也由于地主的威逼利诱和群众对减租政策的不了解，在执行中也出现"明减暗不减"，"主佃双方停止收交租"，甚至"地主夺佃而任土地荒芜"等问题。

边区政府成立后，虽然在推动减租运动上着力很重，但传统社会牢固的主佃依存关系仍根深蒂固，很多佃户"或怕富户马上要租要债，或为了给自己留地步，宁愿吃哑巴亏，不敢欠账"②，为此边区政府通过法令的形式对边区租率进行规范。分为两个时期：

第一时期（1940—1942年11月）。这一时期先后颁布《减租减息条例》（1940年2月颁布）、《山西省第二游击区减租减息单行条例》（1940年10月公布）、《晋西北减租减息暂行条例》（1941年4月1日修正公布）、《关于改正减租减息条例的决定》（1942年4月）。政府以法令形式赋予减租运动合理性，使群众从心理上打消顾虑。其主要特点是不论土地种类、不分租佃种类、不分年景好坏、不考虑战争影响情况下在减租标准上一律"一刀切"。

1. 在正租方面。1940年规定不论租种还是伙种，无论实物地租还是货币地租，尚未减租者都要在原租额基础上减租25%（二五减租③），在战后已经减租25%者则免减，最高租额不能超过正产物37.5%，减租后仍有超过者，需继续减租至37.5%，如遇农业歉收，则按实有产量按比

①　第二战区战地总动员委员会编：《战地总动员——民族革命战争战地总动员委员会斗争史实》上，太原：山西人民出版社1986年版，第149、152页。

②　刘欣主编：《晋绥边区财政经济史资料选编·农业编》，太原：山西人民出版社1986年版，第7页。

③　"二五减租"最早是孙中山于1924年北伐前夕提出的。（金得群：《"二五减租"发轫初探》，《教学与研究》1991年第6期。）

例分配，如颗粒无收，则完全停付地租。1941 为照顾贫苦抗属与鳏寡孤独者生活，规定对他们出租土地之租额、租率可适当少减或免减。地租为货币收租时须按市价折算，实物地租如原定谷物与收获谷物不同亦需按市价折合交纳。

在伙种地租方面，1940 年减租减息条例规定一律按照二五减租原则进行，"原为三条腿分者（地主二，伴种户一），现在以对半分之；原为对半分者，现以倒四六分之（地主四，伴种户六，以二五减租为地主三七点五，伴种户为六二点五）；原为四六分者，现以地主四点五，伴种户五点五分之[①]；原为倒四六分者，现以倒三七分之，伴种条件不得因减租而改变"[②]。

这里我们要考察租率减少情况下，"伴种条件不得改变"的规定是否符合当时社会现实？由于"种子、肥料、耕畜由地主供给者，在长江流域以南甚少见，在北方各省尚属通行"[③]，因此我们选取华北四省为考察对象，研究地主出资多少与租率的关系。以种子、肥料、耕畜是否由佃户自备分类，华北四省租率平均值中，由佃户支付者物租率、钱租率平均值分别为 46.37% 和 9.35%，由地主支付者钱租率、物租率平均值分别为 55.98% 和 10.65%[④]，两种情况下物租率相差 9.61%，钱租率相差 1.30%，这说明地主支付者租率明显大于佃户自备者。

晋绥边区主要有伴种与租种两种租佃方式，租种地土地质量大多数较差，伴种地土地质量较好，其中伴种所占比重最大。伴种地的大多数租户都有一定生产资料（或有牲畜，或有部分土地），佃户负责田间劳动和工具、畜力、肥料、部分种籽等生产资料，地主负责土地、肥料和半数种籽，租率一般除去种籽对半分（包括粮食和稻草）。而"招伙计"是一种特殊的伴种形式，其伴种户都是赤贫户，出租户须承担种籽、肥料、畜力、工具等所有生产投资，并为生活困难佃户借贷口粮，佃户只从事田间和部分家务劳动，秋后租率除种籽外收获量按四六分成（地主六佃户

---

① 原文称"原为四六分者，现以地主五点五，伴种户四点五分之"，按照二五减租的原则计算，原文有误，应该是地主四点五，伴种户五点五。

② 《山西省第二游击区减租减息单行条例》，《抗战日报》1940 年 10 月 23 日，第 2 版。

③ 国民政府主计处统计局编：《中国租佃制度之统计分析》，南京：正中书局 1946 年版，第 82—83 页。

④ 陈正谟：《中国各省的地租》，上海：商务印书馆 1936 年版，第 102—103 页。

三），较一般伴种地租率更高。这说明伴种地租率与主佃双方的生产投资呈正相关，即投入越多，收益也越高，反之则相反，以晋西北三条腿地租为例，"一般情况下若地主仅出土地，牛工、种子和人力均由伙种户负担，收获物则地主占 1/3、佃户占 2/3，若佃户仅出劳动力时则分成与前正相反"[1]，即地主占 2/3，佃户占 1/3。边区所属绥远很多县情况亦如此，具体情况见表 22。

表 22　　　　　　　　　　绥远各县地主出资统计

县别	分租成数		田主所出资本
	地主	佃户	
包头	40	60	土地、种子、肥料、农具、耕畜
	30	70	土地
丰镇	40	60	除土地外，种子、肥料、农具、耕畜各二成
	20	80	土地
和林	70	30	土地、种子、肥料、农具、耕畜
	30	70	土地
托克	60	40	除土地外，种子、肥料、农具、耕畜各三成
	30	70	土地
固阳	50	50	除土地外，种子、农具、肥料、耕畜各五成
	30	70	土地
兴和	40	60	除土地外，种子、肥料、农具、耕畜各五成
	30	70	土地
陶林	70	30	除土地外，种子、肥料、农具、耕畜各四成
	30	70	土地

资料来源：中国经济年鉴编纂委员会编：《中国经济年鉴》民国 25 年第 3 编，北京：商务印书馆 1936 年版，第 7 章第 80—81 页。

从表 22 绥远各县分成比例来看，进一步说明地主资本投入越多，其分成额也越多的情况。中共颁布减租条例的宗旨是为广大贫苦争取经济利

---

[1]　中共晋西区党委：《土地问题材料汇集 I——晋西北的阶级》（1941 年 12 月），转引自张玮《战争·革命与乡村社会——晋西北租佃制度与借贷关系之研究》，北京：中国社会科学出版社 2008 年版，第 162 页。

益的出发点没有问题，但由于中共缺乏经济方面的干部和经验，在不准改变伴种条件的前提下，减少伴种地租率的做法就成为"一刀切"的冒进行为，极大地挫伤了土地出租者的生产热情。

为此，边区政府在1941年修订的《减租减息暂行条例》中，对伙种地减租中规定"三条腿，二八分，三七分，四六分，对半分等伙种形式，地主之土地收入，原则上亦按照原分配法减少百分之二十五，惟原根据伙种之具体条件酌定之"①。这里虽然有伙种双方依具体伙种条件调整租率的规定，但由于没有确定新的减租标准，在实践上一般还是实行二五减租。

2. 在附加租方面。19世纪30年代晋绥地区在租佃关系中，地主对佃户的剥削不仅体现在前文所述土地副产②、增加额外劳役等方面，而且还表现在转嫁村摊款方面，如河曲"地主收受租价以后，必须尽完粮之义务，佃户接受地亩以后，须尽村中摊款之义务"③，此外还有岢岚、离石、平鲁、保德等地方亦是如此。为此边区减租条例专门规定：凡由承租人承担土地税者，均应在地租内减去；凡地主送工代替支差等额外附加一律禁止；凡土地副产品亦全归承佃户，以减轻佃农所受剥削。此外为减轻附加租剥削，还规定出佃方"不得收取押租"④。

3. 清偿旧租。1940年边区减租法令规定在此以前的欠租，无力缴纳者可缓缴，俟有力交纳时按现行"二五减租，最高不超过百分之三十七点五"缴纳；有力清偿者按年利分半计算偿还，如已付利息如超过本金只需停息还本，超过本金2倍者本利均停。1941年在修正减租条例中规定：抗战前之旧租与上年有力清偿者债务清偿方式相同，唯欠租确实系荒年歉收所致者，可依具体情况酌减或停付。抗战后之旧租，须按"二五

---

① 刘欣主编：《晋绥边区财政经济史资料选编·农业编》，太原：山西人民出版社1986年版，第9—10页。

② 正副产物标准："耕地所产谷物为正产物，所收杂草为副产物，耕地每年收获一次者谷物为正产物，地边附种菜蔬瓜豆为副产物，耕地每年收获二次者谷物为正产物，附种菜蔬瓜豆为副产物，第一季专种蔬菜亦为正产物论，耕地播种两种以上谷物者，均以正产物论，地边附种均以副产物论。耕地附着果木产物之处理依其约定。"（《山西省第二游击区减租减息单行条例》，《抗战日报》1940年10月23日，第2版。）

③ 实业部国际贸易局：《中国实业志·山西省·山西经济之鸟瞰》第2编，北京：商务印书馆1937年版，第29页。

④ 刘欣主编：《晋绥边区财政经济史资料选编·农业编》，太原：山西人民出版社1986年版，第9页。

减租，最高不超过百分之三十七点五"标准重订欠约，5 年内分期清偿①。

4. 荒年租率问题。根据前文考察，抗战前不论年景好坏，土地出租者能够主动减租者所占比例很小，这使贫苦农民在荒年生活更加困难。中共边区政权建立后，在 1940 年减租条约中明确规定：凡因敌人破坏或遭受水旱灾害导致农业歉收者，应将现有正产收获物按"二五减租"的比例进行分配，如正产物遭受完全毁坏，颗粒无收者，佃户停止支付地租②。这一规定虽然规定荒年按现有收获物收租以减轻农民负担，但却将往年部分地主与佃户荒年少交的不成文规定也完全否定了，在某种程度上为地主歉收年景催缴地租提供了口实，反而加重了佃农负担。为此，1941年边区政府又根据农业投入与产出比例和出租者身份，规定荒年承租人所收获之"正产物尚不足种籽或仅等于种籽者，地租全部停付"，唯出租者为"贫苦抗属、鳏寡孤独无力自耕"者，租率则可适当免减或少减③。

这一阶段虽然政府颁布具体减租减息法令，但由于干部缺乏及素质低下，导致很多地区干部对减租运动根本不了解，在实践工作中只能充当传话筒，而不能真正起到组织、布置减租工作的作用。为此边区青年干部学校、晋西抗联、工农妇救会都积极参与基层干部培训工作，但主要集中于区级以上干部培训，对基层干部的培训远远不够。我们以农会的干部培训为例进行具体分析。

表 23　　　　　　　　　　1940 年农会对各级干部培训统计

级别＼数目＼项别	干部总数	受过训练的		未受过训练的	
		数目	百分比（％）	数目	百分比（％）
中心区	9				
县级	44	24	54.5	20	45.5
区级	191	98	51.3	93	48.7

---

① 《山西省第二游击区减租减息单行条例》，《抗战日报》1940 年 10 月 23 日，第 2 版；刘欣主编：《晋绥边区财政经济史资料选编·农业编》，太原：山西人民出版社 1986 年版，第 11 页。

② 《山西省第二游击区减租减息单行条例》，《抗战日报》1940 年 10 月 23 日，第 2 版。

③ 刘欣主编：《晋绥边区财政经济史资料选编·农业编》，太原：山西人民出版社 1986 年版，第 10—11 页。

续表

级别 \ 项别数目	干部总数	受过训练的		未受过训练的	
		数目	百分比（％）	数目	百分比（％）
行政村级	3815	700	18.35	3115	81.65
自然村级	3865	101	2.61	3764	97.39
说明	1. 宁武、阳曲不计；2. 交城的区干不详				

资料来源：刘欣主编：《晋绥边区财政经济史资料选编·总论编》，太原：山西人民出版社1986年版，第130页。

注：原表个别数据计算有误，已更正。

从表23中我们可以看出，受训干部比例最高的是县级干部，为54.5％；次为区级干部，为51.3％；最低的是自然村干部，只有2.61％，受训干部主要集中于区、县两级，基层政权单位行政村与自然村，尤其是自然村干部受训比例极低，这直接影响了农村基层干部对减租法令认识理解水平，在部分地区甚至出现强迫命令现象，严重影响了减租工作的成效。

第二时期（1942年11月—1945年8月）。这一时期先后颁布《晋绥边区减租交租条例》（1942年11月）、《晋西北行政公署关于修改减租法令的指示信》（1943年10月30日）、《晋绥边区行政公署关于减租工作的指示信》（1944年10月20日）。其租率特点为：不同租佃形式、不同土地类型有不同租率标准，租种地中水地、川地租率仍按以前规定实行二五减租，而山地租额、租率在综合考虑土地质量好坏、收成多少、投资比例大小及所处地区离敌占区远近等因素的基础上重新确定。伙种地仍按二五减租执行。

1. 在正租方面

租种地减租。山地租率过去不分地区全部实行"二五减租"，游击区及靠近敌占区地区很难推行。为此，1942年11月边区颁布的减租交租条例根据土地所在地区不同对租率标准做出差别规定，在老区"山地以战前原租额先以七成五折算（因战后产量约及战前之七成），再减百分之廿五，但个别地区，产量超过七成者，其产量折算，另以命令行之"，在游击区和靠近敌占区之山地，减租不受老区七五折二五减政策限制，而是由县政府根据当地具体情况，"酌情减少百分之十、十五或二十"①。这里"原租额"确定有不同标准，抗战前租出之土地：死租按租约规定执行，活租按实交额计算；抗战后出租之土地，其租额不论高或低，原租额均按战前一般标准执行。此外，如是认粮租地种地者，减租额与田赋相比不足或相等时，须先在原租额中减去田赋额后再按上述比例减租。但即使同种土地，各地土地供求关系与质量、产量也不尽相同，因此山地统一以七五折二五减租的方式确定租率也是不科学的，于是晋西北行政公署于1943年修改减租法令时重新调整租率标准，规定各县根据"山地过去（未减租前）不同的租率情况及二五减租的精神，确定几种不同土地的标准交租率，确定办法是根据过去几种土地不同的一般租率，按二五减租后降低的实际程度"②，就是现在的租率标准，这既考虑了山地不同等级收入不同的情况，也照顾了同一等级山地产值的不同状况，是比较科学公平的租率确定办法。

伙种地减租。1942年《晋绥边区减租交租条例》中规定伙种地以土地纯收入作为减租基数，对地主多出之畜力、肥料、种子、水利等投资均不减租。其一般方法是先在总产量中减去地主多投资部分，再按战前分配法在多出人所得内二五减租。对于有约定习惯者应尽可能尊重，如"约定或习惯投资不除去者，应先按战前原分配法分粮后，在多出人所得内，除去投资部分，再减以百分之廿五"。或依"约定或习惯投资由多入人所得内价还者，其价还部分不减租"③，其实质亦是对地主多投资部分不减租。我们再看哪种方法减租额大，假定土地收入总额为10，地主多投资部分为2，分配方式为四六分，那么按一般方法地主减租额为 $(10-2) \times (6/10) \times (25/100)$，即1.2，如果按照传统习惯分配后减租地主减租额为 $[10 \times (6/10)-2] \times (25/100)$，即为1，这说明"除去投资再行分配减租"较"分配后减去投资再行减租"的方式减租额高。1943年晋西北行政公署在《修改减租法令的指示信》中，规定将土地总收入作为减租基数，将土地总收入按原有方式分配后，再根据地主投资多少确定减租比例，其中地主全部投资者（佃户只负担人力），先按照传统

---

① 刘欣主编：《晋绥边区财政经济史资料选编·农业编》，太原：山西人民出版社1986年版，第25—26页。

② 同上书，第39页。

③ 同上书，第25页。

约定习惯分配后，再对地主所得实行二五减租；地主不进行投资者，依照租种地标准纳租；地主投资一部分者，其少减租数目由县政府按照地主投资多少规定①。这与上年伙种地减租相比，究竟哪种方法减租比率大，我们还是举例说明，假定土地总收入为10，地主全部投资额为2，分配方式为四六分，按1942年一般减租方法地主减租额为1.2，按1943年地主全部投资者减租额为10×（6/10）×（25/100），即为1.5，因此后一种减租额更大。

2. 清偿旧租方面。1942年修正减租交租条例之前欠租一律免交，在此之前所有新旧欠约均行抽回，出租人如遗失，须为欠租人出具证明②。

3. 其他租率方面。晋绥边区成立以来除对地租率进行调整外，对其他种类租率标准亦做出调整。具体情况如表24。

表24　　　　　　　　**地租以外其他地租租率规定**

年代	条例、决定	内容
1940年10月公布	《山西省第二游击区减租减息单行条例》	牛租、房租与地租一样实行二五减租，最高不超过百分之三十七点五
1941年4月1日修正公布	《晋西北减租减息暂行条例》	畜租、房租与地租一样实行二五减租，最高额限度亦为百分之三十七点五
1942年4月4日	《晋西北行政公署关于改正减租减息条例及补充回赎不动产办法的决定》	牛租不受二五减租之限制
1942年11月公布	《晋绥边区减租交租条例》	为繁殖牲畜，发展生产，畜租不减

资料来源：《山西省第二游击区减租减息单行条例》，《抗战日报》1940年10月23日，第2版。刘欣主编：《晋绥边区财政经济史资料选编·农业编》，太原：山西人民出版社1986年版，第11、21、26页。

从表24中我们可以看到，1941年以前减租条例中对牛租、房租租率

---

① 刘欣主编：《晋绥边区财政经济史资料选编·农业编》，太原：山西人民出版社1986年版，第39页。

② 同上书，第28页。

规定与地租完全是同一个标准，这使得有房、有耕畜农户出租积极性受到挫伤。根据晋西北 8 个县 11 个村材料统计，1940 年与战前相比，"各种畜力平均减少 42%，其中牛减少百分之 38.2%，骡马减少 76.8%，驴减少 67.8%"。随着新政权建立，经济建设也开始逐渐恢复，畜力也逐渐增加，根据二、四、八区河兴县 9 个县的统计，"牛增加 14.4%，驴增加 12.8%，骡增加 2.5%，马增加 3.8%"①。两则材料都取自晋西北地区部分县，自然、社会条件相似度较高，具有可比性，从材料可以看出政权建立以来耕畜增加是不争事实，但增加比例远远小于减少之比例，其中 1940 年以前耕畜大量减少的主要原因是受战争影响，而新政权下耕畜增长缓慢的原因则更多的是由于边区政府耕畜减租政策的不恰当，这使边区本来缺乏的耕畜更为不够，对农业生产造成极大破坏。为此，1942 年 4 月边区先是放开牛租租额限制，到 11 月则对畜租实行不减租政策，此后边区畜力发展才逐渐兴盛起来。

减租交租法令对租额、租率的具体规定，使减租运动在执行标准上有了具体依据，但部分地主为达到提高租额或与佃户达成明减暗不减协定，处心积虑利用各种方式抵制减租，或直接威胁佃户，称"减了租子就收地，宁荒不出租"，"今年减租七折八扣，明年定要收地，这是政府的法令"②，或用诡骗方式诱导佃户，对佃户说："我的地已经租给××，人家给我加租××，不过你要按增加的租子种地，还是先让给你种，地种三年亲如母，我不忍心租给别人。"③ 还有的地主对佃户说："今年按法令减租，你收一石粮先折成七斗半，再二五减下来，交五斗六升二合就对了。"④ 在兴县、临县、河曲、保德等县甚至出现非法夺地现象，因此如何推动政府减租运动在实践中执行是更为重要的问题。

在宣传教育方面。各地普遍召开佃户会议，广泛宣传减租减息法令，为使宣传更有说服力，个别村庄还采用算账教育这种更生动的宣传方式，引导农民认识自己才是财富创造者，减租减息不是政府恩赐，而是要拿回属于自己的劳动果实。如五寨南关村为使农民对地主剥削有直观认识，采

---

①　韦文：《晋西北的土地问题·续》，《解放日报》1942 年 4 月 21 日，第 3 版。

②　《行政公署关于防止夺地的说明》，《行政导报》1943 年第 1 期。

③　胡健：《减租交租工作在河曲》，《抗战日报》1943 年 3 月 9 日，第 4 版。

④　刘欣主编：《晋绥边区财政经济史资料选编·农业编》，太原：山西人民出版社 1986 年版，第 94 页。

取多种算账方式进行启发，其一，计算农民土地收入支出。将农民一辈子给地主所缴纳地租、利钱与他们微薄收入作比较，农民深受触动纷纷控诉地主，有的说："那些账还能算清，不给他们咱们如今也顶他们哩!"佃户周自林也说："从7岁就受上苦，一辈子劳动，年年租子利钱给不清，自己稀的也喝不饱，如今59岁啦，还没置过1垧地。"其二，计算每垧地农民收支。将农作物从耕种到收获农民付出劳力、畜力等资本折算成钱，每垧土地达白洋27元，合1大石（260斤）小米，农民十分震惊，说："这样算起来，把地里打下的尽给了咱们也不够啊!"从而认识到高额地租是他们贫穷的根本原因。其三，计算地价。有些农民认为土地是地主买来的，收取地租也是天经地义，通过计算才知道每垧土地价值只要两年租子就可相抵，认识到自己贫穷是受地主剥削所致。在此基础上，依照减租条例先给几户佃户算出应减租额，减租最大者竟达到十余石，起到示范作用，其他农民亦开始支持减租运动①。

在租率确定方面。召开主佃"联席会议"，由双方共同讨论，最后经政府、群众团体、地主、佃户组成评议会公平议定后生效②。

在减租步骤方面。各地情况不同，减租步骤也不尽相同，其中最完善者当属临县、兴县、河曲等县，大体分为六步：第一步，以农会与工会为中心召开行政村扩大干部会议，具体研究减租必要性及如何减租问题。第二步，将参加行政村扩大会议的干部强弱搭配分成若干小组，到各自然村采用个别闲谈或会议的方式向群众、基层干部、党员了解各地具体情况，在此基础上经常展开小组讨论。第三步，召开佃农大会，广泛宣传减租交租法令，并选取减租代表。第四步，召开干部小组、佃户代表、村长或闾长联席会议，对减租工作进行深入讨论，接着对佃户与地主进行一对一减租，如双方愿意即按行署减租法令执行，如不愿意先进行说服教育，仍不同意者在行政村佃户联欢会上最重解决。第五步，各减租小组报告讨论减租工作准备，并准备布置佃农地主联欢大会，选取某一个顽固不减租地主在会上进行公开斗争，对其他顽固地主起到震慑作用以推动减租运动。第六步，行政村各自然村减租完毕后，再对干部进行审查，以保证减租工作

---

① 《二地委关于五寨南关减租工作总结》，太原：山西省档案馆，档案号：A27—1—12—2。
② 刘欣主编：《晋绥边区财政经济史资料选编·农业编》，太原：山西人民出版社1986年版，第11页。

的公平性①。其他地区基本依照这一程序，但在具体执行中在执行步骤和执行项目上不尽相同。

在动员群众上。1942 年年底修正减租交租条例前，边区许多干部只负责通知佃户减租，很少发动群众，减租亦没有多大成绩。1943 年以后，随着广大群众被广泛动员，减租运动才逐渐发展成真正的群众运动，农民以召开"减租保佃大会"的形式集体要求地主减租，在会上农户以自身经历进行诉苦，如兴县二区马明启说："过去因交不了租，被地主从身上剥去皮袄，因为送去的租子里有几颗豆子，被地主吐了一脸吐沫，打了几个耳光子……"② 保德榆树里佃户小买大痛斥地主亲伯父高海望剥削："人家粮食满囤，自己是吃上苦菜锄地，春天借他一斗谷，秋天就扣一斗粮，还不清的欠粮，打不清的欠债，白给他做了几年长工，没赚一个工钱。"③ 通过这种现身控诉激发起更广大农民对地主的普遍愤慨，进而使减租工作在更大范围内得以开展。

总之，通过政府与群众的共同努力，各地租率水平一般来说是下降了。抗战前根据兴县、保德、河曲、宁武 4 县 17 个自然村调查，地租率相当高，"水地，平地一般是 51%，最高有到 60%—70% 的。山地质量差，产量低，平均在 30%—40% 之间"④。又根据兴县、宁武、朔县、河曲、保德、神池、静乐、岚县等地调查资料，"山地（内有一部分水地）平均在 40% 以上，熟地地租有高达 80%"⑤。晋绥边区政府建立以来，随着减租政策的推行，尤其是 1943 年随着广大群众的普遍参与，边区各地租率明显下降，根据兴县 8 个自然村调查资料，战前山地租率为 30% 以上，1941 年减为 21% 左右，平地租率战前为 50% 左右，1941 年减为 43% 左右⑥。再以 1943 年为例，兴县山地租率 15%，塔地 20%，旱平地 25%，水地 30%（以产量计算）。临县山地租率为 20%—30%，水平地

---

①　刘欣主编：《晋绥边区财政经济史资料选编·总论编》，太原：山西人民出版社 1986 年版，第 137—138 页。

②　刘欣主编：《晋绥边区财政经济史资料选编·农业编》，太原：山西人民出版社 1986 年版，第 95 页。

③　同上书，第 59 页。

④　同上书，第 85 页。

⑤　刘欣、景占魁：《晋绥边区财政经济史》，太原：山西经济出版社 1993 年版，第 47 页。

⑥　刘欣主编：《晋绥边区财政经济史资料选编·农业编》，太原：山西人民出版社 1986 年版，第 94 页。

25%—35%。保德一般为 15%—20%。偏关租率最高为 20%，最低为 10%，普通为 15%。岢岚租率山地为 9%，平地为 15%，水地为 30%^①。从这则材料我们可以看出租率一般情况为：水地在 25%—35%；平地在 15%—25%；山地在 9%—15%，其中租率最高的临县也只有 20%—30%，这与战前山地平均在 30%—40% 相比也下降不少。

---

① 刘欣主编：《晋绥边区财政经济史资料选编·农业编》，太原：山西人民出版社 1986 年版，第 85 页。

第 四 章

晋绥边区借贷关系考察

第一节　边区借贷背景

晋绥边区和中共领导下的其他根据地一样都是以农村为中心，自然环境和社会经济发展水平整体比较低，大多数农民长期以借贷维持基本的生产、生活，债台高筑"似乎成为他们度过自己生命的一种自然而正常的状态。他们在债务中出生，在债务中成长，上学离不开债务，结婚离不开债务，即使在生命的最后一刻，债务的阴影依然笼罩，最后伴随他们离开这个世界"①。为了自力更生地解决根据地军民生产生活的需要，支持艰苦卓绝的抗日战争，中共领导广大人民进行了广泛的经济建设运动，其中扶持经济发展的一项重要措施就是对农业、工业生产进行低利甚至无利的贷款，农业上的贷款贷粮统称为农贷。农业是根据地的基础产业，解决农业生产资料缺乏的问题便是发展农业的首要问题，为此，毛泽东明确指出用农贷解决这个问题，"要使农业发展，帮助这个极大数量的农民解决他们的困难，是一个极其重要的政策，这里的一个办法就是增加农贷"②。发放农贷成为抗日根据地的主要农业政策。究竟是什么原因致使借贷成为生产、生活的常态？我们以晋绥边区为例进行系统剖析。

第一，广大贫苦群众深受地租和高利贷的剥削，生活水平极为低下。由于贫雇农土地相对缺乏，主要靠租种土地生活，就不得不受地主、富农的地租剥削。抗战前地租所占比例，据对兴县、宁武、朔县、岚县、河

---

① ［英］麦高温著，朱涛、倪静译：《中国人生活的明与暗》，北京：中华书局 2006 年版，第 171 页。

② 毛泽东：《经济问题与财政问题》，苏北新华书店 1949 年版，第 30 页。

曲、保德、神池、静乐等地的调查，"山地（内有一小部分平地）平均在40%以上，水地地租有的高达80%"，根据兴县、河曲、保德、宁武四个县 11 个自然村租率调查，"水地，平地一般是 51%，最高有到 60%—70%的，山地质量差，产量低，平均在 30%—40%之间"①，从以上两个调查可以看出贫农收获量的很大一部分以地租形式交给地主富农。抗战爆发以后，虽然中共领导广大人民进行了减租减息运动，使地租率普遍下降，"减租前租率有高至占产量 60%—70% 的（兴县石岭子村），普遍为45%左右，减租后租率都在 30% 以下"②，但由于中日矛盾是当时中国主要矛盾，中共为了团结一切可以团结的力量共同抗日，减租减息政策的执行是有限度的，贫农仍在一定程度上受着地主、富农地租的剥削压迫。与此同时，高利贷对农民的剥削也极为沉重，无论借钱还是借粮，利息都很高，"借钱利率约在 1/3 以上，借粮加 5 行息，秋后归还，欠租隔年，作本银利，到期不还，将利折本，扣地借债，过期作死"③。而经济的落后又使得大多数农民必须借贷，如"兴县樊学迟等五户地主即有 644 户债主，租息 1377.9 石，白洋 24800 余元"④，"保德县地主傅燕威、张付来二人就有债户 138 户，债务 358 宗，合计白洋 6926.4 元，粮食 87.13石"。其利息按照借贷时间的长短，一般分为月利和年利两种，晋绥边区一般以月利为主，利息颇高，"利最高为 5%，最低为 1%，普遍为2.5% 左右，个别地区有高达 10%—30%"⑤。高额的利息率，使贫困群众常常是旧债尚未还完，又借新债，周而复始，恶性循环，债额越积越多，完全沦为地主经济的附庸。在大青山，广大牧民由于不能按时还债，很多沦为王公贵族和汉族地主的奴隶，终年为地主、王爷们无偿放牧，甚至还被任意买卖。

　　第二，农业生产资料缺乏是边区面临的又一问题。由于广大农民的贫穷，从事生产的资料，如耕畜、农业工具、肥料等也十分缺乏，这就使得他们不得不租用地主的生产资料来进行最基本的生产活动。耕畜是进行生

---

　　① 刘欣主编：《晋绥边区财政经济史资料选编·农业编》，太原：山西人民出版社 1986 年版，第 84 页。

　　② 同上书，第 64 页。

　　③ 同上书，第 85 页。

　　④ 刘欣、景占魁主编：《晋绥边区财政经济史》，太原：山西经济出版社 1993 年版，第48 页。

　　⑤ 同上。

产的重要工具，是构成农业生产资料的重要组成部分，我们就以耕畜为例，进行一下简单的分析。在晋西北的山区，主要依靠牛来拉犁耕种，因此牛租十分普遍，有长期租用、短期租用、临时租用之分。租率各地有所不同，"兴县蔡家崖 1929 年值白洋 26 元的牛，租子每年为粗粮 1—1.2 大石"，"岢岚租牛一季（春耕时期）过去牛租为粮租二小石"，"离石租牛耕地 1 垧交草 25 斤，米 2 升 5 合，黑豆 2 升 5 合，这称为'二五倒地'"①。由于各种先进耕作机具极其缺乏，不少地方还是"二牛抬杠"。抗战爆发后战争破坏与日伪烧杀劫掠，又使本来很少的耕畜大大减少，根据 8 个县 11 个村的调查，1940 年"各种畜力平均减至战前 42%，其中牛比战前减少了 38.2%，骡马减少 76.8%，驴减少 17.8%"②。极大地限制了农业生产的发展。

第三，边区农业发展缺乏必要资金。造成这个问题的主要原因是地主经济地位下降，间接减少了农村的可借贷资金数量。抗战爆发后为了团结一切可以团结的力量共同抗日，中共实行了减租减息的政策，规定"地租，一般以实行二五减租为原则，利息不要减到超过社会经济借贷关系所许可的程度"，这就使地主在地租这一项收入上有所下降。此外，还由于边区成立初期，为了解决政府财政困难，实行了"献金、献粮、扩兵、军鞋"的"四项动员"运动，但在执行时出现了过分削弱地主阶级利益的"左倾"行为，再加上抗战爆发以来，日伪对根据地的不断烧杀劫掠，都大大减少了地主的收入，削弱了地主的经济实力，从而使很多地主下降为富农或中农。根据对兴县 2 区 8 个自然村，兴县前彰和墕，宁武李家坪，河曲大众 6 个自然村，保德下流碛自然村，共 4 县 17 个自然村的材料统计，"战前地主户数占总户数的 3.9%，现在占总户数 2.7%，在全部户数中的比重，减少 1%以上，在地主阶级本身减少 15%—30%，将近1/3 的地主改变了原来的地位，其中 2/3 转化为富农，1/3 转为中农"③。地主所拥有的资本数量极大减少，使很多地主都再也无法进行旧日的商业高利贷投资，从而间接使农村可流动的资金急剧减少。

---

①　刘欣、景占魁主编：《晋绥边区财政经济史》，太原：山西经济出版社 1993 年版，第 47—48 页。

②　刘欣主编：《晋绥边区财政经济史资料选编·农业编》，太原：山西人民出版社 1986 年版，第 67 页。

③　同上书，第 85 页。

从以上分析来看，晋绥边区贫苦农民长期受地主各种租金、高利贷的剥削，生活极为贫困，根本无法具备基本的生产资料，再加上根据地内农村金融枯竭，农民借贷无方，农村经济的发展受到很大限制，因此呼唤借贷成为当时边区广大群众的共同心声。

第二节　抗战前及初期晋绥边区借贷

借贷是传统中国社会的一种普遍的经济现象，负债率很高，据不完全统计抗战前各地农村负债率"一般在 50%—70% 以上"[①]，据英国麦高温估计最低水平也"有 3/5 的人都陷于债务之中"[②]。根据 1934 年《农情报告》调查统计，我们可以比较各省负债率情况，战前各省现金负债率平均值为 56%，其中持平或超过平均数的有 11 省，占被调查 22 省的 50%，最高的是察哈尔，占本省报告总家数的 79%，随之是浙江、陕西，分别为 67%、66%，甘肃、安徽同为 63%，江苏为 62%，山西以 61% 位列第 6 位；负债率低于平均数的亦有 11 省，最低的是河南，其现金借贷家数仅占本省上报总家数的 41%，其次为贵州，占 45%，紧接的是云南和湖北，均占 46%，绥远以 48% 位列倒数第 4 位。借粮负债率全国平均为 48%，其中超过或持平的有 13 个省，占全国 22 省的 59%，最高的为广西，占 58%，其次为陕西、安徽，均占 56%，再次为甘肃、察哈尔，负债率都为 53%；低于全国平均数的省有 9 省，占被调查 22 省的 41%，最低的省为绥远和河北，均为 33%，次低的为山西省，负债率为 40%。[③]从以上统计数据可以得知：（1）山西、绥远两省现金负债率均高于粮食负债率，这与全国其他省份的情况相同。（2）山西、绥远两省，除山西现金负债率高于全国平均水平外，其他负债率均低于全国平均水平，再从两省平均负债率来看，山西、绥远两省现金负债率平均数为 54.5%，粮食负债率平均数为 36.5%，虽然低于全国平均水平，但整体负债率也相当可观。而晋绥边区从整体来说，有"半数以上人家都得

① 严中平等编：《中国近代经济史统计资料选辑》，北京：科学出版社 1955 年版，第 340 页。

② ［英］麦高温著，朱涛、倪静译：《中国人生活的明与暗》，北京：中华书局 2006 年版，第 171 页。

③ 《各省农民借贷调查》，实业部中央农业实验农业经济科：《农情报告》1934 年第 4 期。

向地主借贷"①。

一 借贷种类

1. 按借贷方式分为个人贷款、保证贷款、抵押贷款。

表25　　　　　　　　1934年各地农村借贷方式分布

地区	个人信用百分比（%）	保证信用百分比（%）	抵押信用百分比（%）	合计百分比（%）
平均	19.8	33.9	46.3	100
察哈尔	14.3	42.9	42.8	100
绥远	12.0	36.0	52.0	100
宁夏	35.7	42.9	21.4	100
青海	10.2	39.5	50.3	100
甘肃	22.5	40.4	37.1	100
陕西	10.6	37.9	51.5	100
山西	12.0	35.7	52.3	100
河北	21.1	35.2	43.7	100
山东	14.0	46.9	39.1	100
河南	10.3	46.0	43.7	100
江苏	22.6	32.6	44.8	100
安徽	23.8	35.5	40.7	100
浙江	26.3	26.8	46.9	100
福建	27.5	27.5	45.0	100
广东	27.3	21.6	51.1	100
江西	32.7	24.5	42.8	100

---

① 刘欣、景占魁主编：《晋绥边区财政经济史》，太原：山西经济出版社1993年版，第48页。

续表

地区	个人信用百分比（%）	保证信用百分比（%）	抵押信用百分比（%）	合计百分比（%）
湖北	25.0	31.2	43.8	100
湖南	24.9	28.6	46.5	100
广西	17.8	24.4	57.8	100
四川	20.4	35.1	44.5	100
云南	6.8	31.5	61.7	100
贵州	18.3	22.5	59.2	100

资料来源：严中平等编：《中国近代经济史统计资料选辑》，北京：科学出版社1955年版，第347页。

注：抵押贷款，是指债务人将财产所有权名义上转让给债权人以获得贷款的方式，在借款期内债权人没有财产实际所有权和使用权，借款到期能按时还贷的财产仍归债务人，反之则归债权人用以抵债。保证贷款，是借贷双方通过中间保人而达成的贷款协议，如债务人不能按期还款，中间人有催促还款的义务和连带还款的责任。个人贷款，是指不通过第三方或个人财产抵押，借贷双方直接发生借贷关系的贷款方式。

　　从表25中我们可以得知，从全国整体情况来看，抵押贷款所占比重最大，次为保证贷款，最后是个人贷款；从各省情况分别来看，除察哈尔、宁夏、甘肃、山东、河南5省以保证贷款为最多外，其他均以抵押贷款为最多。山西、绥远亦与全国整体趋势相同，但其抵押贷款与保证贷款所占比重明显高于全国平均水平，个人借贷方式却低于全国平均水平，抵押贷款需要一定的财产储备，保证贷款需要身家殷实的第三人保证，如绥远丰镇"乡间重利盘剥之风甚盛，凡贫民向富户贷款……且须殷实之担保，并以田地作抵"①，这都是贫苦群众很难满足的条件，从这可以说明山西、绥远两省较全国借贷条件更苛刻，贫苦群众借款更难，很少有人能仅凭个人信用取得贷款。

　　2. 借贷按借贷物的不同分为实物借贷、货币借贷，其中实物借贷主要以粮食借贷为主。山西、绥远两省现金、粮食借贷具体情况如表26。

---

　　①　内蒙古金融志编纂委员会编：《内蒙古金融志》上，呼和浩特：内蒙古人民出版社2007年版，第466页。

表 26　　　　　　　　**山西、绥远战前现金、粮食借贷分布统计**

省别	报告县数	现金借贷百分比（%）	粮食借贷百分比（%）
山西	71	61	40
绥远	11	48	33
两省平均	82	54.5	36.5
全国平均	850	56	48

资料来源：《农情报告》1934 年第 4 期。

从表 26 中可以看出，山西、绥远两省不论从整体水平还是分省情况，都与全国总体借贷分布情况一致，都是现金借贷比例高于粮食借贷比例。在借贷具体比例方面，除山西现金借贷稍稍高于全国整体水平外，山西、绥远及两省平均借贷比例均普遍低于全国平均水平，这并不能说明两省需要的借贷少，在很大程度上是由于当地经济水平低，很多需要借贷的农户由于贫困面临无贷可借的境地。

此外，还有一种借贷形式是牲畜借贷，或用于耕作土地或用于运输货物，一般按日计息。

3. 按政府是否参与分为政府借贷和民间借贷，其中尤以民间借贷为主。

4. 按利息多少分为无利借贷、低利借贷、高利贷，而无利借贷、低利借贷在传统中国社会多属于友情借贷，高利贷与友情借贷的"分界利率"因地区不同、时期不同而呈现多样性。而其中尤以高利贷为甚，这是"一种以高昂利息为特征的资本形态，以贷放货币、生产资料和消费品的形式，残酷地剥削小生产者"[1] 的借贷方式，单独形式的高利贷很少，它往往是与商业、地租等剥削结合在一起，下面我们主要列举各地高利贷的种类。

---

[1]　罗涵先：《什么是高利贷》，上海：新知识出版社 1955 年版，第 1 页。

表 27   **边区高利贷种类统计**

种类	高利贷种类
实物借贷	山西：方山，"放土债"，即青季借麦 1 斗，债主在账簿上记麦 1 斗，价 1000，加五行息，麦收归还。归还时，麦贵则按 1 斗麦计算；麦贱则按 1000 文计算 放青，时间多在麦前，"吃一还二"，麦前借一斗，麦后还二斗 猪利或半利，富人买猪或牛，穷人喂，生了小的各半分，卖了大的除去本再各半分 谷利，春借粮一石，秋后还五石，或借谷子还小麦 绥远：放斗债，贫苦农民春冬时期往往要发生断炊之状，只得以借粮度日，这种借贷一般是借 1 斗粮食，到秋后还 1.5 斗或 2 斗，或借粗粮还细粮，更有债主竟以小斗出大斗进的手段剥削穷苦农民
货币借贷	山西：现扣利，借钱时先扣第一个月的利息 子儿利，每元每天一个铜元的利 臭虫利，又叫"日夜忙"，即一天一夜算两天 大加一，又叫"十利"，借一元月利一角，十个月本利平，还有加一五，大加二的，如十个月为期，就是期利 150% 或是 200% 辘轳利：借一元还二元
高利贷与个人财产结合	绥远："死契粘单"，以地契为抵押借钱，月利 20% 或 30%，并须出具绝卖死契，死契上粘一小条注明期限，期限最多 1 年，到期不能偿还，债主只需扯去死契上的小条，土地便为债主所有 山西：1. "限期文书"，即把利钱预先写在本钱内，如借 5 元，写 7 元，限期还债，否则没收土地。2. "借钱押地"，以自给的土地或房屋作抵押而借到钱，到期不能偿付本息时，债主即有权没收土地和房屋。3. 典房地，贫苦农民把自己的房屋或土地以低微的代价典给有钱人家耕种或居住，到期或待有钱时，将房地赎回。4. 倒灌地，事先把利钱扣除。如借 10 元，实给 7 元，到期不本，土地没收。5. 连根拔，也叫"双头马"，文书上连保证人的田产也写上，到期不能偿还债务，债主就可以一得双份。6. 开条子，连本带利写成欠条，时间短，利息大，到期不付，债主可将条子随便交给任何流氓无赖，去债户家索要，如无力偿还，即没收家产
高利贷与变相劳役制的结合	山西：劳役利，借钱后以劳役代利，直至还清为止

资料来源：1. 严中平等编：《中国近代经济史统计资料选辑》，北京：科学出版社 1955 年版，第 350、352 页。

2. 山西省地方志编纂委员会编：《山西通志·金融志》第 30 卷，北京：中华书局 1991 年版，第 26—27 页。

二 借贷来源

借贷是中国传统社会的普遍现象，一般来说借贷者多是贫苦农民，而出借者则较之更为多样，因此借贷来源就成为我们首先要探究的问题。具体情况见表 28。

表 28   **1933 年绥远、山西农民借贷来源统计**

借贷来源			山西	绥远	全国
借款来源百分比（%）	私人借贷	亲友	3.0	8.3	8.3
		地主	1.1	16.7	9.0
		富农	48.1	37.5	45.1
	商家		26.9	12.5	17.3
	钱局		14.5	12.5	8.9
	合作社		0.4	—	1.3
	其他		6.0	12.5	10.1
借粮来源百分比（%）	私人借贷	亲友	7.2	4.6	10.9
		地主	6.2	18.2	13.6
		富农	59.0	40.9	46.6
	商家		8.2	4.5	2.3
	其他		19.4	31.8	17.6

资料来源：根据《农情报告》1934 年第 4 期统计资料整理而得。

注：富农，包括乡间小康之家及富裕农民；商家，包括粮食行店铺等；钱局，包括典当、放账局、银楼等；其他，包括各种会所、积谷仓、县立借贷所、教会等。

据表 28 统计数据来看，山西现金借贷来源有合作社、亲友、地主、富农、商家、钱局等，以富农所占比重最大，达到 48.1%，随后依次为商家、钱局、其他、亲友、地主，分别占 26.9%、14.5%、6%、3%、1.1%，合作社所占比重最少，只占 0.4%；粮食借贷包括亲友、地主、富农、商家、其他 5 种，富农所占比重亦最大，达到 59%；次为其他，占 19.4%；紧接着分别为商家、亲友、地主，分别占 8.2%、7.2%、6.2%。亲友、地主、富农都属于私人借贷，全国来源于私人的现金借贷占 62.4%，粮食借贷占 71.1%，绥远、山西来源于私人部分的现金借贷分别占 62.5%、52.2%，粮食借贷分别占 63.7%、72.4%，均超过所有负债额半数以上。这说明 20 世纪 30 年代山西、绥远两省与全国一样，不论现金借贷，还是粮食借贷，均以私人借贷为主，虽然出现了新式的合作社现金借贷方式，但所占比重很少，全国仅有 1.3%，山西为 0.4%，绥远尚没有，而私人借贷中又以地主、富农，尤其是富农为主要的借贷来源。

又据中央农业实验所调查，山西农民借贷来源以私人借贷为最多，占所有借贷来源总数的 50.4%，其中地主占 14.4%，富农占 13.4%，商人占 22.6%；次为典当行，占 18.9%；紧接着是钱庄和商店，分别占 13.1%、11.4%，最后是银行、合作社，仅分别占 4.9%、1.3%；[①] 在绥远，1934 年农村借贷总额中，来源于地主、富农的占 38.4%，商人、商店的占 41.2%，钱庄、典当借款达 11.7%，而银行、合作社仅占 8.7%。[②] 商人自己出借属于私人借贷，商行借贷则属于机构行为，这里虽没有将其分别统计，但假定 1/3 为商人，私人借贷也达到 52.1%，超过半数。因此可以说这些调查结果验证了上面所得出私人借贷为主的结论，山西私人借贷来源以商人为最多，其次才是地主，富农，但富农是最少的，这似乎与上文推论不同，但考虑到两个研究调查地点、户数及比较对象的不同，结论难免有些出入，其中地主、富农共占 27.8%，是所有借贷来源比重最大的，这进一步证明私人借贷，尤其是地主、富农仍是农民借贷的主要来源。除此以外，山西典当、钱庄在借贷来源中共占 32%，商店占 11.4%，三者共占 43.4%，绥远钱庄、典当借款达 11.7%，商人、商店占 41.2%，假定以商店 1/3 估算，商店、钱庄、典当占借贷来源的 25.4%，是仅次于私人借贷的方式，说明这些传统借贷方式在借贷业中仍旧发挥着重要作用。合作社和银行是新式的借贷方式，在山西、绥远两省借贷来源中分别占 6.2%、8.7%，是所有借贷中所占比重最少的，因此他们还只是传统借贷的补充。

下面我们选取抗战前晋绥边区兴县黑峪口村为个案，了解边区战前借贷来源，列表 29 如下。

　　①　实业部国际贸易局：《中国实业志·山西省·山西经济之鸟瞰》第 2 编，北京：商务印书馆 1937 年版，第 71 页。

　　②　董化南主编：《内蒙古金融志》上，呼和浩特：内蒙古人民出版社 2007 年版，第 466 页。

表29   **兴县黑峪口村各阶级借款来源统计**

	地主	富农	中农	贫农	商人	贫民	合计
贷出者户数	6	2	1	1	5	1	16
占贷出户数比例（%）	37.5	12.5	6.25	6.25	31.25	6.25	100.0
贷出款数（白洋）	3820	1529	200	20	634	10	6213
占贷出款数比例（%）	61.5	24.6	3.2	0.3	10.2	0.2	100.0

资料来源：《黑峪口借贷关系》（1942年8月），太原：山西省档案馆，档案号：A141—1—102—2。

从表29中我们可以看到，兴县黑峪口村借贷来源从借贷户数看，地主最多，占37.5%，其次为商人，占31.25%，富农第三，占12.5%；从借贷数量看，地主最多，超过半数占61.5%，富农次之，占24.6%，商人再次，占10.2%。不论从借贷户数，还是借贷数量，地主所占比重皆为最大，商人出借户数虽居第2，但其出借款数量不及富农，因此也证明地主、富农仍是当地借贷的主要来源，这与山西、绥远及全国大趋势相符。这里需要注意的一点是虽然经济条件较好的地主、富农、商人是借贷来源的主体，但贫农、中农、贫民也不是完全游离于债权人之外，在某些时候也会成为出借户，只是概率较低而已。

这里需要注意的一点是各种不同借贷来源其身份并不是完全独立的，在传统中国社会很多地主不仅出租土地，还兼营商业，代放高利贷，一部分商业资本家亦兼代出租土地，如忻县城关郜、王、张、石、连、程六大商业资本家，同时也都是当地最大的地主和高利贷者，他们不仅利用赊销、预购等方式对广大农民加强剥削，而且通过高利贷谋取巨额利润，其利率较普通高利贷利率更高，以月利为例，普通高利贷有低至1.5分的情况，而商业资本家则都在3分以上，有的更是高达7分、8分、10分[①]。

三 借贷期限

近代中国农村借贷1年以下者占全国所有借贷的77.3%；次为1—3年者，占9.3%；3年以上者，占2.1%；不定期者，占11.3%，[②] 说明乡

---

① 山西地方志编纂委员会编：《山西金融志》上，山西省地方志编撰委员会1984年版，第135—136页。

② 《农情河南报告》1934年第11期。

村借贷期限一般较短。下面我们以山西、绥远两省为例，进一步说明借贷期限的一般规律。

表 30　　　　　　　　　　**1934 年山西、绥远借款期限一览**

借款期限	1 年以下者比例（%）		1 年以上者比例（%）			不定期者比例（%）
	6 月以下	6 月至 1 年	1 年至 2 年	2 年至 3 年	3 年以上	
山西	39.4	51.2	3.1	3.7	—	2.6
	90.6		6.8			
绥远	26.6	60.2	6.6			6.6
	86.8					

资料来源：实业部国际贸易局：《中国实业志·山西省·山西经济之鸟瞰》第 2 编，北京：商务印书馆 1937 年版，第 71 页；董化南主编：《内蒙古金融志》上卷，呼和浩特：内蒙古人民出版社 2007 年版，第 467 页。

从表 30 中可以看到山西、绥远与全国整体水平趋同，借期亦是以 1 年以下者为最多，1 年以上者次之，不定期者最少，其中 1 年以下者，又以 6 个月至 1 年的最多。一般来说借期与社会稳定成正比，社会越安定，借贷期越长，反之则越短，"1934 年以后，由于时局动荡，借贷期限愈加缩短"[1]。

四　借贷利率

借贷利率是利息额占本金的百分比，主要有年利率、月利率、日利率三种，分别以百分之几、千分之几、万分之几表示，如用单位"分"表示，假定利率为×分，则三种利率可分别表示为 ×%、×‰、×‱，即 ×%、0.×%、0.0×%。根据中央农业实验所 1933 年对全国 22 个省的调查，现金年利率全国平均为 3.4 分，最高的省份为甘肃，利率为 5.3 分，次为陕西、山西、安徽、四川、宁夏、贵州，分别为 5.1 分、4.6 分、4.1 分、3.8 分、3.7 分、3.6 分，河南、江苏、云南都为 3.5 分，山东、广西与全国平均利率持平，有半数的省份年利率与全国平均水平持平

---

[1]　内蒙古金融志编纂委员会：《内蒙古金融志》上，呼和浩特：内蒙古人民出版社 2007 年版，第 467 页。

或高于这个水平，绥远为 3.2 分，低于全国平均水平，而最低处为浙江，利率仅为 2.0 分。粮食月利率方面，全国平均水平为 7.1 分（合年利 8.5 分），最高的省份是陕西，为 14.9 分，紧接着为宁夏、广西、安徽，分别为 11.7 分、10.9 分、10.0 分，再次为绥远、江苏、甘肃、贵州、河南、云南，分别为 7.7 分、7.6 分、7.5 分、7.4 分、7.3 分、7.2 分，这 10 个省的借贷利率高于全国平均水平，占 45.5%，山西粮食月利率为 6.0 分，低于全国平均水平，其中最低的省份是河北，只有 3.3 分[1]。我们考察的重点山西、绥远两省，现金年利率分别为 4.6 分、3.2 分，两省平均年利率为 3.9 分；而粮食月利率分别为 6.0 分、7.7 分，合年利 7.2 分、9.2 分，两省月利平均为 6.85 分，合年利 8.2 分，由此可以看出山西、绥远两省现金平均年利率高于全国平均水平，粮食月利率低于全国平均。与此同时，我们从现金与粮食年利率来看，不论全国平均水平，还是山西省、绥远省分省或两省平均情况，粮食借贷率都高于现金借贷率。

为进一步验证上述结论，我们再以 1934 年中央农业实验所《农情报告》所统计的现金、粮食借贷利率进行比较分析。

表 31　　　　　　　　1934 年全国各省农民现金借贷利率统计

省别	各种现金借贷利率（年利）所占比例（%）					
	合计	10%—20%（1—2 分）	20%—30%（2—3 分）	30%—40%（3—4 分）	40%—50%（4—5 分）	50% 以上（5 分以上）
绥远	100	18.7	12.5	6.2	43.9	18.7
山西	100	2.6	17.0	40.6	27.6	12.2
两省平均	100	10.65	14.75	23.4	35.75	15.45
全国平均	100	9.4	36.2	30.3	11.2	12.9

资料来源：《农情报告》1934 年第 11 期。

从表 31 中我们可以看到，山西、绥远两省平均现金年利率以 4—5 分为最多，占 35.75%；其次为 3—4 分的，占 23.4%；再次是 5 分以上者，占 15.45%；紧接着为 2—3 分者，占 14.75%；1—2 分者最少，只占 10.65%。以全国平均水平来看，2—3 分者最多，占 36.2%；其次为 3—

---

[1]　《农情报告》1934 年第 4 期。

4 分者，占 30.3%；1—2 分者占 9.4%，即全国现金租率 4 分以下者占 75.9%，山西、绥远两者平均，4 分以下者只占 48.8%，而全国 4 分以上者占 24.1%，山西、绥远两省平均合占比例高达 51.2%，这说明山西、绥远两省平均租率水平比全国更高。依据上文山西、绥远两省粮食借贷年利率分别为 7.2 分、9.2 分，两省平均为 8.2 分，而表中现金借贷率山西及两省均以 3—4 分为多，绥远以 4—5 分为多，5 分以上者比例都相对较低，由此我们可以得出粮食借贷利率高于现金借贷率，与上文结论一致。

　　晋绥边区地跨山西、绥远两省，其借贷率情况与全国及两省平均情况相比是高还是低？其借贷率发展的自身规律是什么？我们以边区部分县区借贷率情况为对象进行深入探讨。

表 32　　　　　　　抗战前晋绥边区部分县借贷率统计　　　　单位：分

县别	私人借贷				当铺				合会				商店				合作社				公团			
	月利		年利		月利		年利		月利		年利		月利		年利		月利		年利		月利		年利	
	最高	普通	最高	普通	最高	普通	最高	普通	最高	普通	最高	普通	最高	普通	最高	普通	最高	普通	最高	普通	最高	普通	最高	普通
阳曲	3	2	3	2	2	1.5	2	1.5	2	1.5	2	1.5	2	1.5	2	1.5	2	1.5	2	1.5	2	1.5	2	1.5
太原	3	2.5	2.5	2	3	3	3	3	2	1.5	1.5	1	1.5	1	1	0.5	1	0.8	0.8	0.5	1	0.8	0.8	0.5
榆次	3	2	2.5	2		3		3					3	2	2	1.5	1.5	1	1	1				
太谷	3	2.5	2.5	2	5	3			1	1			2.5	2	2	1.5								
祁县	3.5	3				3			1.5				0.7											
徐沟	3	2			4	3							3	3			1	1						
清源	5	3	3	2	4	3							2	1	1.5	1								
交城	4	3	3	1.5	3	2	3	2					3	2	2	1.5								
文水	3	2.5	2.5	2	3	3	2	3					3	2.5	2.5	2	1.5	1	1	1				

续表

县别	私人借贷				当铺				合会				商店				合作社				公团			
	月利		年利		月利		年利		月利		年利		月利		年利		月利		年利		月利		年利	
	最高	普通	最高	普通	最高	普通	最高	普通	最高	普通	最高	普通	最高	普通	最高	普通	最高	普通	最高	普通	最高	普通	最高	普通
岢岚	2.5	2	2	1.5									2	1.8	1.5	1								
岚县	10	3	8	3																				
兴县	3	2	3	1	3																			
汾阳	4	2.5	3.5	2.2	4	3							3	2	2.5	1.5								
平遥	4	2	5	3	3	3							5	2	5	2	1	1	1	1				
临县	5	3																						
离石	5	3	4	2									4	2	3	1.5								
方山	7	4	5	3									5	3										
中阳	3	2	3	2																				
大同	2.5	1.5	2	1.2	3	3	3	3					1.5	0.8	1.2	0.8								
右玉	4	2.5			3	3	3	3																
朔县	3	2.5	2.5	2	3	3	3	3																
左云	4	2.5	3	2	3	3	3	3																
平鲁	3	2.5	3	2.5	3	3																		
宁武	3	1.5	2	0.8	3	2	2	2																
神池	5	3			3	3			4	2.5			3.5	3										

续表

县别	私人借贷				当铺				合会				商店				合作社				公团			
	月利		年利		月利		年利		月利		年利		月利		年利		月利		年利		月利		年利	
	最高	普通	最高	普通	最高	普通	最高	普通	最高	普通	最高	普通	最高	普通	最高	普通	最高	普通	最高	普通	最高	普通	最高	普通
偏关	3	2	3	2	2.5	2.5	3	3																
五寨	3	3	3.6	3.2									2.5	2	3	2.5					2.5	2	3	2.5
忻县	4	2.5	4	3	3								3	1.5	2	1.8	1	1	1	1				
静乐	5	3	4	3	2.5	2	3	2	3	2	3	2	4	3	3	2								
崞县	3	3	2.5	2	3	2	3	2					2	1.5	1.2	1	1.8	1	1	0.8	1.5	1.2	1.2	1
保德	3	2.5			1.5	1.5							2.5	2										
河曲	5	2	2.5	1.5	2.5																			
总计	3.89	2.50	3.25	2.09	3.04	2.64	2.75	2.58	2.25	1.70	2.17	1.50	2.80	1.98	2.21	1.48	1.35	1.04	1.11	0.97	1.75	1.35	1.75	1.38

资料来源：实业部国际贸易局：《中国实业志·山西省·山西经济之鸟瞰》第2编，北京：商务印书馆1937年版，第72—73、77—78页。

注：合会

从表32中我们可以看到晋绥边区战前各地月利率最高项内，私人借贷在2.5—10分，尤以3分为最普遍，有15个县，占所有调查32县的46.9%，次为5分和4分，两者均占18.8%；当铺在1.5—5分，以3分为最多；合会在1—4分，以2分为多；商店借贷在0.7—5分，以3分为最多，其次为2分；合作社在1—2分，尤以1分者为多；公团在1—2.5之间。普通月利率中，私人借贷在1.5—4分，尤以3分为最多，次为2.5分；当铺在1.5—3分，尤以3分为最多，次为2分；合会在1—2.5分，以1.5分最多；商店在0.8—3分，以2分为最多；合作社在0.8—1.5分，以1分为最多；公团在0.8—2分。由此可以看出边区月利率中，私人、当铺借贷一般多为3分，商店一般以2—3分为最多，合作社多为

1 分，公团一般在 1.5 分左右，由此我们推断借贷月利率一般在 1—3 分。再从普通借贷平均月利率来看，私人为 2.5 分；当铺为 2.64 分；合会为 1.70 分；商店为 1.98 分；合作社为 1.04 分；公团为 1.35 分，也与上述推论中月利率一般范围基本吻合。

各地年利率中，最高年利率方面，私人在 2.5—8 分，以 3 分为最多，次为 2.5 分；当铺在 2—3 分，以 3 分为多，其次为 2 分；合会在 1.5—3 分；商店在 1—5 分，以 2 分为最多；合作社在 0.8—2 分，以 1 分为最多；公团在 0.8—3 分。普通年利率方面，私人借贷在 1—3 分，以 2 分为最多，次为 3 分；当铺在 1.5—3 分，以 3 分为最多，次为 2 分；合会在 1—2 分；商店在 0.5—2.5 分，以 1.5 分为最多；合作社在 0.8—1.5 分，以 1 分为最多；公团在 0.5—2.5 分。由此可知年利率私人借贷一般以 2—3 分为最多；当铺多为 3 分；商店多为 1.5—2 分；合会、公团多在 2 分左右；合作社以 1 分为多，考虑到合会、合作社、公团比例很少，暂忽略不计，我们推测边区年利率一般在 2—3 分，这比上文提到山西、绥远两省现金借贷平均年利率一般在 4—5 分为低，但这不能说明当地受剥削程度低，在很大程度上是因为晋绥边区主体位于山西最贫穷的晋西北地区，抗战前"一般说还保持着封建地主经济的原貌"[1]，再加上地瘠民贫，农民生活极端困难，因此利率水平也较低。

第三节　晋绥边区政权成立前后的减息政策

晋绥边区政府正式成立前，减息运动在进步组织牺盟会和战动总会领导下，已经在局部地区开始实施。1937 年 9 月 25 日，牺盟会第一次全省代表会议中，明确提出在边区实行减息政策，一般是"最高利息不得超过年利一分五厘"[2]。晋绥军、中央军南撤后，中共依托进步组织牺盟会和战动总会的力量，在广大敌后游击区实行普遍减息政策，规定：以前的旧债全部按一分五减息，不论借款时是银洋，还是法币，现在还款均按市价折算

---

① 李向前：《抗日战争与中国西北农村社会的变动——兼谈张闻天的"新式资本主义"观点》，江沛、王先明主编：《近代华北区域社会史研究》，北京：当代中国出版社 1998 年版，第 42 页。

② 牺盟会和决死队编写组：《牺盟会和决死队》，北京：人民日报出版社 1986 年版，第 61、62 页。

成省钞归还。但对于抗属借债，确实无力交还者，"由农会协同各机关调查属实时，应请政府给以展期还债，或予抗战期间停止还债之法令保障"①。

减息政策是在民族危机空前严峻背景下提出的，但在执行中却参差不齐，出现三种不同立场，第一种，开明地主认为适当的减息是可以接受的；第二种，顽固地主完全反对减息政策；第三种，持折中态度者，他们不反对实行减息政策，但也不愿在执行合理负担时多出，因此很多地主私下与农民约定继续借债，但同时嘱咐农民"不要往外嚷，我是放账给你的，利钱我也不要，你只要能好好地替我保存本钱就好了"②，持这种态度的地主占多数。地主之所以这么嚣张，除了自身处于社会阶级上层的优越性和对经济利益的诉求外，还有一个重要原因是当地政府官员的支持。虽然阎锡山省政府允许在各县实行合理负担和减租减息政策，但这是建立在国共统一战线基础之上，其代表大地主大资产阶级的本质不会改变，因此某些坚定支持大地主大资产阶级的同志，对共产党有仇视心理的政府官员，对减租减息政策颇不配合，如五寨县长在干部训练班上，训斥学员说："你们尽管闹减租减息，闹的富户连地也种不上了。"实施减息政策的本意是减轻农民的负担，但数千年来存在于乡村中的借贷制度已然成为一种行为规程，借贷还息天经地义，抗战以来受减息政策的冲击，富户多不愿出贷，甚至想方设法要求收回贷款，对借贷者说："利钱不要了，送你花吧！只是本呢！赶快给我拿来吧！"地主不放债直接造成农民的借贷无门，而对于生活在土地贫瘠、靠天吃饭恶劣环境下的晋西北普通农民，则认为借债进行生产、生活是一种常态，减息政策不仅会使自己借贷无门，而且"这太对不起自己的良心了！"③ 在这种情况下，晋绥根据地政权尚未建立前，边区减息政策实施效果甚微。

边区政府正式成立后，为规范边区借贷关系，一方面大力推行减息运动与清理旧债，另一方面加紧回赎典押产。

一　减息与清理旧债

1940 年减息条例中规定：现扣利等高利贷一律禁止。对于普通借贷

---

① 第二战区战地总动员委员会编：《战地总动员——民族革命战争战地总动员委员会斗争史实》上，太原：山西人民出版社 1986 年版，第 158 页。

② 同上书，第 148 页。

③ 同上书，第 153 页。

利率进一步细化，粮食借贷率"借种引息按月计算，不得超过原借额百分之一，惟伴种地依原有条件"；现金借贷率"年利率不得超过百分之一（一分利息），超过百分之十者应减为百分之十；不及百分之十者依其约定"，对于从前积欠之旧债，一般按现行"年利一分"偿还，凡已交付之利息超过本金者停息交本，凡已付利息已经超过本金两倍者本利皆停付。旧债清偿方面，本条例以前之欠息按本条例规定办理，确实无力归还者可缓交①。

1941 年修正减息条例中进一步强调"现扣利、利滚利等高利贷及赌博债，一律禁止"。普通粮食利率与货币利率"不论年利月利均不得超过百分之十五（分半利息），超过百分之十五者，应减为百分之十五，不及百分之十五者依其约定"。与此同时，还规定对不同时期借贷积欠旧债旧息进行清理，凡抗战前所欠旧租，按年利分半归还，如已付利息超过原本金者停息还本，如已付利息超过本金二倍者本息均停，惟因灾荒导致歉收时，承租者才可少交或不交本金与利息。而抗战后所欠旧债，按本条例依分半利息重订借约，在 5 年内分期清偿②。

1942 年之前，中共领导下各抗日根据地借贷利息基本限制在 1 分或 1.5 分，这虽然减轻了高利贷对穷苦群众的剥削，但又导致民间借贷陷入有钱人不愿出借，没钱人借贷无门的窘境中。为此，中共中央在 1942 年初制定的《关于抗日根据地土地政策的决定》中尖锐地指出："抗战以后，是借不到钱的问题，不是限制息额的问题，各根据地都未认清这个道理，强制规定今天息额不得超过 1 分或 1 分半，这是害己政策。……（所以）抗战后的息额，应以当地社会经济关系，听任民间自行处理，政府不应规定过低利息额，致使借贷停滞。"③ 1942 年 11 月，晋绥边区政府根据中共中央指示，在当年减息交息条例中对一般借贷利息率重新定位：对于边区政府成立后之新立借贷，政府不再规定具体利率标准，由借贷双方按照当地社会习惯自行约定；对于以前缔结之旧贷，1931 年之前积欠债

---

① 《山西省第二游击区减租减息单行条例》（1940 年 10 月公布），《抗战日报》1940 年 10 月 23 日，第 2 版。

② 刘欣主编：《晋绥边区财政经济史资料选编·农业编》，太原：山西人民出版社 1986 年版，第 10 页。

③ 中央档案馆编：《中共中央文件选集》1942—1944 年，北京：中共中央党校出版社 1980 年版，第 22 页。

务一律本利皆停，1932 年以后之欠债根据已付利息与本金差值有不同还贷标准，具体来说："已付利息不满原本一倍者，原本照还，欠息以年利分半计算，折半价还。已付利息在原本一倍以上不满一倍半者，免息还本。已付利息在原本一倍以上不满二倍者，停息还本一半。已付利息在原本二倍半以上者，本利均停。"所有旧债清偿皆需在 1 年内折合为本币按上述标准归还，如有特别贫困者可暂时偿还部分借贷，余部 5 年内按 0.5 分的标准行息①。对于大加一、印子钱等高利贷借贷仍坚持严禁政策。

二　回赎不动产方面

高利贷对农民剥削，不仅体现在借贷率方面，还体现在额外附加方面，即高利贷缔结往往要求借贷人以一定财产作抵押，而土地、房屋等不动产又是抵押频率最高的财产，许多贫苦农民为此失去土地，生活陷入更加困难的境地。边区政府成立后，针对这一问题颁布《晋绥边区回赎不动产暂行办法》②（1941 年 11 月 1 日公布），《晋绥边区回赎不动产暂行办法》③（1941 年 11 月 1 日公布），《晋西北行政公署补充回赎不动产办法》（1942 年 4 月 4 日），《晋西北行政公署关于回赎典地办法的指示信》（1943 年 10 月 30 日），具体规定典产、押产的回赎办法。典产系指承典人以典价使用出典人之产物，押产系指借债时作为抵押的产物，两者都属于高利贷的借贷形式，是物权转移的重要办法。

1. 回赎条件

回赎典产。凡在典约上未注明承佃期限，也未缔结税契与按减息条例进行换约的典产，典期未过 30 年者均可回赎；如不明典期者，据估计在 30 年左右不满 60 年者，限定于法令颁布 2 年内回赎；凡典押期超过 60 年者，则不需赎金即可原数退还。在典约上有期限约定者，在典约期内则一律不准回赎不动产。典约期满经双方同意转化为买卖关系，且已履行税契或换约手续的不动产亦不能回赎。对于出典人已收回之典产如要出租，原承典人有优先承租权。

回赎押产。当押产使用权仍归债务人时，押产以借贷论，只有缴息问

---

① 刘欣主编：《晋绥边区财政经济史资料选编·农业编》，太原：山西人民出版社 1986 年版，第 29 页。

② 同上书，第 14—16 页。

③ 同上。

题而不涉及回赎问题，按减租减息条例办理即可，其中抗战前之旧债按年利分半、一本一利清偿，但需事先考订已付利息与原本金之比，利息未超过原本2倍者停息还本即可，超过2倍者本利均停，唯因天灾歉收者可酌减或停付。抗战后之旧债依减租减息条例换约后，5年内分期清偿。当债权人已掌握押产使用权时，押产回赎要按回赎典产方式办理，如债权人使用押产之收入超过本金1倍时，回赎时停息还本即可，如超过2倍时，停息折半还本即可。

典押产回赎一律以农币折算，因此须将各种不同货币先按市价折算为边区本位币，再参照双方财产、所典押物品需用程度等条件，按2—6折确定赎价。

此外，为保证典押产回赎的规范性和公平性，在回赎时还应根据具体条件确定"补偿价"，对以前错赎之典押产进行重新整理，其中未付赎款者一律按现行回赎法令重新计算；对已付赎款者，其赎价与现行回赎法令相差半数以下者不予追究，半数以上者须依现行回赎法令补足。凡在典押期间承典人和债务人私自转卖、转典、转押，出典人与债务人均有权即刻收回典押产，由此给第三方造成的损失由承典人、债权人按3—7成赔偿。凡在租期内"承典人或债权人在改良土地上，所消耗之费用，承典人和债务人如回赎时，须酌予补偿"[1]。

2. 回赎手续

为保证回赎典押产的合法性，规定如双方都同意者只须在村公所备案即可，如有一方不同意则由县政府依《回赎不动产法》强制办理。

以上典押不动产回赎办法皆针对边区政府成立以前之旧贷，对政府成立后之典押产回赎没有明文规定，为此1942年11月公布的《晋绥边区减息交息条例》明确规定，此条例颁布后新缔结之借贷，到期不能还本付利时，债权人对抵押品有随意处置权，如抵押品系多项贷款之抵押，根据次序确定[2]。

---

① 刘欣主编：《晋绥边区财政经济史资料选编·农业编》，太原：山西人民出版社1986年版，第11、15—16页。

② 同上书，第29—30页。

第四节　政府主导下的农业借贷运动
——以西北农民银行为中心

毛泽东曾指出："要使农业发展，帮助这个极大数量的农民解决他们的困难，是一个极其重要的政策，这里的一个办法就是增加农贷。"[1] 因此，边区建立后，为了尽快促进农业发展，解决军民生产生活需要，发放了大量贷款贷物以促进根据地农业生产的发展。晋绥边区建立后，为支持边区经济的发展，创办了自己的银行——西北农民银行，银行是近代化的产物，它的出现及工作的开展，为边区原始的借贷关系注入了新鲜的血液。

一　农贷政策

边区政权正式建立前，在牺盟会和战动总会开展工作较好的地区，已经开始进行贷款工作。其主要有三种形式：第一种是县政府通过春耕委员会进行的政府贷款，如文水县政府就是以这种方式无利贷给贫民 9000 余元。为了调动农民生产热情，兴县县政府亦规定，只要以当地春耕委员会的信用作担保，"凡正当春耕种地的农民，每户都可向行政机关借洋 3 元至 5 元"以解决春耕困难。第二种是以战动总会名义成立的兴县农民银行所发行的贷款，所发贷款为农民银行发行的纸钞，利息为四厘。第三种是由农会召集富户进行无利贷款[2]。但这些贷款都是零星农贷，尚未形成规模借贷体系。

1940 年晋西北抗日民主政权建立后，正式确立实行农贷政策，提出"农业政策的首要目的是发展农业生产，低利农民贷款"[3]，以扶植根据地农业生产的发展。同时政府也认识到实行农贷政策也是巩固农币、发展生产的一项重要措施，所以"必须使西北农钞与群众利益联系起来，与生产事业联系起来才会使它信用提高与巩固，这就要把农钞投到群众生产事业方面去，对群众进行低利甚至无利的借贷"。晋绥根据地的农贷政策以

---

① 毛泽东：《经济问题与财政问题》，苏北新华书店 1949 年版，第 773 页。
② 梁正主编：《战动总会简史》，北京：文津出版社 1993 年版，第 353—357 页。
③ 杨世源主编：《西北农民银行史料》，太原：山西人民出版社 1986 年版，第 8 页。

西北农民银行为中心，1941 年行署第三次行政会议则进一步明确地提出银行的任务之一就是"办理存款放款业务"[①]，把对包括农业在内的各项贷款作为银行的重要业务来执行。

政府办理的贷款主要分为两种：一是由政府颁布，银行负责办理的。二是银行依据相关政策直接制定的。银行是资金融通的重要机构，是根据地农贷政策的执行机构，分析银行农贷政策的发展变化就必须把握好根据地的农贷政策演变。从某种意义上说，银行的农贷政策是政府意志的延伸，研究银行的农贷绝不能割裂其与根据地农贷政策的关系。因此本文所述农贷政策不仅仅局限在银行本身颁布的，还包括政府颁布的。从根据地建立到抗战胜利，边区政府和银行共颁布了有关农贷的 12 项政策规定。其具体指示、法令统计如表 33。

表 33　　　　　　　　　抗战时期晋绥边区农贷法令统计

年份 ＼ 机构	晋绥边区政府颁布	银行颁布
1941 年	1.《山西省第二游击区清理民国二十九年春耕贷款贷粮办法》（1941） 2.《山西省第二游击区贷款暂行办法》（1941.2.28） 3.《山西第二游击区行署关于修改贷款暂行办法的代电》（1941）	
1942 年	1.《晋西北民国三十一年春耕贷粮贷款办法》（1942.1.1） 2.《晋西北行署关于收回贷款事宜的指示信》（1942.11.8）	

① 刘欣主编：《晋绥边区财政经济史资料选编·总论编》，太原：山西人民出版社 1986 年版，第 297 页。

续表

年份 \ 机构	晋绥边区政府颁布	银行颁布
1943 年	1.《晋绥边区行署关于民国三十三年度农贷的指示》（1943. 11. 20） 2.《晋西北行署关于今年农贷一律免利的命令》（1943. 10. 3）	1.《西北农民银行农业贷款暂行章程》（1943. 1. 1） 2.《西北农民银行关于发放春耕贷款的指示信》（1943. 1. 19） 3.《西北农民银行关于农贷的补充指示》（1943. 2. 18）
1944 年	《晋绥边区行署关于民国三十三年青苗贷款的指示》（1944. 6. 5）	
1945 年	《晋绥边区行署关于发放一九四五年农业贷款棉兰贷款和纺织贷款的指示》（1945. 2. 8）	

注：表中农贷法令依颁布时间划入不同制度。

　　这些农贷政策对农贷的发放对象、发放时间、资金的来源、利率标准及其具体用途都作出了具体的规定，使农贷在具体的实施过程中能够做到有章可循，从而有效地促进了生产的发展。

　　第一，关于农贷对象。贫农一直是农贷重要组成部分，这在抗战时期有关农贷的方法、指示中多次提到。如 1941 年农贷办法中规定"凡无力进行春耕之贫苦农民，均得按照本办法之规定，向政府请求贷款贷粮"[①]。1943 年银行贷款章程中也规定以"缺乏资金的贫苦农户"[②] 为贷款对象之一。随着贷款工作的不断深入进行，在 1944 年又增加了对中农进行贷款的规定"春贷对象则是由劳动力的贫苦农民（基本的）与生产积极尚需贷款的一部分中农"[③]，扩大了农贷发放的范围，增加了农贷的社会基础。但需要注意的是贫雇农为主的方针始终没有改变，这是因为：（一）贫雇农的人口比重最大，根据兴县二区 8 个自然村，兴县前彰和塌，宁武

---

　　① 杨世源主编：《西北农民银行史料》，太原：山西人民出版社 1986 年版，第 205 页。

　　② 刘欣主编：《晋绥边区财政经济史资料选编·金融贸易编》，太原：山西人民出版社 1986 年版，第 208 页。

　　③ 《晋绥行署关于发放 1944 年度农贷的指示》，太原：山西省档案馆，档案号：A90—5—1—19。

吉家坪，河曲大凇 6 个自然村，保德下流碛自然村，共四县 17 个自然村的调查，抗战以后各阶级人口所占比例为"地主占总人口的 4.8%，富农占 8.8%，中农占 37.2%，贫农占 40%，雇农占 5.1%"[①]，在总人口中贫雇农人口就占了 45.1%，占了总人口的将近一半，而他们的经济水平又是最为低下的，因此就必须用贷款贷粮来帮助他们解决生产中的困难，调动他们的劳动积极性。中农相对于贫农的经济力量还是比较强的，基本能满足自己的生产资料，这正如毛泽东所说："中农一般地不剥削别人，在经济上能自给自足"，而且指出"一部分中农土地不足，只有一部分中农（富裕中农）土地略有多余"[②]，因此针对他们的贷款也是局部性的。（二）贫农是进行艰苦的对日战争中最坚定的依靠力量。毛泽东称他们是："中国革命的最广大的动力，是无产阶级的天然的和最可靠的同盟者，是中国革命队伍的主力军。"[③] 另外，充分地考虑照顾了抗属和退伍军人的贷款需求，中共六届六中全会上毛泽东代表中共中央政治局所作的报告就涉及这方面的内容，他指出改良生活之一就是要："优待抗日军人家属与残废的抗日军人。"[④] 广大的抗日军人及家属为抗战做出的贡献是不可估量的，由于家中主要劳动力（主要是青壮男）都参军，多剩老弱，生活生产的困难相对更大一些，有效地解决好他们的困难，不仅有利于解决军人的后顾之忧，使其安心在前线抗战，而且可以改善他们的生活，使其以更大的热情支持抗战。总的方针是坚持贫雇农优先贷款，同时逐渐把中农、广大抗属和退伍军人列入贷款的范围之中。

第二，关于农贷发放时间。农业生产具有时间性强的特点，因此为了使农贷真正发挥作用，"不违农时，适时发放"就成为一项重要的农贷要求。1941 年就出现农贷发放太迟的问题，为此《抗战日报》有文章对这个问题进行了批评，"去年曾经有一些地方，春耕已过粮款还存在村公所里，这是不对的，1942 年各地应检查督促，对麻木拖延的干部要批评，要给必要的处分"[⑤]，并强调 1942 年春耕时期一到，就应该把贷款贷粮马

①　刘欣主编：《晋绥边区财政经济史资料选编·农业编》，太原：山西人民出版社 1986 年版，第 86 页。

②　《中国革命和中国共产党》，《毛泽东选集》第 2 卷，北京：人民出版社 1991 年版，第 643 页。

③　同上。

④　顾龙生编著：《毛泽东经济年谱》，北京：中共中央党校出版社 1993 年版，第 127 页。

⑤　杨世源主编：《西北农民银行史料》，太原：山西人民出版社 1986 年版，第 209 页。

上发到群众手里，以防迟了就起不了促进生产发展的作用。1943 年晋西北发放了两次青苗贷款，由于 5 月初发放的第一次青贷不足以解决农民锄草需款的困难，政府于 6 月初又发放了第二次 400 万元的青贷。行署政务会议在发放青贷时明确指出，"此项贷款的时间限制更大，按各地生产情形应在小满至芒种时期，放到借户手中"①。因此虽然这一年的第二次贷款发放的时间比较迟，但也做到了及时的发放，穆欣曾发表文章感叹："这也许是人们想象不到的：在被敌寇分割成几块的辽阔的晋西北，四百万元的巨款，能够在十天以内就发放到每个需款农户的手里。"② 以后对农业的各种贷款也一直坚持了这一原则，如晋绥行署政务会议 1945 年决定发放农贷时，就立即指示各级政府抓紧时间，迅速发放，"至惊蛰前即要贷到各地群众手中"③。贷款的及时发放为农贷作用的发挥提供了有效的前题保障，真正发挥了其应有的作用。

第三，关于农贷资金。实行政府投资与民间游资相结合的原则，由于根据地地处在中国经济较为贫困的农村环境中，再加上接连不断的战争破坏，政府的收入有限，经常入不敷出，行署成立前三年财政统计如表 34。

表34　　　　　　　　边区政府 1940—1942 年财政预算收支

年份	收入	支出	不敷数
1940 年	2200000 元	11232322 元	9032322 元
1941 年	9000000 元	42051367 元	33051367 元
1942 年	60340654 元	89320529 元	28979875 元

资料来源：根据刘欣主编《晋绥边区财政经济史资料选编·财政编》，太原：山西人民出版社 1986 年版，第 16、17、18、19、21、36 页的相关内容统计。

说明：1. 以上全为预算结果统计。2. 都以西农币为计算单位。3.1940 年的收入不包括献金，仅包括田赋、税收，统制贸易收入。

从表 34 我们可以看出晋级边区财政收支在政权正式建立的最初几年

① 本报讯：《行署政务会议决定放青贷二百六十万，贷给生产积极的贫苦农民》，《抗战日报》1943 年 5 月 13 日，第 1 版，第 344 号。
② 穆欣：《三百万人民高涨着劳动热潮——晋西北生产运动续报》，《新华日报》1943 年 8 月 11 日，第 2 版。
③ 新华社晋西北廿二日电：《鼓励农业和纺织业，晋绥行署大量放款》，《解放日报》1945 年 2 月 23 日，第 1 版。

中一直处于入不敷出的状况，1940 年政权刚建立不敷数就已达到 900 多万元，虽然收入支出都呈逐年上涨的趋势，但收入增加数一直赶不上支出的增加，所以增加的收入不仅没有弥补上一年的不敷数，而且又有了新的亏损。如果再把因农币膨胀而增加的数目也计算在内，政府财政收支的不敷数将更大。在这样困难的财政状况下，政府虽然仍然拿出一部分用于农业发展，但其农贷的数目远远满足不了农民对贷款的需求，因此在农贷实施过程中，实行吸收游资的方法是符合当时历史现实的。

为了吸收民间游资共同发展农业生产，在规定农贷办法中就考虑了这个问题，边区 1941 年正式颁布农贷办法时就规定"政府贷粮贷款数不得超过用途半数以上（例：购买耕牛一头，需洋二百元，贷款不得超过一百元）"[1]。以后又在多项农贷指示中重申这一原则，1944 年农贷指示中指出，"必须注意吸收民间游资，使之从事生产，贫苦农民一家买不起耕牛，可以三四家合伙借款买"[2]，这既吸收了农民手中的剩余资金，又节省了农贷，从而为吸收游资解决实际困难提供了良好的借鉴方式。此外还可以采用亲戚说服教育来发动私人之间的借贷，通过互助变工组来开展变工组内及变工互助组之间的互借活动。在实践中也注重对每一个从事春耕动员工作同志提出警示：贷款贷粮离解决困难还很远，切忌向群众吹牛，以防群众因贷不到款粮而产生悲观情绪。并指出"解决春耕困难的主要办法还是要发动群众自己间的广泛互助互济"[3]，在这样的方针指导下，农贷工作取得了很好的效果，如 1943 年临县三区耕牛因被敌抢走，群众十分焦急，"政府就拨发贷款 32500 元，加上群众自己互借筹集的 18000元，买到耕牛 120 头，解决了农民在春耕中的一大部分困难"[4]。兴县二区也注意吸收游资，在 1943 年的耕牛贷款中，进行了这方面的动员工作，"共吸收民间游资 17715 元，连同政府贷的耕牛款项，买到耕牛 47 条"[5]，有效地解决了群众的耕牛困难问题。

第四，关于农贷利率。抗战时期晋绥边区的农贷实行的是低利或无利的政策，大体上可分为三个阶段：第一阶段（1940 年），政府贷粮贷款均

① 杨世源主编：《西北农民银行史料》，太原：山西人民出版社 1986 年版，第 205 页。
② 同上书，第 221 页。
③ 步勇：《怎样使用春耕贷粮贷款》，《抗战日报》1942 年 4 月 9 日，第 3 版。
④ 刘欣、景占魁：《晋绥边区财政经济史》，太原：山西经济出版社 1993 年版，第 197 页。
⑤ 杨世源主编：《西北农民银行史料》，太原：山西人民出版社 1986 年版，第 291 页。

没有利息，只需还本，在《山西省第二游击区清理民国二十九年春耕贷款贷粮办法》中规定："由政府贷给人民而未经归还者，均按照原借货币种类如数折成农钞归还政府。"[①] 第二阶段（1941—1942 年），为低利无利相混合时期。在 1941 年《春耕贷款贷粮办法》中规定贷款贷粮"纯系无利之信用贷款"，对于其他私人兴办的农业生产事业和合作社则有一定的利息，并规定"至多不得超过年利一分"[②]，如果经过本署或专署根据具体情况核定后，也可以不加利息。1942 年则对贷款贷粮实行不同的利率政策："贷粮纯系无利之信用贷款，……春耕贷款为低利信贷借款"[③]，农贷利率总的说来是公营的贷款低于私营的，具体标准为"农业贷款公用者月息六厘，私用者月息七厘"[④]。第三阶段（1943—1945 年 8 月），无利率阶段。本来 1943 年农贷利率是有利息的，其利率标准在西北农行公布的 1943 年《农业贷款暂行章程》中有具体规定，"本贷款月息一分半，凡农业生产合作社、灾民、难民、敌占区移民、抗属、精简后从事农业之人员、棉农、蓝农等之借款，其利息一律八折，以示优待"[⑤]。由于政府贷款的主要目的是促进农业生产发展，不在于获利多少，再加上经考察绝大多数农贷都用到了生产上，所以行署又发布《晋西北行署关于今年农贷一律免利的命令》，免除 1943 年春耕及两次青苗贷款的农贷利息。1944 年颁布农贷指示时则直接说明农贷的无利性质，"为了帮助人民生产，增加人民财富，并保证顺利完成三十三年度的生产计划，本署决定发放无利贷款五千万元"[⑥]。随着军事上的不断胜利，1945 年有关农贷的法令政策中直接取消了有关利率的规定。总之，抗战期间，以西北农行为中心，晋绥边区政府发放的农贷，除了 1942 年收取一定的利息外，其他几年都是无利放贷的，有效地支持了根据地农业生产的发展，也适应了当时抗战的大环境。

---

① 刘欣主编：《晋绥边区财政经济史资料选编·金融贸易编》，太原：山西人民出版社 1986 年版，第 198 页。

② 杨世源主编：《西北农民银行史料》，太原：山西人民出版社 1986 年版，第 207 页。

③ 刘欣主编：《晋绥边区财政经济史资料选编·金融贸易编》，太原：山西人民出版社 1986 年版，第 205 页。

④ 本报晋西北讯：《在日寇疯狂"扫荡"中——晋西北的战斗雄姿》，《解放日报》1942 年 2 月 28 日，第 3 版。

⑤ 刘欣主编：《晋绥边区财政经济史资料选编·金融贸易编》，太原：山西人民出版社 1986 年版，第 209 页。

⑥ 杨世源主编：《西北农民银行史料》，太原：山西人民出版社 1986 年版，第 218 页。

第五，关于农贷用途。农贷发放的主要目的是解决农民生产过程中急需用款用粮的问题，直接关系到生产发展的前途，为此政府在这个问题上强调了两点：（1）农贷一定要用于生产。在政府银行的农贷方法指示中多有这方面的规定，并在实践中采取相应的措施来保证贷款用于农业生产。1943年西北农行在发放春耕贷款时进行了广泛的调查，对群众的做法是：农贷要配合政府和群众团体做好宣传解释工作，按当地实际情形拟出标语口号，使农民了解农贷的主要意义是要真正用于农业生产，不是政府银行的救济。因此要防止款子流入其他用途，如吸大烟、交田赋及其他无谓浪费者之手，并防止村公所用这项款子进行自力更生，农民拿不到款子的现象。对于发放贷款的干部首先要在思想上放下救济思想，因为过去许多干部由于不了解农贷用途，把政府连年发放的大量贷款，作为救济性的粮款发放，连手续也没有办理，这一方面给政府的收款工作造成损失，另一方面更重要的是耽误了农业生产，使有些贫困农民产生了依靠政府的救济性思想。其次，打消干部担心贫雇农还不起而不予贷给和不加区分乱加发放的问题。"去年（1941年）有些干部怕穷人还不起，把粮款都贷给富户，结果许多富户又把粮款转借给贫农取利"①，给农民增加了新困难。有些不务正业的二流子和吸大烟者也贷给了款子，结果他们用于个人吃喝和吸大烟，造成农贷的浪费，如1943年总行在兴县黑峪口等村举行的实验性农贷中，贷给吸大烟者一部分款子，"只有33.32%的款子用于了农业生产，其他是捣生意占11.12%，吸大烟占38.88%，医药费11.12%，其他占5.50%"②，他们所得的款项中吸大烟的比例比用于生产的还要多，农业用款只占到了其中的1/3，相对于中贫农用于农业生产分别为84%和78.93%的比例实在是太少了。1945年，在晋绥二分区组织二流子开荒，政府为此专门"贷给粮食3.56石（除一石三斗作种子），每人每天吃六斤多面，其绝大部吃了大烟和浪费了"③。因此，农贷干部对这些人的贷款要做到慎之又慎，尽量把款子借给真正从事农业生产者的手里，让贷款付粮在农业生产中真正发挥积极作用。（2）贷款要做到专款专用。为了做到这一点，在进行农贷发放时就把农贷进行了分类，如耕牛贷款、青

---

① 步勇：《怎样使用春耕贷粮贷款》，《抗战日报》1942年4月9日，第3版。
② 杨世源主编：《西北农民银行史料》，太原：山西人民出版社1986年版，第240页。
③ 《二地委关于开荒生产的材料》1945年，太原：山西省档案馆，档案号：A27—1—14—2。

苗贷款、种棉贷款等。1943 年银行对农贷的补充指示中初步表达了这一方针，"耕牛贷款的对象，一般来说应是生产积极，种地较多，可能扩大生产而又急需耕牛的农户"[①]。1944 年的农贷指示中就更进一步明确专款专用的政策"种棉的贷款必须完全用于种棉，不是种棉户不借给种棉贷款，春耕贷款应完全用于春耕（买牛、驴、农具、种籽等），不得用于其他方面（如婚丧，做买卖等等），以免款项浪费，影响生产"[②]。为了保证专款专用的实施，又提出各款分别发放的办法，规定"要按贷款性质投入各种不同的生产部门，不要混合贷出，以免失掉了原来发放的各该项贷款的作用"[③]，这样就使得各项贷款做到集中使用，以利于发挥更大的作用，如兴县二区群众积极利用耕牛贷款购买耕牛，已有很大成绩，"黑峪口行政村群众向外面买牛七条，李家湾行政村增加耕牛十一条，碾子行政村买牛十三条"[④]，农民缺牛的情况得到相对缓解。

二　农贷的实施

农贷是在战争环境下广大农村进行的，因此贷款就需结合农民实际去发放，就必须建立相应的农贷发放程序、农贷收放方法来保证农贷的实施。由于中共在军事、政治上的经验比较丰富，而在经济建设上的经验相对较少，农贷工作作为一项重要的经济措施也不例外，因此农贷实施也经历了一个由无序到有序，由不完善到完善的发展过程。

（一）农贷发放系统

由于施放农贷的对象不同，发放农贷的种类也不尽相同，主要分为两种：农户个体贷款（包括普通农户的发放和干部的发放）；合作社的集体贷款。在发放农贷的程序上一般的分为申请、审核、发放三个环节。

1. 个体贷款

（1）普通农户的农贷发放

A 贷户申请

行署刚刚建立的前两年，这项工作一直处于相对无序的状态，如

---

① 杨世源主编：《西北农民银行史料》，太原：山西人民出版社 1986 年版，第 214 页。

② 《晋绥行署关于发放四四年农贷的决定》，太原：山西省档案馆，档案号：A90—05—01—018。

③ 杨世源主编：《西北农民银行史料》，太原：山西人民出版社 1986 年版，第 221 页。

④ 同上书，第 250 页。

1941 年的农贷政策中只规定"凡无力进行春耕之农民及抗属均可贷款"①，完全是农户根据自己的情况去任意申报，没有相应的组织机构来对贷户的资格进行监督，难免有许多虚报、乱报的现象发生。为了力求公平，从 1942 年开始对农户的申报需要首先进行"调查"，确定贷户及数额后再进行民主的讨论，规定"各村经过确定调查研究，在确定贷户的贷款额后，再通过'村民民主讨论'的形式进行最后的讨论"②。这样不仅遏制了农户在申报时的舞弊现象，而且给予村民充分的民主讨论权利，保证了农贷申报的合理化、制度化。1943 年西北农行在《关于发放春耕贷款的指示信》中又规定了进行"调查"的具体方法，"主要依靠区村政权及区村群众团体，大抵开几个区村干部调查会即可解决问题。"③ 到 1945 年，对贷户的"调查"更加严格，不是简单的召集几个村干部开会就能决定，而是形成政民相结合的"调查"方式，"在发放时必须由各级政府切实负责协同群众团体在村扩大会议上发动讨论，由反省与检查过去贷款贷粮着手，有组织地进行周密的调查研究，哪些人应该贷？应贷多少？然后再经群众大会讨论决定"④。

　　在申报这一环节上还有一个重要问题，就是农贷的担保。由开始时没有什么手续，随便贷出，到逐渐增加农户的借贷手续，不仅要填写申请书，还要求找保人。农贷是一项长期持续的工作，为了克服款子发出去收不回的现象，形成农贷发放的良性循环，行署从 1942 年开始正式要求贷户申请农贷时寻找保人，"凡使用贷款贷粮之人民，……并由公民小组长、村长、代表主任或各救会担保"⑤。由于没有经验，对保人的要求还不够完善，没有考虑到担保人的财力问题，所列担保人中除了各救会为集体性的组织外，其他都是以干部个人为担保，虽然可以起到督促还款的作用，但对于是否能够归还并无保障。由于没有相应的惩罚措施，也易使贷户产生"只愿贷，不愿还"的错误想法，甚至发生有款也不还的恶劣行为。为了解决这一弊端，1943 年西北农民银行明确规定"农贷小组及个体农户借款时须觅一村

①　杨世源主编：《西北农民银行史料》，太原：山西人民出版社 1986 年版，第 205 页。

②　同上书，第 112 页。

③　同上书，第 212 页。

④　刘欣主编：《晋绥边区财政经济史资料选编·金融贸易编》，太原：山西人民出版社 1986 年版，第 232 页。

⑤　同上书，第 205 页。

抗联与本行认可之该村忠实可靠且有偿还能力的农户作保"，并且"保人必须履行申请书上所列各项义务"，其具体的责任义务为"一、借款人，无力偿还时。保人负完全责任。二、监督借款项之使用，如其使用不当，应负责向银行呈报。三、保证人不得向所保借户索取任何报酬"①。

在保人资格上增加了经济条件的限制，并把保人义务在贷户的申请书上加以细化，使保人不仅仅起督促还贷的作用，也促使其更多地关注农贷的使用，监督所保农户的生产。

B 贷户的审核

农贷的审核直接关系到农贷发放的公平合理，因此政府对此十分重视。1942 年以前（包括 1942 年）实行的审核，是先由春耕委员会进行初步审核，再上交区署做出最终审核。1941 年，政府在正式颁布的农贷方法中对此加以制度性的固定，"由春耕委员会的评议作为初步审核，签注意见后，以书面的形式向该管区署申请"②。春耕委员会是一个较为民主的机构，主要由"行署、军区政治部、新军总指挥部、抗联、青联等单位有关领导成员"③ 组成，以后又扩大其参与范围，增加了各机关成员代表，指出"各机关团体均须派出固定人员参加担任一定的工作"④。春耕委员会由此成为一个包括军政民各界代表的民主机构，因此选取它为农贷的初审机构是较为民主的。但在当时的战争环境下，春耕委员会召集各界代表都到会，不太容易做到。因此，1943 年起，改由区村抗联负责审核农贷的借款额，规定"在决定贷款地区，由区村抗联负责登记及审核各该地区借户之借款额"⑤，对这一审核制度，西北农民银行也较为满意，认为："村抗联干部会的集体审核，只要不是有意弄错，即可做到公平合理，再加上区抗联的复核，较大的错误，一般地讲是不会发生的。"⑥ 随着农贷经验的增多，到 1944 年正式成立了审查农贷的组织—审查委员会，有关建立审查委员会的设想在 1943 年就有了，如在 1943 年青苗贷款时，行署政务会议就号召成立审查委员会，"行政村由村长、抗联主任、农会

---

① 《西北农民银行农业借贷申请书》，《抗战日报》1943 年 1 月 19 日，第 4 版。

② 杨世源主编：《西北农民银行史料》，太原：山西人民出版社 1986 年版，第 205 页。

③ 刘欣、景占魁：《晋绥边区财政经济史》，太原：山西经济出版社 1993 年版，第 111 页。

④ 同上书，第 112 页。

⑤ 刘欣主编：《晋绥边区财政经济史资料选编·金融贸易编》，太原：山西人民出版社 1986 年版，第 213 页。

⑥ 杨世源主编：《西北农民银行史料》，太原：山西人民出版社 1986 年版，第 215 页。

秘书三个组织审查委员会，负责审查"①。但这时还没有在整个农贷系统中推广，也没有形成正式性的制度规定，直到行署颁布1944年的农贷指示中才以正式文件的形式确定下来，规定"行政村则由村长、抗联主任、农会秘书及群众领袖共五人组织审查委员会，负责审核"②，进一步扩大了审查委员会的组成，增加了代表意见群众领袖，并给以充分的发言机会，增强了审查工作的民主性。

（2）干部贷款的程序

对于干部的贷款在政权初期一直与普通贷户的贷款程序混同在一起，由于广大农村基层干部是农贷工作的主要负责人，以致发生了许多干部利用职权将贷款占为己有的现象，使群众对农贷产生畏惧，《抗战日报》就有过这方面的报道："去年有许多干部把粮款分给亲戚朋友，使群众认为只有干部才能贷到粮款，这点必须严加纠正。"③ 为了限制这种行为，行署从1943年开始，专门对干部如何申请农贷做出专门规定，"村干部借款须得区上批准，抗联干部由抗联批准，行政干部由区公所批准"④。在1944年又进一步强调，"干部借款一定要按规定手续办理（合乎借款手续的才借给）"⑤，并增加了群众对干部借款的民主讨论，"自然村干部借款应经农会会员大会讨论，行政村干部贷款，必须得到区抗联批准"⑥。把干部贷款从普通农户的贷款中分离出来，可以使贷款的发放更公平、更合理，从而保证那些真正困难的农户贷到所需的生产贷款，使农贷发挥更大的作用。

2. 集体性质农贷程序

相对于以家庭为单位的农业个体生产，对合作社的贷款就属于集体性质。这里需要注意的是：农贷所针对的合作社贷款主要是农业生产合作社。行署在1941年专门颁布了涉及私人经营合作社的贷款办法，即《山西省第二游击区贷款暂行办法》⑦，其中规定了合作社进行农贷申报的条

---

① 《行署政务会议决定放青贷二百六十万，贷给生产积极的贫苦农民》，《抗战日报》1943年5月13日，第1版，第344号。

② 《晋绥行署关于发放四四年农贷的决定》，太原：山西省档案馆，档案号：A90—5—1—18。

③ 步勇：《怎样使用春耕粮贷款》，《抗战日报》1942年4月9日，第3版，第178号。

④ 杨世源主编：《西北农民银行史料》，太原：山西人民出版社1986年版，第217页。

⑤ 同上书，第219页。

⑥ 同上。

⑦ 刘欣主编：《晋绥边区财政经济史资料选编·金融贸易编》，太原：山西人民出版社1986年版，第201页。

件：农业生产性质的合作社不论是否经过政府登记均有权利进行申报；其他性质的合作社，只有经过政府登记者才可申报。具体程序是：首先，向当地县政府提出申请；其次，贷款的申请依据贷款数额的大小而由不同级别的政府机构进行审核，分别为"甲、贷款额在三百元以下者，由县政府核准，乙、贷款额在六百元以下者，由专属核准，丙、贷款额在六百元以上者，由县及专署转请本署核准"①。

1943 年西北农民银行又专门完善了对农业生产合作社的贷款，不论公私，凡在政府登记的农业生产合作社均可申报。归纳起来分为四步，第一，各生产合作社拿登记证在抗联领取借款申请书；第二，填过后就可直接交抗联，抗联审核后负责向银行介绍；第三，银行对申请书进行二次审核，认可后即签后盖章；第四，向指定银行或代办机构领款。这里需要注意的一点是：银行在贷款章程中对抗联审核没有区分县、区、村抗联，这说明，不论何级抗联均有初步审核权，从而避免了不同级抗联在贷款审核中的重复性。

（二）农贷收放机构及方式

本来农贷的主要发放机构是西北农民银行及各地分行，但由于抗战时期战争频繁，银行机构多不健全，因此许多款项是通过政府机构发放，从而形成政府银行联合发放的机制。对于农户的春耕贷款，1941 年规定："贷款贷粮人，持凭据向当地区署领取款粮"②；1943 年银行发放农贷时重新规定："在发款期间，各分支行应派员至各区（或聘请区上的人）主持审查及发款工作"③，银行与政府人员在贷款中皆有参与的权利；归还款子时则直接与银行挂钩，"各县的借户，到期时应自动送交该地区银行或指定的收款机关，不可由区村政府或抗联贷收"④。对于农业生产事业和合作社的贷款也是银行与政府相互配合，规定"无银行之县份可向当地县政府领取，由县在解上款内垫发。如县政府无款或数目较大时可到总行领取"⑤。除此以外，为了尽可能多地吸收社会游资充实信贷资金，配

---

① 刘欣主编：《晋绥边区财政经济史资料选编·金融贸易编》，太原：山西人民出版社 1986 年版，第 202 页。

② 杨世源主编：《西北农民银行史料》，太原：山西人民出版社 1986 年版，第 206 页。

③ 同上书，第 215 页。

④ 同上。

⑤ 刘欣主编：《晋绥边区财政经济史资料选编·金融贸易编》，太原：山西人民出版社 1986 年版，第 203 页。

合政府农贷政策，还设置了其他一些农贷的发放机构，如合作社、春耕贷款所等。1942 年为推动全区春耕运动，行署所发指示中要求"组织信用合作社或春耕贷款所，发动富有者或损失微小者拿出一部分资金，转借给贫穷者或损失者"①，与此同时，晋西区党委也要求"成立信用合作社，吸收富人蓄藏的资金出世"②。在这里需要注意的是不仅仅是信用合作社与借贷关系有关，其他性质的合作社与借贷也有一定联系，李金铮就认为："从借贷角度来说，信用合作社以及兼营信用业务的综合性合作社与农民的借贷关系最为密切，但其他类型的合作社也与农民有或多或少的借贷关系。"③ 为了规范合作社的借贷，保证"有借有还"原则的实现，行署在 1944 年对此作出更严格的规范，"有的地区有坚强合作社经区抗联批准，可以收放农贷款"④，从而明确了只有具备相当实力，并经过抗联批准的合作社，才有权利进行农贷的收放工作。

收放农贷的方式。由于处于战争时期，农币是在与银元、伪钞、法币不断的斗争中生存，再加上日伪的不断扫荡和蚕食，银行为解决财政问题而不断增发农币等原因，直接或间接地造成了农币的波动。为了防止因农币波动而造成贷户吃亏的问题，政府确立了两种方式进行农贷的收放，一是把农币折价借出或偿还的方式，具体办法是："借款时，银行按当地时价，把贷款数目折合实物贷出；偿还时，借户按当地时价，把前折合实物数目折成农币归还，利息也按应出的实物利息折成农币偿付。"⑤ 这种方式是"从物到物"的收放方式。另一种方式是实物折合成农币借出，收回时仍要农钞，即从农币到农币的方式，把需要贷出的实物折合成农币贷出，收回时仍收农钞的农贷收放方式。并规定"本币价格提高时，可按贷出时实物进行折合"⑥，以保证不让贷户吃亏为原则。

---

① 本报特讯：《抓紧领导推动全区春耕，行署发出春耕指示》，《抗战日报》1942 年 3 月 26 日，第 3 版。

② 李金铮：《论 1938—1949 年华北抗日根据地和解放区合作社的借贷活动》，《社会科学论坛》1999 年第 Z3 期。

③ 同上。

④ 《晋绥行署关于发放四四年农贷的决定》，太原：山西档案馆，档案号：A90—05—01—018。

⑤ 《晋西大众报》1943 年 2 月 21 日，转引自杨世源主编《西北农民银行史料》，太原：山西人民出版社 1986 年版，第 216 页。

⑥ 刘欣主编：《晋绥边区财政经济史资料选编·金融贸易编》，太原：山西人民出版社 1986 年版，第 233 页。

三　农贷数量

随着根据地的巩固和发展，政府每年都尽量地在紧张的财政收入中，拿出来一部分资金用于农业生产的发展。抗战期间晋绥根据地政权正式建立后农贷数量的初步统计如表35。

表35　　　　　　　　　　抗战时期晋绥边区农贷一览

时期	贷款（元）	贷粮（石）	备注
1940 年	50000	3585	农币外，包括法币与省钞；部分资料统计
1941 年	200000	1000	农币，部分资料统计
1942 年	300000	2350	农币
1943 年	11590000	2350	农币
1944 年	46700000	3050	农币
1945 年	58844600	14335	包括 54600 元的法币

资料来源：刘欣主编：《晋绥边区财政经济史资料选编·农业编》，太原：山西人民出版社1986 年版，第 706、831 页。

不考虑贷粮数量，单从表35 中贷款的数字上分析，根据地农贷的数量呈逐年上升的态势，尤其从1943 年开始，农贷的贷款数量与前三年相比有了明显的增加，1944 年贷款比1942 年的贷款额竟增加了154.67 倍。但这是在没有考虑货币通货膨胀、根据地的扩大缩小等外部因素的条件下，所作出的定量分析。如果把贷款数量按照当时的物价折合为粮食，每年的农贷总量则是另外一种结果。

表36　　　　　　　　　　抗战时期贷款折粮

年份 ＼ 项目	公粮收入（石）	公粮折价（白洋，单位：元）	每石粮折合白洋（元/石）	每石粮折合农币（元/石）
1940 年	89917			
1941 年	212758	187540.96	0.88	11.44
1942 年	207604	326363.33	1.57	62.80
1943 年	161587	569727.00	3.53	423.60

续表

项目 年份	公粮收入（石）	公粮折价（白洋，单位：元）	每石粮折合白洋（元/石）	每石粮折合农币（元/石）
1944 年	220856	636144.2	2.88	489.60
1945 年	215313	1672847.00	7.77	1320.90

资料来源：根据刘欣、景占魁主编《晋绥边区财政经济史》，太原：山西经济出版社1993年版，第167—168、251—252页的相关材料整理计算。

说明：1. 1940—1945年农币与白洋比价分别为：5∶1，13∶1，40∶1，120∶1，170∶1，170∶1。

2. 由于1940年政权刚刚建立，没有实行公粮变价，没有参照的标准，故暂不列1940年农贷折粮数。

　　根据表36每石粮食折合的农币数，我们可以把1941—1945年贷款折合成粮食，分别为17482.52石、4777.07石、27360.72石、95383.99石、44548.87石，再加上贷粮的数量，则1941—1945年农贷的总量分别为18482.52石、7127.07石、29710.72石、98433.99石、58883.87石。从总的农贷数量看，抗战时期西北农民银行配合政府进行的农贷总量并不是如纯数字定量分析时的上升趋势，而是在不同时期有着不同的数量，以1944年为最多，其次是1945年、1943年、1941年，而以1942年的农贷最少，1942年与1944年相差了91306.92石，1944年在1942年的基础上增加了13.81倍。1942年农贷数量的减少有两个方面的原因，一是百团大战以后，日军在1941年和1942年对晋绥边区进行了残酷的扫荡和蚕食，根据地的面积大大缩小，"与百团大战以前相比，根据地的面积缩小了1/3，人口减少了1/2"[1]；二是政府为稳定物价采取的主动措施，"1942年5月，政府为回笼货币，吸收银洋，自动贬低农币与银洋的比价，由40∶1猛落到80∶1"[2]，从而使根据地这一年银洋横流，进一步加剧了农币贬值、物价上涨的趋势，这也是1942年在贷款、贷粮数量都多于1941年的情况下，农贷总量比1941年减少11355.45石的原因。1943年年初，依据晋西北临时参议会决议，行署颁布《晋西北巩固农币公债条例》，发行了30万元农币公债券用以巩固农币，农币得到巩固后，折合粮食的数量也相应地增加了。但1943年后半年到1944年3月又出现货

---

① 张国祥：《晋绥革命根据地史》，太原：山西古籍出版社1999年版，第238页。

② 刘欣、景占魁：《晋绥边区财政经济史》，太原：山西经济出版社1993年版，第146页。

币不稳的问题，政府采用投入公粮拉动农币稳定和实行通货紧缩政策加以控制，农币才逐渐稳定，但也影响到物价，使1944年农贷的价值受到一定影响。1945年随着抗日战争接近尾声，为了应付战争所需要的庞大军费和解决生产和市场筹码不足问题，西北农行又大量发行农币，"1至6月共增发本币33088万元，其中财政开支占43.8%，贸易用款占35.6%，贷款占16.2%，其他占4.4%"①。农币贬值，农贷的实际数量相对减少。抗战时期，由于晋绥边区内广大金融干部对经济工作经验的缺乏和战争等因素的影响，边区本位币——西北农钞曾多次出现波动，所以农贷总量的增长与否不能单单从统计数字上分析，总的来说，农币稳定性与农贷总量成正相关，农币稳定，物价平稳时，农贷的总量越多，反之，则相对减少。

四　农贷的意义

以西北农民银行为中心的农贷发放对发展根据地农业、巩固根据地有着重要的意义。

首先，农贷的发放，调动了广大农民的生产积极性，促进了生产发展。通过农贷，广大农民增加了农业生产资料，据晋西北其中8县11村的粗略统计，1941年的牲畜比政权刚建立时已增加不少，增加的比例为"牛马14.4%；驴12.8%；骡2.5%，马3.8%"②。1943年兴县全县因政府贷款购买耕牛269头，以后政府为了解决群众春荒困难，又贷给粮食300石，群众生产干劲大增，全县春耕期间增加耕地10000多垧，原计划开荒18000亩，结果完成30000亩③。群众普遍表示："公家借给咱们钱，扶助咱们发财翻身，咱们就得好好生产，这一下发不了财，那就不行了。"④临县三区政府贷给贷款32500元，贷给粮食300石⑤，配合民间游资和互济粮食及时解决了由于日伪抢掠耕牛缺乏的问题，使人民生产积极性普遍提高，又如"岚县狮□村郭大全等5家雇工得到政府15000贷款买

---

① 刘欣、景占魁主编：《晋绥边区财政经济史》，太原：山西经济出版社1993年版，第225页。

② 若衡：《晋西北抗日根据地》，《解放日报》1942年4月13日，第2版。

③ 刘欣、景占魁主编：《晋绥边区财政经济史》，太原：山西经济出版社1993年版，第197页。

④ 刘欣主编：《晋绥边区财政经济史资料选编·农业编》，太原：山西人民出版社1986年版，第832页。

⑤ 刘欣、景占魁主编：《晋绥边区财政经济史》，太原：山西经济出版社1993年版，第197页。

2石5斗贷粮后，立起庄户，种了熟地51垧，还计划开荒15垧"①。

其次，农贷是促使农村阶级结构变化的一个重要原因。边区政府以贫雇农为主要农贷对象，从而使贫雇农的贷款户数和贷款数目所占比例都很大，如1944年临县的青苗贷款总计304400元，其中"中农112户，贷款28470元，贫农1017户，贷款205380元，雇工3户，贷款550元"②，贫雇农贷款数量竟占全部贷款额的68%，超过贷款额的2/3。通过农贷，广大贫苦农民的生产困难得到了及时解决，生活水平有了普遍改善。再加上政府实施减租减息、奖励开荒等优惠政策，农村阶级结构发生了明显的变化。据临县某村统计，在政府统计下，人民财产增加，全村土地已较战前增加44.4%，120家住户中，已有18户贫苦的农家变成富裕的中农，9家贫农都购进了土地，有5户中农升为富贵，7/10以上的人家都吃穿有余，安居乐业，逐渐过上丰衣足食的生活③。又据对兴县高家村、温家寨、临县窑头、刘家圪垯、杜家村五个村子1940年和1944年各个阶级人口数的统计，如表37。

表37　　　　　　　　　　　　　　农村阶层变动

阶级成分 年份		地主	富农	中农	贫农	雇农	其他	合计
1940	人口数	113	365	673	1112	114	26	2403
	百分比	4.7%	15.2%	28.0%	46.3%	4.7%	1.1%	100%
1944	人口数	86	291	1096	854	33	32	2392
	百分比	3.6%	12.2%	45.8%	35.7%	1.4%	1.3%	100%

资料来源：刘欣主编：《晋绥边区财政经济史资料选编·农业编》，太原：山西人民出版社1986年版，第129页。

注：原表有个别数字计算有误，已更正。

从表37中我们可以看到1944年与1940年相比，只有中农的人口数量呈上升趋势，由原来的673人增加到1096人，在1940的基础上增加了

---

① 刘欣主编：《晋绥边区财政经济史资料选编·农业编》，太原：山西人民出版社1986年版，第200页。

② 同上书，第831页。

③ 穆之弟：《晋西北零缀》，《新华日报》1943年11月24日，第2版。

62.9%。而地主、富农的人口都下降了，所占比例分别从 4.7%、15.2%，下降到 3.6%、12.2%，同时贫农、雇农的人口比例也呈下降趋势，分别下降了 23.2%、71.1%。贫农、雇农所占比例下降，主要是由于中共实行了许多改善贫雇农生活生产条件的政策（农贷政策就是其中的重要一项），从而使他们的阶级地位普遍上升。因此农贷的实施不仅改善了贫苦农民的生活状况，也是根据地阶级结构变化的重要原因之一。

最后，农贷的发放也巩固了农币，增加了人民对根据地政府的信任度。从表 35 中我们可以看到，银行用于发放农贷的款子大部分是农币，因此借后农币的消费就成为最突出的问题，为了能使农币买到农民所需要的东西，政府在这方面作了很多的工作。首先，采用骡马大会形式推广农币，指出"在有集市的地区，要定期召开骡马大会；在无集市的地方，应选择适宜地方建立集市，召开骡马大会"①。银行贸易局把大批的物资都运到大会上销售，价格也较为便宜，如天池店骡马大会召开前就集公私商贩，统一讨论物价，列表公布，规定物价都比平时低，到会群众一致反映说："货物是什么也不缺了，就愁你没有本币吧！"② 其次，增加合作社和商店的物资供应，推广农币。晋绥贸易第八分局发放青贷时为了稳定农币，颁布《关于发放青贷中供给物资及维持金融的指示信》，规定："准备实物，应与合作社和商店取得更密切的联系，以资供给合作社和商店，以供群众，使青贷发放后，群众能即时买到自己的必需品"③，这就使农币能够在市面上有效地流通，这一方面解决了农民生产资料紧缺的问题，促进了生产的发展；另一方面也避免了农贷大量发放后，物价上涨，农币波动问题，从而在巩固农币过程中增加了普通民众对根据地政府的信任度。

第五节　边区工矿业贷款的考察

晋绥边区生产力发展水平低，经济基础底子薄，再加上战争破坏，使

---

① 刘欣主编：《晋绥边区财政经济史资料选编·金融贸易编》，太原：山西人民出版社 1986 年版，第 233 页。

② 本报讯：《天池店骡马大会成功推动了游击区生产贸易》，《抗战日报》1945 年 1 月 31 日，第 2 版。

③ 杨世源主编：《西北农民银行史料》，太原：山西人民出版社 1986 年版，第 255 页。

本来落后的工矿业更加衰败了。正如前面所述，在纺织业方面，临县过去是纺织基础较好的地方，但抗战爆发后，尤其是晋西事变以后却遭到极大破坏，不仅小型的织布厂大都倒闭，而且广大农村赖以自给自足的家庭纺织业也几乎完全停顿。工矿企业也大幅度下降，"造纸减少到战前的半数以下，煤窑均比战前减少一半以上"[①]。为了打破敌伪封锁，支持持久的抗日战争，除了支持农业发展外，还必须自力更生地发展边区工业以满足边区必要工业产品的自给，因此西北农民银行成立之初"就已决定投资于工业与合作事业"[②]，其原则是"在不影响农贷的前提下，进行部分工、商、合作事业的放款"[③]。银行在这些政策的指导下，配合边区行署进行了大量的贷款贷粮，有效地缓解了边区紧张的生产生活需要。

一　放款对象

1942 年行署在《山西省政府第二游击区贷款暂行办法》[④] 中对这一问题进行了明确指示，凡在本游击区内私人经营之生产事业和合作事业，经政府登记者均有依照本办法之规定，呈请政府请求低利或无利贷款之权利。工业贷款的对象有棉毛纺织业、造纸业、煤窑、油房、铁厂、瓷窑、制药厂、制茶厂、熬盐熬碱厂、养蚕养蜂业、度量衡制造业、编席业等各种制造业和家庭工业。由于不同的贷款有着不同的扶持目标，因此每一笔贷款的对象侧重点是有所不同的，如 1945 年，银行的贷款对象是边区发放工业贷粮时决定的，其放贷的对象不包括公家的厂矿，"只限于贷给民间工矿业，在各种工矿业中，以贷给本年度计划发展的主要工矿业为主。如铁业（包括炼生铁、炼熟铁、采矿石和铸造）、煤业和硫磺业；其次是纸业、瓷业"[⑤]。在这些可以贷粮的行业内则要尽量贷给资本缺乏而又积极生产的工人手中，"其中尤应贷给以生产积极而缺乏资本者，或积极开

---

① 刘欣主编：《晋绥边区财政经济史资料选编·总论编》，太原：山西人民出版社 1986 年版，第 494 页。

② 杨世源主编：《西北农民银行史料》，太原：山西人民出版社 1986 年版，第 8 页。

③ 山西省地方志编纂委员会编：《山西通志·金融志》（第 30 卷），山西省地方编纂委员会 1984 年版，第 136 页。

④ 《山西省第二游击区行署建设处贷款暂行办法》，太原：山西省档案馆，档案号：A88—5—10—1。

⑤ 刘欣主编：《晋绥边区财政经济史资料选编·金融贸易编》，太原：山西人民出版社 1986 年版，第 235 页。

展生产而受资力不足的限制者，或工人与资方共同经营的合作工厂（煤窑、瓷业在内）、矿场，工人自己组织的劳资合一的合作工厂或合作社"[①]，避免资金的浪费，从而促进各项工业的发展。

二　发放贷款方式

1. 通过变工互助组进行发放。为了保证纺织款真正贷到勤于生产的妇女手中，行署在颁布1945年贷款指示中专门强调，"纺织贷款和贷棉，应直接或通过纺织变工组贷给贫苦妇女和抗属（不必经过她们的男人），用贷款帮助妇女经济独立和政治进步"[②]。

2. 在工业生产中要尽量发挥工会的作用。贷出时"须经各地各业工会（无工会的地方应利用贷粮机会组织工会）动员工人，深入讨论贷粮的意义以及用途，并具体研究谁应贷多少，由工会协助政府通过工人民主决定；在收回时，由工会协助政府收回"[③]。这是由于抗战初期边区就及时地建立了工会，有许多工人加入其中，"1940年行署就已经成立了总工会，下面设6个中心区工会，包括20个县工会，煤矿和瓷业工会共22个，产业工会5个，参加组织的有16803人"[④]，因此依靠工会可以最大限度地调动更大工人的生产积极性，也有利于充分发挥民主。

三　贷款利息

为了使贷款工作能够持续下去，贷款一般是有利息的，1941年行署第三次会议的决议中指出工业贷款中，"公家用者月息九厘，私人用者月息一分。每次贷款数目以50元至20万元为限，如有特殊情形，经行署核准者不在此限"[⑤]。1943年11月行署为了提高人民纺织的积极性，鼓励纺织业的发展，决定"为了发展纺织水利，以增加群众生产，

---

① 刘欣主编：《晋绥边区财政经济史资料选编·金融贸易编》，太原：山西人民出版社1986年版，第235页。

② 同上书，第232页。

③ 同上书，第235页。

④ 《陕甘宁边区和华北解放区工人运动概况》，《新华日报》1944年7月2日，第1版。

⑤ 刘欣主编：《晋绥边区财政经济史资料选编·金融贸易编》，太原：山西人民出版社1986年版，第16页。

今又决定纺织，纺车，水利等贷款一律免收利息"①，从而推动了工业生产的发展。

四 放款的原则

为了保证贷款能够真正起到促进生产发展的作用，必须有相应的贷款原则来规范，晋绥行署与银行的放款原则主要有以下两种。

1. 专款专用的原则：专款专用是保证贷款充分发挥作用的必要前提，因此在历次贷款中都有提到，行署在指示1945年贷款发放时就曾强调，"各种贷款，应保证用到生产上面去，并要求按贷款性质投入各种不同的生产部门，不要混合贷出，致失掉发放贷款的作用。纺织贷款，除行署制出一部分纺织器具上专有零件外，其余贷款，各地应用来制造工具（如轮径、织布机和纺车等）和购买原料"②。

2. 集中发放的原则：由于军事战争的频繁，银行自行署第三次行政会议以来兼理边区金库，依照行署指示进行金库资金的调动工作，但政府的财政收入极其有限，影响到投入边区工农业生产的资金数量。为了使有限的资金发挥最大的作用，政府与银行都坚持集中发放的原则，如"纺织贷款，最高额不超过一付钢综或一架轮径的价格，最低额也应能买到一架纺车"③。1944年行署发给神府的有关纺织贷款的电文中同样规定"贷出时，应以纺织为基础的几个中心村为主"④；以避免款子发放过于分散，起不到作用。1945年工业贷粮中也指出粮食要集中贷出，最好的办法是"以生产单位为单位集体贷出，在集体贷粮中选出负责人，经工会介绍由政府贷出"⑤。贷给集体可以使资金总量大大增加，可以在生产中发挥更大的作用。

---

① 《晋绥行署关于纺织纺车水利等一律不收利息的命令》，1943年11月19日，太原：山西省档案馆，档案号：A88—05—10—4。

② 刘欣主编：《晋绥边区财政经济史资料选编·金融贸易编》，太原：山西人民出版社1986年版，第232页。

③ 同上书，第233页。

④ 杨世源主编：《西北农民银行史料》，太原：山西人民出版社1986年版，第259页。

⑤ 刘欣主编：《晋绥边区财政经济史资料选编·金融贸易编》，太原：山西人民出版社1986年版，第235—236页。

五　贷款的成绩

为了保证抗日战争的胜利，打破日伪军和国民党军队对根据地的封锁破坏，抗战时期中共领导下的抗日根据地都进行了轰轰烈烈的工业建设运动。在晋绥边区，西北农民银行也配合政府发放了大量纺织贷款和工矿业贷款，从边区政权正式建立到 1945 年年底，总共发放"纺织贷款20200000 元，贷棉花 10500 斤，工业贷粮 1000 大石"①，一定程度上缓解了边区工业建设资金缺乏的问题，促进了工业生产的发展。

首先，扶植纺织业发展。在日伪的封锁破坏下，边区纺织一直依赖的洋纱却由于边区与外界的交通阻隔运不进来。为了解决这一问题，1943年边区大力提倡精纺土纱，"三专署一面督促临离等纺妇加紧精纺，以土纱代替洋纱，一面又拨款九万元，分发临南、临县、离石三县，作为提倡精纺与培养妇女纺织英雄之奖励"②，用贷款方式和奖励方式推动精纺土纱的工作。银行（边区贸易局）也积极配合边区政府对边区的纺织业进行了及时的扶植，仅在 1943 年和 1944 年两年银行就发放纺织贷款总量为"本币 670 万元，贷棉 30000 斤，贷粮 1000 石"③。1943 年，为发展神府纺织业，对个体纺织者的扶植政策是"凡纺织者，政府贸易局即予以贷款，每人最高额 300 元，或购买纺织机或作为纺织资本"④；对群众自己创办的小型纺织工厂则是"行政公署为鼓励私人纺织工厂的发展，决定发放私人纺织贷款 10 万元，并在原料工具诸方面予以贷款救济"⑤。同年在临县通过政府与银行的放款，纺织工具大量增加，极大提高了布匹的产量，"临县贷款工作已全部完成，三区 1 万元纺织贷款已放出，某村 70 多户人家，有纺车 70 多架，此次贷款 6000 元，计可增纺车 20 余架，织布机 2 架，可买棉花百余斤，每天能增产布 5 万丈。又某村去年尚无一架纺

---

① 刘欣主编：《晋绥边区财政经济史资料选编·金融贸易编》，太原：山西人民出版社1986 年版，第 328 页。

② 本报三专区讯：《三专署拨款九万元提倡奖励精纺土纱，纺妇精纺技术普遍提高》，《抗战日报》1943 年 8 月 14 日，第 1 版。

③ 刘欣、景占魁主编：《晋绥边区财政经济史》，太原：山西经济出版社 1993 年版，第 174 页。

④ 神府讯：《神府纺织实验区，纺织业蓬勃发展》，《抗战日报》1943 年 3 月 20 日，第2 版。

⑤ 同上。

车，此次贷款 4 千元，已有纺车 30 辆，织布机 1 架"①。1944 年行署为扩大神府纺织业的生产，又专门拨纺织贷款 100 万元，分两次向银行领取"向银行总行直接先贷纺织贷款 50 万元，待两月再贷 50 万元"②。由于敌占区实行残酷的殖民统制，人民生活十分悲惨，许多敌占区的群众逃到根据地，对迁移过来的纺织工人边区贷款政策更为优待。1943 年三专区的纺织贷款就考虑了这一问题，"纺织贷款 20 万元，主要的放在临县地区，贷于有技术而缺乏资本的工人，对于敌占区搬来的工人特别优待，贷款最高额为 1500 元，估计至少也能买一块地"③。边区纺织业获得很大发展，到 1944 年边区就有"纺车 5 万架、纺妇 6 万人，土机 9000 多台，快机 1300 多台，工人 42700 余人，每年可增产布 506000 余疋，加上出产的毛布"④，基本上满足了边区军民穿衣的自给自足。

其次，恢复发展工矿业。静乐县某村周边地区是煤、铁、硫磺蕴含量十分丰富的地区，但由于阎锡山发动晋西事变及战争频繁，工矿业大量减少，"战前该村曾有煤窑 8 座，铁厂 1 座，瓷窑 1 座；战后铁厂磁窑先后停业，煤窑只有 2 座继续开采，每天出产仅 3 千斤，不能供给群众需要，工人也因而大批转业"⑤。贸易局与银行在 1942 年年底合并后专门针对这一情况进行了及时的扶植，"无利贷给本币 26 万元扶助各业的重建，组织铁厂与磁窑各 1 座，新开煤窑 2 座，恢复煤窑 1 座（共有煤窑 5 座）"⑥。这使工人的生产积极性被调动起来，当年工业产量就得以增加，"铁厂已初次炼出一批生熟铁，瓷窑已开始做碗，新开煤窑，亦正源源供给炼铁、烧窑及群众烧用的煤炭"⑦。抗战时期银行配合政府对工业进行多项贷款贷粮，据不完全统计，自 1941 年 4 月到 1942 年年底的一年半中，"银行用于发展群众工业生产的贷款达 1248600937 元，向工厂投资上

---

①　临县讯：《临县临南农贷工作全部完成》，《抗战日报》1943 年 5 月 15 日，第 2 版。

②　杨世源主编：《西北农民银行史料》，太原：山西人民出版社 1986 年版，第 259 页。

③　三专区讯：《三专区放农业纺织业贷款共达一百二十万元》，《抗战日报》1943 年 3 月 6 日，第 2 版。

④　《战斗中成长的晋绥边区》，《解放日报》1944 年 7 月 17 日，第 4 版。

⑤　静乐讯：《贸易支局贷款廿六万元，助静乐某村重建工矿业》，《抗战日报》1944 年 9 月 9 日，第 2 版。

⑥　同上。

⑦　同上。

共达法币 904502 元"①。从 1943 年到抗战胜利前夕，"在民办公助的原则下，政府为了工矿业发展，投资计贷款 40900000 元，贷粮 1000 大石，贷棉 30500 斤"②，这些贷款的发放一定程度上解决了边区工业发展资金缺乏的问题，促进了边区工业生产的发展，工厂数量和产量都有增加，如"1941 年边区共有煤窑 198 座，年产 182930000 斤，1943 年增至 214 座，年产 253130000 斤，到 1944 年已增至 336 座，产量达到 487976600 斤"③。铁矿业逐渐恢复，以临南招贤为例，1929 年有铁厂 18 家，年产量 2520000 斤；1937 年 6 家，年产量 840000 斤；到 1940 年只剩下 3 家，年产量 420000 斤④，到 1943 年增至 725000 斤，1944 年为 809800 斤⑤，铁产量逐渐增多，铁矿业逐渐恢复到战前水平。

据不完全估计，"截至 1945 年底共计农贷（包括春耕、种棉、水利、青苗、安置移民等项贷款）105094000 元，贷粮 14485 大石，纺织贷款 20200000 元，贷棉花 10500 斤，工矿业贷粮 1100 大石"⑥，有效地缓解了边区工农业生产的资金紧张问题，促进了工农业生产的发展。

---

① 刘欣、景占魁主编：《晋绥边区财政经济史》，太原：山西经济出版社 1993 年版，第 174 页。

② 刘欣主编：《晋绥边区财政经济史资料选编·工业编》，太原：山西人民出版社 1986 年版，第 62 页。

③ 同上书，第 58 页。

④ 同上书，第 104 页。

⑤ 同上书，第 57 页。

⑥ 杨世源主编：《西北农民银行史料》，太原：山西人民出版社 1986 年版，第 222 页。

第 五 章

晋绥边区农村金融

第一节　抗战之前边区的金融状况

国内政局动荡和日本入侵使根据地内金融极为混乱，主要表现在货币流通种类多、省钞通货膨胀不断加剧、货币市场筹码相对不足。

首先，根据地内多种货币同时流通，计算标准杂乱无章。货币主要包括以下几种。

其一是阎锡山政府发行的省钞和地方流通券。阎锡山一方面通过山西省银行和铁路银号、垦业银号、盐业银号在全省范围内大量发行货币和各种流通券。另一方面设法通过垄断县、村基层社会的金融，发行地方流通券。在各县依据"官督公营民监"的办法建立"县银号"，发行兑换券，"以兑换券贷给各村信用合作社，作为汇兑资金，以支持信用合作社的发展"①。信用合作社，分为两级，村设信用合作社，县设"总信用合作社"，发行"信用合作券"，这种合作券是以村为流通空间的，一出村就失去了其货币支付的作用，由于各个村的合作券都不相同，因此在地方发行的信用券种类不计其数，严重影响了村与村之间金融流通的通畅性，也增加了货币流通的繁杂性。

其二是南京国民政府发行的法币。1935年11月，南京国民政府实行币制改革，规定以中国银行、中央银行、交通银行、中国农民银行四银行发行的纸币为法币，其他流通货币限期停止兑现、使用。

其三是各地方商号发行流通的土杂钞。这主要是由于抗战爆发以后，

---

① 山西省政协文史资料研究委员会编：《山西文史资料》第16辑，太原：山西人民出版社1981年版，第30页。

阎锡山以"晋兴出版社"作掩护发行第三次省钞，都是十元或五元的钞票，由于票面额太大，流通不便，各地方不得不发行"单元辅币"，而以"十元、五元花脸票"作基金。由于"大花脸"、"二花脸"的大量发行和战争影响使之物价不断下跌，各县所谓的"单元辅币"成为金融紊乱的重要因素之一。此外还有一些地主奸商趁社会混乱之际，乘机扩大发行自己铺号印制的各种票券，从中盘剥搜刮，大发横财。

其四是根据地正式建立以前各县发行的各种抗币，"据统计，晋西北3个行政区36个县中，已有2个行政区的15个县发行抗日货币47种"①。其中较有代表性的有两种，一种，以兴县动委会名义，以进步绅士牛友兰捐献的3万银元为基金，成立的兴县农民银行所发行的纸币。另一种，由文水县经济委员会，以全县土地为担保，每亩出银元一元，而发行的地方流通券。

其五是日本入侵后通过伪银行发行的多种伪钞。日军侵占华北后，立即建立了"中国联合准备银行"，发行"联银券"，流通于各占领区内，并且严格禁止中国各种货币的流通，宣布"不准国民党的'法币'和山西地方发行的晋钞流通，严禁银元黑市"②。在占领绥远后，又建立了伪蒙疆银行和蒙古联盟实业银行及察南、晋北实业银行这些地方性银行，大量发行没有准备金的伪币。

此外，由于多种证券与多种货币同时并存，交易中没有统一的货币计算标准。在日军占领区内多以伪钞为标准，在游击区和根据地内也不尽相同，乡村由于省钞不断贬值，一些奸商乘机大量倒贩银元；一些旧势力把持的政权，利用银号所存的资金，进行商业投机活动；再加上农民认为银元稳定，很愿意使用，因此在广大的乡村多以银元为计算单位，或者以物易物；城镇中则是法币、银元、省钞、陕甘宁边区币等多种货币杂乱使用。

其次，省钞不断通货膨胀。阎锡山统治时期，为维护其专制统治和发动军阀战争，曾多次发行省钞，致使金融紊乱，通货膨胀，大量工商业倒闭。晋西北由于种种客观原因，一直是晋钞的主要流通区，因此受害也最

---

① 光梅红：《西北农民银行成立原因探析》，《山西档案》2008年第2期。
② 中国人民政治协商会议山西省委员会文史资料研究委员会编：《山西文史资料》第56辑，1988年版。

为严重。阎锡山自从辛亥革命夺取山西统治权以后，曾三次发行省钞。1919 年将山西官钱局改为山西省银行（名为官督商办）发行纸币银元兑换券、辅币铜元兑换券，据统计，"截至 1929 年底，十年间共发行纸币 1300 万元，平均每年 130 万"①，因为钞票充斥市场，曾不断发生挤兑风潮。1930 年，阎锡山与冯玉祥等人共同发动倒蒋的中原大战，阎锡山、冯玉祥、汪精卫 70 万军队的饷项，基本都依靠山西省银行的印钞机发行纸币支付，为支付如此庞大的战争经费，阎锡山大肆发行省钞，阎冯联军失败后，"省钞发行额达 7500 余万元"②，到战败退回山西之时，军队大量向晋西北和晋西南撤退，晋钞也随之流入山西各地，其中"退至晋西北一带的军队，所携带之晋钞，其数量占到当时晋钞总数的一半"③。再加上商人把中原大战时流至外省的大量晋钞一批一批地贩运回来，造成严重的通货膨胀，工商业大批倒闭。晋北地区受害最为严重，其原因，首先是"晋南粮食、棉花年年出超，吸收银洋很多，加之晋南人于辛亥革命后，对阎锡山成见很深，不愿多周使他所发行的省钞，晋中亦有在省外开设的商号，运回现洋周使，而晋北没有这些条件，周使省钞最多，所以受害亦大于其他地区"④。随着阎锡山的败走，省钞贬值更加严重，晋西北经济受其影响，金融陷入极端紊乱状态。

　　1932 年阎锡山重掌山西大权后，开始整理省钞，他通过改组省银行，发行"兑现券"，以 1 元新省钞兑换旧钞 20 元，各阶层吃亏很大，如阎锡山的机要处长高瓞溪，把十多年薪水积蓄来的省钞 2 万元，存在家里。盼望阎回来兑现。结果阎在 1932 年上台后，决定 1 元新省钞兑换旧钞 20 元，他才惊醒过来，自认上当，把所存旧钞用布包好，每天上班提来办公室，下班再提回家去，还是不去兑换，常拍着包袱对人说："这是我一生辛勤的结果"，他原嗜酒，从此终日狂饮，抑郁成疾，两年后病故⑤。阎锡山党政人员受害尚且如此之深，广大人民的损失可想而知，停留在晋西

　　① 中国人民银行山西省分行、山西财经学院金融史编写组编：《阎锡山和山西省银行》，北京：中国社会科学出版社 1980 年版，第 2 页。

　　② 山西省政协文史资料研究委员会编：《山西文史资料》第 16 辑，太原：山西人民出版社 1981 年版，第 15 页。

　　③ 刘欣、景占魁主编：《晋绥边区财政经济史》，太原：山西经济出版社 1993 年版，第 46 页。

　　④ 山西省政协文史资料研究委员会编：《山西文史资料》第 16 辑，太原：山西人民出版社 1981 年版，第 17 页。

　　⑤ 同上书，第 18 页。

北的那些省钞更加贬值，通货膨胀进一步加剧。与此同时，为恢复元气，阎锡山还以改制币值为借口，又先后发行新省钞两千多万元，其币面只有10元与5元两种，各县为了交易方便，又不得不以新省钞为基金，发行各种"单元辅币"，协助交易，间接增加了省钞的数量。1935年11月3日，蒋介石南京国民政府宣布实行法币政策，规定"自本年十一月四日起，以中央、中国、交通三银行所发行之钞票为法币。所有完粮纳税及一切公私款项之收付，概以法币为限，不得行使现金，违者全部没收，以防白银之偷漏。如有故存隐匿意图偷漏者，应照准危害国民紧急治罪法处治"①。阎锡山不顾晋省大量省钞的存在，将其所存的黄金、白洋，迅速兑换为法币，省钞严重通货膨胀，存在于晋西北的大量省钞，一夜之间，形同废纸，当地本来就不发达的工商业更加衰败。

抗日战争爆发后，由于正面战场的失败，随着晋绥军和国民党军队的溃退，大量晋钞随之也像潮水一样涌到晋西北，"据估计，当时晋钞在晋西北的发行量约有1000万元左右，法币约200万元，各县官商地方券约300万元"②，晋钞成为晋西北主要的流通货币。而阎锡山在日军的进逼下，为了保护其官僚资本，早在太原沦陷前，就把大量的金融机构和资金撤向后方，还肆意挪用省银行的库存，"把他从大连回山西以来所掠夺山西人民的财富——山西省库存现金300余万元，送交国民党中央银行，换为法币，攫为所有"③，而对于当时散放在山西民间的省钞却任其自行消亡。晋钞一夜之间变成废纸，人民损失很大。

临汾失陷后，阎锡山向晋西逃串，为了解决党政军机关的各项费用，一方面向南京国民政府要款，另一方面则以"晋兴出版社"为掩护，大量印制钞票，这是在阎上台后大规模发行的第三次货币，由于纸质不佳，票版粗劣，币面模糊，人们称为"花脸票"。这种钞票是依靠行政命令，在完全没有准备金的情况下发行的，因此从一开始就极不稳定，从最初发行"每1元可购小麦1大斗（30斤），发行两年后，由于数量增加，屡次

---

① 洪葭管主编：《中央银行史料》（1928.11—1949.5）上卷，北京：中国金融出版社2005年版，第326页。

② 刘欣、景占魁主编：《晋绥边区财政经济史》，太原：山西经济出版社1993年版，第56页。

③ 中国人民政治协商会议山西省委员会、文史资料研究委员会编：《山西文史资料》第3辑，1987年版。

贬值，贬到 300 元还买不到 1 石①小麦"②，通货膨胀极大。从 1939 年开始发行到 1941 年最终停印，"共印发 130 000 000 元，区区晋西只有 5 县（后来才有 5 个完整县、7 个不完整县，共 12 '县'），晋钞如此大量发行，形同废纸"③。由于抗战时期国共合作，有大量地晋绥军驻扎在晋西北，阎锡山以"花脸"票发军饷，随之大量的流通于晋西北。到 1940 年 4 月，估计晋西北行署 23 县中新省钞共有 3000 万元，占到总发行量的 1/3 有余，平均每人近 10 元，是 1 月的 3 倍④，晋绥边区再次成为省钞通货膨胀的最大受害地区。

最后，金融紧缩，货币市场筹码不足。根据地刚刚建立时，市场交易面临着通货紧缩的问题，但这种货币的短缺具有相对性。一方面是省钞不断贬值，人民多不乐于使用，市场流通量减少。西北农民银行成立前，晋绥边区已经存在了大量的新省钞，截至 1940 年达到当时晋钞发行量的 1/3，但由于其不断的通货贬值，连阎锡山本人也通过各种手段推出省钞，如 1939 年 1 月发行"花脸票"以后，他派人用这种票子到接敌区购买小麦，不管多高价钱一律推出省钞，积累实物，"初买时 15 元可买小麦 1 石（每石 150 斤），买到快 1 万石时，人民以这种票子越来越多，逐渐提高麦价。阎锡山吩咐不管提高多少，尽量收购，最后贬低到 300 元还买不到 1 石，但阎锡山已买到 2 万石了"⑤。与此同时，其他地方涌来很多省钞，"抗战以来晋东南、晋察冀边区及当时在晋南的中央军拒绝使用省钞"⑥。在这种情况下，省钞大量推向市场，极大贬值，人民多不愿意行使，到 1940 年年底最终拒绝使用。另一方面是当时全国法定货币——法币极大缺乏。这是由于：第一是顽固军阀暗中收藏法币。顽固派代表阎锡山就是一个典型代表，国民党中央实行币制改革后，财政部宣布"自（1935 年

---

①　原书是"担"，通过山西文史资料中同一作者王尊光的《阎锡山对山西金融的控制与垄断》校对，应该为"石"。

②　中国人民银行山西省分行、山西财经学院金融史编写组编：《阎锡山和山西省银行》，北京：中国社会科学出版社 1980 年版，第 169 页。

③　同上书，第 5 页。

④　光梅红：《西北农民银行成立原因探析》，《山西档案》2008 年第 2 期。

⑤　山西省政协文史资料研究委员会：《山西文史资料》第 16 辑，太原：山西人民出版社 1981 年版，第 43 页。

⑥　刘欣主编：《晋绥边区财政经济资料选编·总论编》，太原：山西人民出版社 1986 年版，第 12 页。

11 月）4 号起，实行新货币政策，布告并通令全国各省市各银行号和税收机关，停止用现，通行法币"①。但阎锡山并不甘心完全受制于国民政府，因此他规定"省银行、铁路银号、垦业银号、盐业银号所发行之纸币仍照常通行，不得折扣情事"，大量用于兑换省内杂钞的法币被扣存在阎自己手中②。同时却把他自己所存的大量现洋、黄金或换为法币，或换为白洋。第二是日本大量向边区倾销奢侈品，套购法币。第三是由于根据地刚刚建立，边区银行尚没有建立，根据地没有自己的本位货币。这些因素都直接或间接地造成了根据地通货相对缺少，市场交易不畅，社会经济发展受到抑制。

此外，日军为便于对占领区的经济掠夺，也加强了对占领区的金融控制，不仅建立直接依托于"伪盟疆联合自治政府"③ 的"蒙古联合自治政府"银行，还组织成立了蒙古联盟实业银行、察南实业银行、晋北实业银行等地方性银行。通过这些银行，日军发行伪钞，大量套取法币，限制、禁止其他货币的流通，吸收民间金、银资金，但由于伪钞无限度发行，信用极差，民众极为抵制，私下仍大量使用法币。日军为吸收法币，从经济上打击中国经济，遂采取强令禁止或贬值折成的方式大量套取法外汇。由于根据地刚刚建立，边区银行尚没有建立，根据地没有自己的本位货币。这些因素都直接或间接地造成了根据地通货相对缺少，市场交易不畅，社会经济发展受到抑制。

第二节　西北农民银行的建立

西北农民银行的前身是兴县农民银行，是中共党员刘少白根据中共中央的指示所创办的。刘少白早年毕业于山西大学法政学系，抗战前担任过天津市政府秘书、河北省政府秘书，1937 年抗日战争爆发后回到兴县，曾协助中共战地动员委员会进行抗战动员工作。在筹集银行基金时，刘少白首先把自己多年的积蓄全部拿出来支持银行建设，还利用动委会"有

---

① 中国人民银行山西省分行、山西财经学院金融史编写组编：《阎锡山和山西省银行》，北京：中国社会科学出版社 1980 年版，第 115 页。

② 同上书，第 116 页。

③ 伪盟疆联合自治政府，1939 年 9 月 1 日正式成立，其前身是 1937 年 11 月，由伪蒙古联盟自治政府、伪察南自治政府、伪晋北自治政府共同组织成立的伪盟疆联合委员会。

钱出钱，有力出力"的口号，亲自对富户进行了大量、细致的动员工作，其中全县最大的地主兼资本家牛友兰捐献了23000元白洋支持兴县农民银行的兴办①，约占银行预定开业基金（10万余元）的23%，同时还捐献了粮食150石②作为银行基金。"杨家坡一家地主，将房地产全部捐出，价值15000元。"③ 由于银行急于兴办，到银行成立时只筹集了5万元左右的资金和一些布匹粮食作为银行的股份基金④。1937年11月底，银行正式成立，称为"兴县农民银行"，对于银行的名称也经过了认真的讨论，为了既区别国民党"中央银行"和阎锡山的"实业银行"等旧银行，又须考虑到银行主要服务对象是农民，最后定名为"兴县农民银行"。这样一方面避免了敌顽的扰乱；另一方面也团结了广大的农民，使银行有了坚实的群众基础。刘少白任经理，白人杰、牛再华任会计员。

兴县农民银行成立时既有共产党的代表，也有阎锡山政府及东北军的军官，还邀请了一些地方的知名人士出席，表面上是国共合作的产物，其实质上完全是由共产党领导、控制。银行成立后就开始着手发行货币，从1937年11月底第一次印刷钞票开始，到1938年年初共印制了3批钞票，共计17万元，票面金额有一角、两角、一元等。由于阎锡山政府发行的省钞不断通货膨胀，人民多不愿用，而兴县农民银行创办后币值一直较为稳定，受到群众欢迎，不仅在兴县广为流通，而且在临县、岚县、保德等地也流通广泛。兴县农民银行的货币也为八路军提供了必要的经费，"兴县农民银行发行的十多万钞票，大部分支付了八路军"⑤，尤其是1939年"秋林会议"以后，阎锡山下令取消"战动总会"，不给八路军和新军补充给养，兴县农民银行不顾反动当局的禁令，继续支援八路军，给八路军解决了不少军费。同时还积极开展银行业务，支持农工业发展，为农业低利贷款，利息只按四厘计算⑥；还拨款建立产销合作社和纺织厂，促进了

---

① 杨世源主编：《西北农民银行史料》，太原：山西人民出版社1986年版，第5页。

② 中国人民政治协商会议山西省委员会、文史资料研究委员会编：《山西文史资料》第52辑，内部资料，1987年版，第164页。

③ 山西省地方志编纂委员会编：《山西通志·金融志》第30卷，北京：中华书局1991年版，第130页。

④ 杨世源主编：《西北农民银行史料》，太原：山西人民出版社1986年版，第5页。

⑤ 同上书，第6页。

⑥ 中国人民政治协商会议山西省委员会、文史资料研究委员会编：《山西文史资料》第52辑，内部资料，1987年版，第165页。

当地经济的发展。

　　1940 年 1 月，晋西北根据地政权正式建立，当时为了争取阎锡山继续抗日，仍沿用山西省第二游击区行署的名称；随着革命形势的发展，1941 年 8 月改为晋西北行政公署；1943 年 11 月，正式改为晋绥边区行政公署。根据地建立时不仅面临着农工商业极端衰落和金融极端紊乱的社会经济状况，还面临着严峻的军事进攻和经济封锁，因此根据地发展与巩固面临着非常大的困难。毛泽东也曾经提到 1940 年和 1941 年是根据地最困难的两年，"我们曾经弄到几乎没有衣穿，没有油吃，没有菜，战士没有鞋袜，工作人员在冬天没有被盖。国民党用停发经费和经济封锁来对待我们，企图把我们困死，我们困难真是大极了"①。在晋绥根据地，一方面，有日军不断的扫荡与破坏。政权刚刚成立，日军就配合阎顽军（指阎锡山旧军中坚持跟随阎的一部分，还有一部分归化共产党）分六路向晋西北发动春季扫荡，后又相继发动了对根据地的夏季、秋季和冬季大"扫荡"。1941 年日军开始实施华北"治安强化"运动，对绥远及晋西北地区进行了连续不断的"扫荡"。在军事打击的同时，还在经济上对根据地进行封锁和经济掠夺，致使根据地内一些必需品极为缺乏。如对敌占区人民的粮食实行配给制，"强迫'治安区'内的军民要把自己收获粮食的 80% 送到日军的各个据点内设立的'储粮委员会'、'粮食会'的仓库去保管"②，居民只能定量供给，人民温饱尚不能解决，更不必说支援边区。另一方面，国民党驻晋西南的阎锡山和驻绥远的傅作义对根据地的破坏和捣乱。抗战爆发后，八路军和山西新军的抗日经费是由国民党供给的。1939 年晋西事变以后，为了打击新军的发展，阎锡山断绝了对新军的一切供给，并把新军作为"叛军"予以剿灭。"皖南事变"后，国民党完全断绝了八路军的供给，使八路军面临着严峻的经费问题。阎锡山还在经济上卡八路军的脖子，在货物运转方面，他提出口号："不让什么东西进村，什么东西进不了村；不让什么东西出村，什么东西出不了村"，妄图以此"饿死八路军，困死八路军"③。为了在极端艰苦的环境下继续抗战，根据地必须建立自己独立自主的经济力量，银行是经济发展不可缺少的重

---

　　①　《毛泽东选集》第 3 卷，北京：人民出版社 1991 年版，第 892 页。
　　②　刘欣、景占魁：《晋绥边区财政经济史》，太原：山西经济出版社 1993 年版，第 77 页。
　　③　同上书，第 80 页。

要组成部分，因此经中共中央和晋西北行政公署批准，于 1940 年 5 月 10日，在兴县农民银行的基础上成立了西北农民银行，首任经理刘少白。

一　机构设置及变迁

西北农民银行刚刚建立时正是根据地最困难的时期，日军连续对根据地扫荡，同时也由于根据地内金融干部的缺乏，银行机构多不健全，只设立了总行，银行的业务几乎没有开展，由行署财政处代办。到 1940 年冬季根据地取得反扫荡胜利以后，根据地的各项工作才开始逐渐走上正轨，银行在健全总行机构的基础上，开始拓展银行地方分支机构，规定"在各专区设立分行，各县及碛口等商业市镇设立银行办事处或兑换所"①。各地积极响应，建立了一批地方支行和办事处，如 1941 年 5 月 10 日，岢岚区西北农民银行分行成立，并规定各县也应该在最短期内成立代办所，其中保德于 5 月初已经成立②。1941 年 5 月 12 日，第四行政区分行及碛口分行正式成立。还在白文、克虎寨、离东、临南、方山等地设兑换所 5 处，并开始开展业务③。

随着根据地经济的逐渐恢复，银行在发行货币、提供外汇、稳定物价等方面的作用日益凸显。1941 年行署召开第三次行政会议时，在总结检讨过去工作的基础上，明确规定了银行机构的具体设置标准，"行署级设总行，专署级设分行，县级设办事处，各重要城镇设兑换所，惟银行在专署以下，均与贸易部门合一"④。与以前规定不同的是把专署及其专署以下的银行分行和办事处与贸易部门合一，这样就只有总行的机构设置是独立的，分为 2 室 4 科 1 金库，各科室组织情况如下。

2 室为秘书室和研究室。秘书室有秘书、秘书干事、文书、电话员、练习生；研究室有主任、研究员、练习生。

4 科为会计科、营业科、出纳科、总务科。各科人员设置相同，都分为科长、科员、练习生。

1 个后方金库，由主任、司库、练习生组成。

---

① 刘欣、景占魁：《晋绥边区财政经济史》，太原：山西经济出版社 1993 年版，第 84 页。
② 岢岚区讯：《西北农民银行岢岚区分行成立》，《抗战日报》1941 年 6 月 1 日，第 3 版。
③ 临县区讯：《西北农民银行临县区成立两分行，设离东临南等五兑换所》，《抗战日报》1941 年 5 月 23 日，第 4 版。
④ 刘欣主编：《晋绥边区财政经济史资料选编·总论编》，太原：山西人民出版社 1986 年版，第 299 页。

银行支行与贸易机构合并组织机构如表38。

表38　　　　　　　　　　　**银行支行与贸易机构合并**

机构设置	职位设置							
	局长兼经理							
	副局长							
	协理							
	文书兼收发							
管理贸易股	股长	股员	练习生					
营业股	股长	股员	练习生					
审计股	股长	会计	出纳	审计员	练习生			
会计股	股长	股员	练习生					
出纳股	股长	股员	练习生					
业务股	股长	股员	练习生					
总务股	股长	股员	勤务	卫士	通讯员	马夫	骡夫	火夫

资料来源：刘欣主编：《晋绥边区财政经济史资料选编·总论编》，太原：山西人民出版社1986年版，第302页。

银行办事处与贸易机构合并组织情况如表39。

表39　　　　　　　　　　　**银行办事处与贸易机构合并**

机构	公共职务	银行机构	贸易机构
	局长兼主任	会计	会计
	协理	出纳	出纳
	文书兼收发	业务员	贸易管理员
职别	事务员	练习生	营业员
	勤务员		保管员
	马夫		练习生
	骡夫		
	火夫		

资料来源：刘欣主编：《晋绥边区财政经济史资料选编·总论编》，太原：山西人民出版社1986年版，第303页。

这一时期虽然规定总行以下的银行机构与贸易机构的主要科室合并，

但实际运作中并没有完全做到。在机构上，银行与贸易局基本上都保持了原有的主要机构，如银行办事处与贸易机构有着自己独立的会计和出纳；在业务上，合并后还是各自独立负责原来的工作。主要变动的是在银行领导上实现了统一，贸易局局长同时是银行的负责人。同时在一些具体的杂务上实行了统一管理，分行机构多，统一编制在总务股内；代办所编制了几个专管具体杂务的职位，这是战争频繁和金融工作人员较少的必然选择。一方面加强了银行与贸易机构的联系。另一方面也减少了机构设置中的重复性，节省了经费。

根据行署第三次行政会议的决议，银行开始着手在地方建立银行的分支机构，据不完全统计，"截至 1942 年 1 月，除总行外，根据地内共有分行 6 个，支行 1 个，办事处 4 个，代办所 11 个"①，基本上完成了银行机构的建设工作。主要分支行也陆续工作，各分支行开始工作的时间如表 40。

表 40　　　　　　　西北农民银行主要分支行开始工作时间统计

行别	开始工作日期	备考
总行	1941 年 11 月 1 日	
兴县支行	1941 年 11 月 1 日	
二分行	1941 年 11 月 10 日	
八分行	1941 年 11 月 24 日	
三分行	1941 年 11 月 27 日	
五分行	1941 年 12 月 1 日	当时尚未与总行联络上
四分行	1941 年 12 月 6 日	
六分行	1942 年 1 月 1 日	

资料来源：刘欣主编：《晋绥边区财政经济史资料选编·金融贸易编》，太原：山西人民出版社 1986 年版，第 62 页。

1942 年年底，为了响应中央"精兵简政"的号召，西北农民银行各级机构才正式与贸易局机构完全合并，统归行署财政处领导，实行"对外两块牌子，对内一套人马，一套机构，一套会计账务"② 的管理体制，至此银行机构从总行到各地的分支在机构上都与贸易局合并，在人员职务上也实现了统一，既负责银行工作，又进行贸易上的具体工作。

---

① 刘欣、景占魁主编：《晋绥边区财政经济史》，太原：山西经济出版社 1993 年版，第 114 页。

② 同上书，第 13 页。

二　人员结构

长期战争导致金融工作者普遍缺乏，许多工作人员都是从军队中临时抽调，银行工作人员也面临着同样的问题。第三次行政会议确定的银行人员在实际中根本没有满足。到 1941 年 11 月，总行人员配置数如表 41。

表 41　　　　　　　　　　西北农民银行总行人员配置

编制	预定数量（人）	实际数量（人）
经理	1	1
协理	1	1
秘书室	6	1
研究室	6	0
会计室	6	1
营业科	7	1
出纳科	7	3
总务科	8	4
总计	42	12

资料来源：根据刘欣主编《晋绥边区财政经济史资料选编·总论编》，太原：山西人民出版社 1986 年版，第 301 页编制。

表 41 中显示，银行预定需要银行干部 42 人，实际只有干部 12 人，实际完成数占应有数的 28.6%，干部的缺乏可见一斑。从 1942 年年底银行贸易机构合并以后，内部干部实现了统一，贸易局的干部同时负责银行的工作，完全是一套人马，银行工作人员的知识水平参差不齐，既有大学毕业生、师范生，也有高中生、初中生、小学生，甚至还有初通文字的干部。以三分区 1945 年 6 月的一项登记为例，工作人员共有 17 人，大学毕业的只有局长兼银行经理刘卓普，占 5.9%；师范毕业或肄业的有 2 个，还有 1 个民中师范班毕业的也算在其中，占 17.6%；高中肄业 1 人，占 5.9%；高小毕业或肄业（初中生）的 10 人，占 58.8%；还有一个初小（小学），一个初通文字的。[①] 这中间，文化水平为高小的最多，超过了总人口的一半还多，加上初小和初通文字的人数，占到总数的 70.6%。在阶级成分上，地主有 5 个；富农有 4 个；中农 5 个；贫农 2 个；破落商人 1

---

① 《三分区贸易系统干部登记表》，太原：山西省档案馆，档案号 A96—3—9—2。

个。金融干部文化水平的低下，这一方面是广大农村中、贫雇农生活水平最为低下，没有能力进行教育，受教育较多的是中农以上的阶层；另一方面是战争年代，较为重视军事上的训练，相对忽略了文化教育方面的工作。

三　银行基金

银行建立时基金由三部分组成，一是兴县农民银行原有资产的一部分。二是以"四项动员"所得献金的 40%[①]为基金。银行成立后，银行基金又得到一定充实，行署把银行成立以后通过"四项动员"[②] 所得的献金也全部拨充为银行基金。但在执行中并没有完全做到，1940 年献金完成数为 2219304.8 元（这里包括银行成立时所用的献金数），许多地方出现了擅自挪用的现象，如"临县借给部队 2201 元，借给商人 2000 元"。政府实际收到的献金只有 1201029.71 元，占献金完成数的 54.1%。再加上政府由于财政困难挪用了 782836.712 元[③]，占实际收入献金数的 35.2%，这就使得银行成立后用于充实银行基金的献金数目十分有限，仅占全年献金数的 18.8%。三是乡村士绅主动捐献，支援银行建设。如"兴县士绅牛友兰在县城城关经营的福庆永商号，就捐出银洋 3 万元，作为西北农民银行的资本"[④]。关于银行基金的使用：各分行资金总额划分为 65 份，40 份为基金，占到银行全部资金的 61.5%；银行基金部分不得用以放款投资的活动，而应为专门供给外汇的用途[⑤]。

第三节　西北农民银行的职能

一　发行货币

基于晋绥根据地经济基础落后，货币市场混乱，抗战爆发后又遭到日

---

①　中国人民银行金融研究所、财政部财政科学研究所编：《中国革命根据地货币》上，北京：文物出版社 1982 年版，第 207 页。

②　"四项动员"是 1940 年 2 月晋绥边区一次行政会议时决定的，包括：献金、献粮、扩兵、军鞋，这里主要指的是献金的部分。

③　刘欣主编：《晋绥边区财政经济史资料选编·财政编》，太原：山西人民出版社 1986 年版，第 4 页。

④　杨世源主编：《西北农民银行史料》，太原：山西人民出版社 1986 年版，第 9 页。

⑤　《第一次贸易分局长银行分行经理联席会议决议案提纲》，1943 年 1 月，太原：山西省档案馆，档案号：A96—1—10—1。

伪的不断烧杀劫掠，边区政权一成立就确定了金融政策主要任务之一就是：成立地方性银行，发行钞票①。主要的发行方式为：第一，银行办理业务，特别是发放各种贷款，一律使用农钞；第二，各项田赋征收、政府投资、发放军政费用等都使用农钞；第三，商业贸易中公营商业、合作社及组织骡马大会，进行交易时一律使用农钞；第四；购买赤金、纯银等非本位币时推出农钞。

毛泽东曾指出："国家银行发行纸币，基本上应该根据国民经济发展的需要，单纯财政的需要只能放在次要地位。"② 西北农民银行成立之时也申明："银行所发行新币，一定以基金所有数为限。"银行在资金分配上规定："各分行资金之总额全部分为 65 份，40 份为基金，15 份为放款投资的资金，10 份为流通资金。"③ 但由于没有经验及财政上的困难，并没有做到，在发行过程中农币多用于财政支持方面，影响了投入生产中的资金。在晋绥边区二次高干会议以前，银行借款基本维持在 20% 以上，最高时期达到 80% 以上。第一次行政会议以前（1940 年 8 月以前），这是根据地各项事业开始起步的时期，政府的财政总收入是 3822879 元，借支银行的资金为 782837 元，占总收入的 20.48%，由于银行刚刚成立，银行机构不健全，发行钞票较少，政府收入主要通过四项动员支撑，献金数占全部收入的 58.05%，超过了政府收入的半数以上，借支银行资金为第二位。第二次行政会议以后到第一次高干会议（1940.9—1941.2），这一阶段是根据地的转型时期，政府财政收入的各项制度开始建立，如田赋征收，公粮制度、税收制度等，但还没有发挥出作用。政府在财政上，普遍存在着依靠银行发行钞票的思想，如 1940 年晋察冀边区代印钞票 230万元，运到以后，政府就支付了财政经费④。政府的财政借款的数量达到了 3785562.60 元，占总收入的 85.91%，一跃成为政府收入的主要组成部分，致使货币出现波动。为了改变这种情况，在 1941 年 3 月召开的第一次高干会以上，决定财政方针是开源节流、自力更生，力求收支平衡，纠

---

① 杨世源主编：《西北农民银行史料》，太原：山西人民出版社 1986 年版，第 37 页。

② 《毛泽东选集》第 1 卷，北京：人民出版社 1991 年版，第 134 页。

③ 《第一次贸易分局长银行分行经理联席会议决议案提纲》，太原：山西省档案馆，档案号：A96—1—10—1。

④ 刘欣主编：《晋绥边区财政经济史资料选编·财政编》，太原：山西人民出版社 1986 年版，第 9 页。

正以发行钞票解决问题的错误方法，到第二次高干会议时，随着公粮变价的展开，税收工作的完善，借支银行基金数减少，只占总收入的25.84%，占边区政府收入的第4位。银行资金的分配朝着良性的方向发展，投向生产的资金增加，1940年农业贷款为50000元，1941年即上升为200000元，是1940年的4倍。随着自力更生的不断深入和贸易上的逐渐平衡，银行每年投入农业的资金逐渐增加，1942年占5.45%，1943年占17.68%，1944年占24.07%，直到1945年抗日战争即将胜利时，由于战争经费的增加和战事的频繁，才使1945年投入生产的资金减少至2.65%[①]，从而有力地支持了边区经济的发展。

抗战时期，西北农民银行成立后发行的纸币有如下特征。

（1）种类繁多，有5分、1角、2角、5角、1元、2元、5元、10元、50元、100元、500元，其具体情况如下。

表 42   **抗战时期货币发行种类**

币面年份	币值		图案种类	颜色	票幅（mm）	备注
1940	5分	1	亭	紫/蓝	52×95	直型
	1角					
	2角	1	额、石舫	蓝黑/红	59×103	
	5角	2	亭、额	棕/蓝	60×115	
			船、额	紫/紫	59×115	
	1元	2	农耕、额、桥	黑绿/紫	71×133	"晋"涂去
				绿/紫	71×133	有"晋西北"字样
			马耕、额、锄地	绿/橘紫	75×146	
	2元	2	额	绿/棕	74×159	
			额、阁、亭	棕/棕	71×154	
1941	5元	1	庭院、额、阁	绿/紫	72×145	
1942	10元	1	额、树亭	紫/紫	80×155	直型

---

① 刘欣主编：《晋绥边区财政经济史资料选编·总论编》，太原：山西人民出版社1986年版，第751页。

续表

币面年份	币值		图案种类	颜色	票幅（mm）	备注
1943	10 元	1		蓝/蓝		正面底纹为浅绿色
	50 元	2	纺织、额、羊群	蓝/绿	68×146	
			额、城楼	蓝/红	83×165	
				棕/蓝	82×165	
				紫/蓝	83×166	
				绿/绿	83×165	
	100 元	2	额、长城、羊群	蓝/灰绿	75×147	6 位数
					75×146	7 位数
			额、羊群	黄/蓝	67×140	
				棕绿/蓝		
				灰紫/蓝		
1945	100 元	1	纺织、额、羊群		62×128	
	10 元	1	房屋	蓝/绿	48×102	
	500 元	2	纺织、额、羊群	紫/蓝	64×131	
				蓝/蓝		
			大会堂	红/蓝	71×140	

资料来源：1. 中国人民银行金融研究所、财政部财政科学研究所编：《中国革命根据地货币》（上册），北京：文物出版社 1982 年版，第 207 页。2. 吴筹中、渠江川：《我党抗日战争时期的货币》，《财经研究》1981 年第 4 期。3. 熊剑秋：《中国人民货币钞币图录》，成都：四川大学出版社 2004 年版，第 64 页。4.《抗战日报》1943 年 2 月 16 日，第 2 版。5. 杨世源主编：《晋绥革命根据地货币史》，北京：中国金融出版社 2001 年版，第 48—51 页。

说明：额为花饰图案。

（2）货币发行量呈逐年上升的趋势。1940 年为 1000000 元，1941 年为 3000000 元，1942 年为 5500000 元，1943 年为 79438218.50 元，1944年 206298448.10 元，1945 年 8 月底以前为 520988930.27 元。1945 年发行量是 1940 年的 5200 多倍。

（3）大量农币支付于财政。据统计，"从 1940 年到 1946 年 7 年中，晋绥边区平均财政用款占发行总额的 56.64%"[1]，大量的农币用于财政支持，

---

① 魏宏运、左志远：《华北抗日根据地史》，北京：档案出版社 1990 年版，第 125 页。

一定程度上影响了对生产发展的投入。这也是银行战时特征的突出表现。

二　管理外汇

抗战时期晋绥边区的外汇是指除西北农钞以外的其他货币，既包括友区货币，如晋冀鲁豫边区的冀南币、陕甘宁边区的陕边币、晋察冀边区的冀边币，也包括敌占区的伪钞，此外还包括法币、赤金、纯银、白洋等。银行管理外汇的工作分为三个时期。

第一时期（1940年5月—1941年11月），摸索阶段。根据地银行一成立就开始着手开展外汇工作。为了配合管理贸易，行署在1940年9月份根据二次行政会议的决议，第一次明确提出管理外汇，规定除药品换回外汇可留部分继续购买药品外，其他货物输出所得一切外汇均须卖交银行，换回相当之农币。这时的外汇管理，只规定了对边区输出货物所得非本位币的管理，而对到边区以外地区购货所需外汇，对于非购货性质的外汇进出口都没有具体规定，不利于及时购买边区生产生活必需品，进而实现进出口贸易的平衡，也不利于巩固农钞和加强银行的外汇力量。

第二时期（1941年11月—1942年12月），起步阶段。1941年11月，行署第一次正式颁布管理外汇的法令性文件——《晋西北行署管理对外汇兑办法》[①]，主要内容如下。

外汇出境方面：第一，申请银行外汇者，针对外汇使用对象的不同而有不同的外汇申请程序和外汇数量。对于到境外购买货物者，规定先按管理对外贸易办法经贸易局许可，然后才可以到西北农民银行之营业机关请核外汇，请核外汇的数量没有限额。对于申请外汇非购货而向外汇兑者，则直接向银行请核外汇，款项不得超过农钞200元。其中凡是西北农民银行不能通汇的地方，申请外汇均需另收手续费5%。第二，对于自行保存的非本位币出境须申请出境证明文件。购货性质的需经过贸易局许可，然后到银行领取；非购货者直接向银行请领证明文件。

外汇入境方面，对于银行提供外汇出外购货者，因种种原因没买到的，按境外非本位币办理入境手续；对于由境外汇入边区的非本位币则按银行挂牌价兑给相应数量的农币或直接存入银行，如愿自己保存者（伪币除外），须向银行请领非本位币携入证明文件，但法币例外，因

---

① 《晋西北金融贸易资料》，太原：山西省档案馆，档案号：A88—5—9—3。

为边区直到 1942 年 12 月才宣布停止法币流通，所以这时法币入境经登记后，照原来数量领取，自行保存或使用。其中对于伪钞的管理最为严厉，这是为了打击日伪利用毫无准备金的伪钞掠夺根据地内的有用物资，严格限制伪钞在根据地内的流通，不但不准商民自行保存，而且商民自己有境外带回的伪钞也一律卖给银行、取出购货时也应以购回等值的必需品为前提。

1942 年 2 月行署对汇兑办法做了补充，即《〈管理对外汇兑办法〉补充办法》①，增加的内容要点：外汇出境方面，（一）向银行申请外汇者，手续费由 5% 降为 3% 。（二）对于商民自己保存的非本位币出境，必须换回等价之必需品为原则。因特殊情况不购货，除法币在 10 元内不追究外，一切非本位币在本币 200 元以上者，均需有当地县政府或其他相当机关的证明文件。一切核准款项也需征收手续费 5% 。外汇入境方面，有两点，一是外汇入境尽量卖交银行，如愿自行保存或行使者，征收手续费 5% ；二是通过输出根据地粮食换回外汇除贸易局外，必须全部卖给银行。在这两个法令的指导下，银行开始在管理外汇的基础上供给外汇，并取得了一些成绩，从 1941 年 11 月到 1942 年 8 月银行兑入兑出非本位币见表 43。

从表 43 中我们可以看到：（1）收买了大量的非本位币，充实了银行的外汇基金。此外兑入的还有赤金、银元、白洋等货币的兑入，大大增加了银行的外汇储备。（2）边区对赤金与纯银等贵金属货币实行严格限制输出的政策，收入赤金 705 两，兑出 373 两，兑出占兑入的 52.9% ，纯银除二分行兑出 151 两外，其他兑入银行的均没有兑出，兑出只占兑入的 26.4% 。（3）银行各种非本位货币出入境相比都处于入超的状态，纸币中入超量最大的是法币，入超额达 172977.31 元，这是因为日伪大量吸收根据地的法币以换取国际外汇，法币在交易中的量很大，边区单纯供给外汇不利于贸易的发展和巩固本币地位。其次分别是陕边币 22821.51 元，冀边币 3721.29 元、冀南币 1401.15 元，这在一定程度上反映了晋绥根据地与友区的联系的远近情况，晋绥边区与陕甘宁边区仅隔一条黄河，没有敌区封锁，再加上陕甘宁边区是中央所在地，因此与陕甘宁的联系最为频繁。

---

① 《晋西北管理对外贸易办法》，太原：山西省档案馆，档案号：A88—5—9—2。

表43　银行兑入兑出非本位币统计

		总行	二分行	三分行	四分行	八分行	实德分行	碛口分行	六分行	总计
赤金	兑入	117	588							705
	兑出	373								373
纯银	兑入	122.42	330.185	1.65					97.9	552.155
	兑出		151							151
白洋	兑入	23174.725	17606.48	5580	17655.2	450	753	675.39	2098	67992.795
	兑出	7171	7563	3699	17550.05					35983.05
法币	兑入	67253.53	116138.7	3955.8	52170.09	64	5716.75	107279.09	4038.4	356616.36
	兑出	36346.05	111879	50	534	252		54578		203639.05
陕边币	兑入	20232.11	3539.5	201	2136.75	406	3589.95	3445.45		33550.76
	兑出	8579.25	1500					650		10729.25

续表

		总行	二分行	三分行	四分行	八分行	实德分行	碛口分行	六分行	总计
冀边币	兑入	1563.5	911.55	167.2	2467.39		241.3	354.7	51.1	5756.74
	兑出	1051.6	632	131.85				220		2035.45
伪钞	兑入	301.43	311.84	25.195		8.4		1		647.865
	兑出					375				375
冀南币	兑入	476.95	2	53		45	237	587.2		1401.15
	兑出									
美金	兑入	360								360
	兑出									
港币	兑入		4							4
	兑出									

资料来源：根据山西省档案馆《晋西北金融贸易材料》编制，档案号：A88—5—9—3。

说明：赤金、纯银以两做单位，其他的以元为单位。

　　第三时期（1943 年 1 月—1945 年 8 月），银行外汇工作走上正轨。由于第二个时期提出的管理外汇政策没有完全做到，只是机械地供给外汇，为此 1943 年行署第一次贸易分局长银行分行经理联席会议①，专门拟定了如何在管理外汇的基础上供给外汇的注意事项：（一）银行严格供给外汇机构的管理，"除总分支行集中办理外，其他如本行之办事处、代办所等不得兼办此项业务，只有总分行指定的办事处可以办理"。（二）对指定办事处提供外汇额度进行限制，每次只能供给不超过本币价值 3000 元的外汇。（三）限制分支行及办事处的外汇储量，如办事处超过本币 1 万元，则需解缴分行或总行，各分支行也要按实际情况解缴总行。（四）银行分支行应大量储备物资，充当外汇。（五）境外商人贩物资到根据地售卖本币，可申请外汇；过境贸易不供给外汇，但在返回时以非本位币请核外汇时，征收手续费 3%。

　　为了进一步严格对外汇管理以配合边区贸易的发展、货币斗争等工作，1944 年政府又颁布《晋绥边区管理对外汇兑办法》②和《晋绥边区管理对外贸易汇兑办法施行细则》③，以前颁发的《晋西北管理对外汇兑颁发》和《晋西北对外汇兑办法补充办法》均作废。其主要内容是，（一）办理外汇的机关。由各级贸易局银行（1942 年年底银行和贸易局合并，是一个机关）及其所设办事处和所指定的代办所办理。没有贸易局的地方由税务局卡代办，无税务机关的地方由当地县区政府兼办。实行了银行、政权机关、税务联合配合办理外汇工作的形式，极大地拓展了银行汇兑业务的空间范围。（二）境外入境的非本位币，不准在边区内携带和使用，也不允许自己保存。改变了以前通过申请批准，征收一定手续费即可携带的做法。（三）申请银行外汇出境，必须在规定时间内换回等价的物品，否则，还应带回兑交银行。把外汇在境外流通的时间缩短，既可保证银行随时具有大量的外汇资金，又避免了外汇长期在外闲置而导致的浪费现象。（四）境内商民自己保存的非本位币出境，都必须经过银行的批准。

---

　　① 《第一次贸易分局长银行分行经理联席会议决议案提纲》，太原：山西省档案馆，档案号：A96—1—10—1。

　　② 《晋绥边区管理对外贸易汇兑办法》，太原：山西省档案馆，档案号：A96—3—22—16。

　　③ 《晋绥边区管理对外贸易、汇兑办法施行细则》，太原：山西省档案馆，档案号：A96—3—22—15。

三　办理汇兑

抗战时期，西北农行汇兑的种类按区域可分为内地汇兑与对外汇兑。内地汇兑，主要指边区内各地之间的互汇；对外汇兑，指晋绥边区与其他地区的汇兑。一方面，根据地大都处于被日伪包围分割的状况下，各个根据地都实行货币发行独占原则，发行的边币或抗币互相之间不能自由流通，因此需要进行各友区之间的货币兑换。另一方面，日军入侵后又依靠武力，占领了中国大量经济较发达的地区和重要铁路公路，为了加强贸易交流，购进根据地的必需品，也必须使用敌占区所需的货币进行交易，这又形成了边区和敌区之间货币的兑换。使用的汇兑方法主要有两种：电汇和票汇。汇费一般是 1 分至 3 分，但对于特殊性的汇款则适当地减少其汇费，如购买军用品和生产工具，经核准后，可减少 20% 的汇费；购买无代用品的必需工业原料，可减少 10% 的汇费；购买无代用品的必需品，可减少 5% 的汇费。汇兑的付款方式有三种：定期付款、见票付款、见票后定期付款①。银行总分支行在 1941 年 11 月—1942 年 8 月汇兑数量如表 44。

表 44　　　　　　　　西北农业银行总分支行汇兑数量统计　　　　　单位：元

类别 行别 币别	汇出款		汇入款		
	本币	陕边币	法币	本币	陕边币
总行		21500			970
二分行	30.00				
三分行	132700.00		110	64400.00	
四分行	395294.00			62000.00	
兴县支行		10	930		
碛口支行	75139.30			160420.10	
总计	603163.30	21510	1040	286820.10	970

资料来源：《晋西北金融贸易材料》，1942 年 9 月，太原：山西省档案馆档案号：A88—5—9—3。

———————————

① 刘欣主编：《晋绥边区财政经济史资料选编·金融贸易编》，太原：山西人民出版社 1986 年版，第 14—15 页。

从表 44 中可以看出这一时期银行的汇兑工作已经开始起步，但范围和汇兑数量十分微小，在范围上，对外只实现了对陕甘宁边区通汇，并且只有总行与兴县支行进行了这方面的工作，数量也十分有限，总行汇出 21500 元，兑入 970 元，兴县支行只汇出 10 元陕甘宁边区币。陕甘宁币外，银行输出的全部为本币，这是由于（1）银行依据政府汇兑办法管理外汇，除购货以外均严格限制根据地的外汇输出。（2）边区商民多没有汇兑习惯，习惯于随身携带。（3）银行进行汇兑收取一定手续费，商民不愿花汇费以至不去银行汇兑。

四 办理储蓄

对于银行的储蓄业务，银行成立后即已开始。存款种类有定期存款和活期存款；存款的利息规定在 6—8 厘，"持有 1 元以上 50 元以下的的法币或本币来储蓄者，以年息 6 厘计算；其储金 50 元以上 100 元以下者，年息 7 厘；其储金在 100 元以上期满一年者，按年利 8 厘计算"[1]。1941年 8 月银行为鼓励存款，又规定"凡系干部及工作人员之存款，均给以月息 2 分之利"[2]，但银行的存款，尤其是定期存款的数量还是很少。1941 年 11 月—1942 年 8 月，银行储蓄如表 45。

表 45　　　　　　　　　西北农业银行储蓄　　　　　　　单位：（元）

行别 \ 币别 \ 类别	定期存款		暂时存款		
	本币	银洋	本币	银洋	法币
总行	500	10			
二分行			158524		
四分行			148664	62	407.5
碛口分行			123357.8		
总计	500	10	430545.8	62	407.5

资料来源：《晋西北金融贸易材料》，1942 年 9 月，太原：山西省档案馆档案号：A88—5—9—3。

---

[1] 《西北农民银行启示》，《新西北报》1940 年 5 月 13 日，转引自杨世源主编《西北农民银行史料》，太原：山西人民出版社 1986 年版，第 325 页。

[2] 杨世源主编：《西北农民银行史料》，太原：山西人民出版社 1986 年版，第 325 页。

表 45 中显示出银行储蓄数量非常有限，而且定期存款明显少于暂时存款，不仅银洋比例小，对于边区本位币西北农钞也及其微小，定期存款中农币只有 500 元，占暂时本币存款的 0.12‰。"活期存款农钞 430545.8 元，大部系机关部队所寄存。"① 由于只有定期存款才能用于边区经济发展的长远规划，因此边区银行数量极少的定期存款根本无法发挥储蓄在经济发展中的作用。这一方面是由于根据地人民的贫困和对存款认识不清楚。另一方面是由于农币不稳定，广大人民害怕存入银行贬值受到损失。

为了使有限的存款用于经济建设，1943 年第一次贸易分局长银行分行经理联席会议决议案提纲中对存款计息的期限进行了延长，"活期存款余额在一万元以上经三月开始计息；定期存款不得少于半年；以定期存款作抵押借款时其利息不得少于存款之利息"② 。这样虽然增加了银行用于经济发展的资金，但却打击了人民的存款积极性。再加上当时军事战争的频繁，使得抗战期间西北农行存款业务发展始终没有突破政府机构与部队寄存的模式。

五　兼理金库

金库制度是统一收支，统一财政之重要工具，是决定财政正规化之重要制度。③ 西北农民银行并不是建立时就兼管金库，而是在 1941 年 8 月召开的第二次高干会议上正式提出的。边区最早提出建立金库是在 1940 年 4 月召开的全区金融会议上，同年 7 月 26 日首先颁布了《县级金库的具体组织章程》，按金库章程成立了"方山、兴县、临南、临县、偏关、保德等"④ 一些县级金库机构。接着，1941 年 10 月正式颁布了《各级金库暂行章程》。边区政府和西北农民银行为使金库真正发挥作用，制定了一些相对完善的制度、章程，尤其是《各级金库暂行章程》的颁布，确立了银行对金库兼管的职责，使金库管理权、金库职员、金库组织、金库

---

① 刘欣主编：《晋绥边区财政经济史资料选编·金融贸易编》，太原：山西人民出版社 1986 年版，第 107 页。

② 《第一次贸易分局长银行分行经理联席会议决议案提纲》，1943 年 1 月，太原：山西档案馆，档案号：A96—1—10—1。

③ 《行政导报》第三卷，第四、五期合刊，转引自刘欣主编《晋绥边区财政经济史资料选编·财政编》，太原：山西人民出版社 1986 年版，第 85 页。

④ 刘欣主编：《晋绥边区财政经济史资料选编·财政编》，太原：山西人民出版社 1986 年版，第 27 页。

领导权及款项的动用等问题逐渐地制度化、规范化。

金库的组织。各级都建立相应的金库制度，行署设总金库，专署设分金库，县设支金库。金库由主任、会计、出纳三人组成。主任对收支款物、负责签名盖章及领导金库工作。会计员管理收支款物之账簿表报。出纳员点验收支及保管公款公物[1]。

金库的管理权问题。金库最早由行署各级财政处管理，因此各级政府私自动用金库款项的很多，如滥开支，超过预算；不执行停发经费的命令；私人感情随便借钱给别人等[2]，致使边区政府初建立时，财政收入十分有限，如表46。

表46　　　　　　　　　　　　行署与县财政收入对比

时期	各县收到数（元）	行署收到数（元）	比例（%）
1940.1—1940.8	3040041.75	1624524.80	53.4
1940.9—1941.2	620786.3	194600.29	31.4
1941.3—1941.8	3916702.63	1508512.65	38.5

资料来源：刘欣主编：《晋绥边区财政经济史资料选编·财政编》，太原：山西人民出版社1986年版，第57页。

从表46中我们可以看到1941年9月第三次行政会议召开以前，行署收到各县的收款数目最多时只达到各县实际收到款子的一半，使行署本来十分困顿的财政更加困难。于是在第二次高干会议上，行署正式提出由银行兼领金库工作。在第三次行政会议上又进行了进一步的讨论，1941年10月颁布《晋西北行政公署所属各级金库暂行章程》规定："各级金库由行署责成西北农民银行办理之，各级银行及办事处主任兼任各级金库主任"[3]，正式确立了银行对金库的兼管政策。但无银行的地方必须另行组织金库，仍由各级财政科长兼代主任。

金库的职员问题。金库刚刚成立时，由于金库工作人员的缺乏，多由财政人员兼任，没有形成金库独立的运作机构，实际上完全是财政处的附

---

[1]　杨世源主编：《西北农民银行史料》，太原：山西人民出版社1986年版，第362页。

[2]　刘欣主编：《晋绥边区财政经济史资料选编·财政编》，太原：山西人民出版社1986年版，第28页。

[3]　杨世源主编：《西北农民银行史料》，太原：山西人民出版社1986年版，第362页。

属机构。为了解决金库工作人员缺乏的问题，行署于1941年6月和12月专门组织了两次会计干部训练班，培养了一些会计干部，训练班的课程有"财政政策、财政工作（预决算、金库等各种制度）、会计原理、簿记、珠算及政治课。技术课占75%，政治课占25%"[1]。银行正式接管金库以后，银行的一部分职员也兼任了金库的职务，金库的人员配置才基本完善。

金库的领导权及款项的动用问题。银行兼理金库后政府机关对金库仍然具有领导权，县级金库主任接受县长的领导，总金库在行署指示下领导分支金库工作。但为避免地方财政机构对金库资财的随意调动，改变了"（金库）主任接受县长之领导，批发款项"[2]的权利，规定行署以下与金库同级的政府机构对金库只限于监督、领导的权利和战时将金库款物移交安全地带的义务，款项的批发权完全归于行署。在正常的情况下金库没有外借款物的权利，金库支付款物"非有行署签发支付命令（专署及县无签发支付命令之权），不能支付款物给任何机关团体及部队"[3]。其中支付命令有两种，一种是单凭行署的命令取款，另一种是除命令以外还需要有领款机关的正式收据。只有地方政府机构与行署失去联系时才可暂借，其借款的数额限制在"专署在一月内不得超过1500元，县不得超过400元"[4]，并且金库须事后报告行署。一般来说，金库款项调动实行总金库及专区各金库对行署负责，地方金库对上级金库负责，依靠总金库或专区分金库的签发的支票支出款物。

金库的任务及其对款物的管理。银行兼理金库的一个首要的目的就是杜绝行署各级政权滥支滥用公款的现象，以保证在战时状态下能够最大限度地集中整个边区的人力物力支持抗战。因此，在西北农民银行章程中规定各级金库的任务主要是"承行署之命，办理公款公物（金库有价政权及其他贵重物品等）之保管收支"[5]，为了使金库真正发挥其应有的作用，必须保证金库有充足的款物，因此规定各级金库的一项重要任务就是督促各级财政机关的一切收入都要上缴金库，收款后，由金库开具三联单，分

① 刘欣主编：《晋绥边区财政经济史资料选编·财政编》，太原：山西人民出版社1986年版，第59页。

② 同上书，第27页。

③ 同上书，第147页。

④ 杨世源主编：《西北农民银行史料》，太原：山西人民出版社1986年版，第363页。

⑤ 同上。

别是存根（金库留存），正收据（缴款机关留存），报告（分支库给统计政府财政科，总金库送交行署财政处）①。各金库的款物除了用于支付的，剩下的均需每个月上缴上级金库一次，实行从下级到上级金库层层递进的方式集中根据地的财力于总金库。为了更有效地加强金库财物管理，行署还规定分支金库要定时向上级金库递送金库的财政收支报告，"每五天作收支报告表，每月底作收支报告总表，每年底须做收支总结"②，逐级上缴总金库，由总金库直接上缴行署，这样就有效地避免了各级政府财政机构对金库款物的随意使用，增加了边区政府的财政收入。

银行兼理金库工作适应了行署财政工作的战时性质，对节省财政支出，改善政府财政混乱的状况提供了有效的保障。

第四节　货币斗争

建立农币为边区的本位币，是保证根据地各项生产顺利发展的主要条件之一，农币的不断巩固正是在与各种非本位币斗争的基础上实现的，西北农民银行发行西北农钞以来，不断地与各种非本位币作斗争，其中最主要的是与银洋、法币、伪钞的斗争。禁止非本位币的流通不是某一个机构，某一个部门可以单独实现的，因此和其他根据地一样，晋绥根据地建立农币本位市场也是在政府机构、银行、贸易机构等相互配合下实现的。

一　与银洋的斗争

抗战期间晋绥边区政府对银洋一直实行禁止流通的政策，但由于执行不严格，银洋一直没有完全禁绝，但各个时期西北农币与银洋的斗争情况是不同的。西北农民银行根据边区政府金融政策的指示，对银洋的斗争主要分为三个阶段。

第一阶段（1940年1月—1941年3月），西北农民银行对银洋还没有明确政策，银洋流通处于放任阶段，银洋在市场上流通较为猖獗。这是由于：（1）西北农民银行刚刚建立，在钞票发行上没有经验和边区政府财

---

① 刘欣主编：《晋绥边区财政经济史资料选编·财政编》，太原：山西人民出版社1986年版，第147页。

② 杨世源主编：《西北农民银行史料》，太原：山西人民出版社1986年版，第363页。

政急需等原因，在银行发行货币时出现了盲目乱发的现象，农币发生通货膨胀，商民不愿使用。（2）边区政府刚建立，各种机构尚不完善，还没有颁布禁止银洋流通的正式法令。（3）晋西北在战前一直是阎锡山的省钞区，虽然南京政府在 1935 年实行法币政策，规定各省银钱行号税收机关定期收兑旧币，通行法币，但阎锡山在山西还是大量周使省银行和"四银号"发行的纸币，另组"法币兑换处"，其职能"专办本省汇换法币事宜"①，以应对向外汇兑者或"有正当用途"者，从而使法币在山西的流通很有限。大量晋钞在根据地政权建立时也贬值，人民多不信任。这就使本来在群众中有根深蒂固影响的硬通货——银元，成为流行最广的货币。

第二阶段（1941 年 4 月—1941 年 11 月），西北农行对银洋的政策是只可保存，严禁在市面流通。1941 年 3 月行署召开财经建设会议，正式宣布在金融上以农币为本区唯一合法本位币，严禁银洋流向敌占区，禁止在市面上流通②。紧接着在 4 月 10 日颁布《扰乱金融惩治暂行条例》把在财政建设会议上的金融政策制度化，对银洋的政策是：只准储存，不得周使市面，用时须至各地兑换机关换为农币③。西北农民银行作为政府重要的金融机构，成为兑换非本位币，保障农币市场的重要实施机构。但这一政策在实践中并没有完全做到，以 1941 年兴县大商人销售货物所收货币中银洋所占比重为例，2 月占营业额的 60%，6 月又增加到 80%④。政府不仅没有立即采取措施严禁，而且还在 8 月，用银洋进行经费的发放，这种默认的做法致使银洋更加盛行起来。为此，边区在 1941 年 11 月又专门颁布了《晋西北修正扰乱金融惩治暂行条例》，并据此条例同时颁布了《禁绝银洋之法令要点》，严令白洋只准自己保存，不准在市面上随意行使。再次强调西北农民银行进行非本位币汇兑工作的职能，条例中指出边区境内行使要到银行换取农币，到境外行使银洋者，按照管理对外贸易办法和管理对外汇兑办法向银行领取出境证明。

为了加强打击力度，修正条例依据行使数量的不同制定了不同的惩治

---

① 《山西日报》1936 年 2 月 6 日，转引自中国人民银行山西省分行、山西财经学院金融编写组《阎锡山和山西省银行》，北京：中国社会科学出版社 1980 年版，第 118 页。

② 刘欣主编：《晋绥边区财政经济史资料选编·总论编》，太原：山西人民出版社 1986 年版，第 392 页。

③ 特讯：《行署颁布条例惩治扰乱金融》，《抗战日报》1941 年 4 月 23 日，第 1 版。

④ 刘欣、景占魁：《晋绥边区财政经济史》，太原：山西经济出版社 1993 年版，第 146 页。

措施，分为两种，一种是针对贩运与意图贩运[①]者，（1）50元未满，处1年以下有期徒刑，或科2倍以下罚金。（2）50元以上300元未满，处2年以下有期徒刑，得并科5倍以下之罚金。（3）300元以上500元未满，处3年以下有期徒刑，得并科7倍以下之罚金。（4）500元以上1000元未满，处5年以下有期徒刑，得科10倍以下之罚金。（5）1000元以上者处死刑[②]。其中对于贩运敌占区要加重惩罚的力度，一般要加重一倍惩罚，银洋超过500元以上者，就处以死刑。另一种是针对行使银洋者，比贩运者惩罚较轻，在根据地内行使银洋或蓄意行使而持有银洋者除在50元以内全数没收外依下列规定处理。（1）50元以上百元未满处1年以下有期徒刑或科以2倍以下之罚金。（2）100元以上500元未满处1年以上2年以下有期徒刑，并科2倍以上5倍以下之罚金。（3）500元以上1000元未满处2年以上3年以下有期徒刑，并科3倍以上7倍以下之罚金。（4）1000元以上处3年以上5年以下有期徒刑，并科5倍以上10倍以下之罚金。（5）1000元以上者处死刑[③]。对违反外汇管理办法私自将银洋带往敌占区购货者，处罚则和贩运敌占区者相同。惩治措施中，不仅采用单纯的罚款形式，而且对情形严重者判处徒刑甚至处死，不可不谓之严厉。在这些法令的指导下某些地区取得一些成绩。如兴县认真执行禁止银洋的命令，查获很多违反法令的案件。

表47　　　　兴县1941年11月—1942年1月查获暗使银洋案件统计

	11月		12月		1月	
	案数	没收数	案数	没收数	案数	没收数
公安局	7起	白洋894元	6起	白洋24元 艮宝50两	2起	白洋13元
稽征局			4起	白洋147元	1起	白洋3元
游击队			2起	白洋16元	2起	白洋9元
贸易支局			21起	白洋116元	4起	白洋38元

① "意图贩运"是指准备贩运或贩运未遂。

② 《禁绝银洋之法令要点》，1941年11月1日，太原：山西省档案馆，档案号：A88—5—12—3。

③ 《晋西北修正扰乱金融惩治暂行条例》，1941年11月1日，太原：山西省档案馆，档案号：A88—5—12—2。

续表

	11 月		12 月		1 月	
	案数	没收数	案数	没收数	案数	没收数
二区公所			2 起	白洋 52 元		
三区公所			1 起	白洋 21 元	1 起	白洋 4 元
四区公所					1 起	白洋 8 元
五区公所					2 起	白洋 37 元
六区公所			1 起	白洋 105 元	1 起	白洋 27 元
一区公所					1 起	白洋 11 元
水磨滩村公所				·	1 起	白洋 7 元
合计	7 起	白洋 894 元	37 起	艮宝 50 两 白洋 481 元	16 起	157 元

资料来源：《晋西北行政公署关于禁止白洋、伪币的指示信》，太原：山西档案馆，档案号：A88—5—12—4。

说明："艮宝"，民国的小花钱，也有的是银挂件上的，也有白铜的，品不错。

　　从表 47 中我们看到兴县在法令颁布的当月就开始着手禁使银洋的工作，在第 2 个月禁查案件就达到 37 起，查禁银洋数为 481 元，取得这样的成绩主要有以下几方面的原因：第一，兴县是边区的直属县，边区政府就设在这里，因此便于法令的贯彻执行；第二，兴县组织专门查缉组织（公安局和稽征局）和民间自发查禁相结合的办法制止银洋的流通，充分调动了广大干部群众的积极性。

　　但并不是整个边区都贯彻了这一方针，由于某些干部对《禁止银洋法令》采取漠视甚至包容态度，导致禁使工作各地参差不齐，"六专署就是执行较差的典型地区之一，其所属之宁武县府所办之油房在禁止白洋的布告下后，该油房掌柜请示宁武县长，但县长含糊推说向局长（贸易分局长）去谈吧，而当贸易分局查获油房行使白洋 50 元送交县府处理，县府却请保出了"①。某些干部这种含糊态度，致使法令颁布后银洋还在当地继续流通，贸易局查出后，也没有依据相应的处罚条例进行制裁，而是对违法者采取了徇情纵容的态度。这直接影响了边区本位币的建立，也间

_____

① 《晋西北行政公署关于禁止白洋、伪币的指示信》，太原：山西省档案馆，档案号：A88—5—12—4。

接便利了日伪套取银洋的活动，使边区损失很大。

禁使银洋的相关法令颁布后，虽然边区禁使银洋工作取得一些成绩，但总的看，并没有完全执行，银洋流通在时间上表现为波浪式的涨落趋势，在区域空间上表现为区域工作的不平衡性，银洋始终没有完全禁止。原因除了领导干部的徇私外，主要是：（1）政权正式建立以来，西北农行一直把农币束缚在银洋上，如"1940 年 5 月首次发行货币时，农币与银洋的比价是 4 元，到 8 月银元涨到 40 元农币，政府就确定维持 35 元农币兑 1 元银洋的标准价"①。这样就使得西北农币随着银洋的变动而变动，始终没有建立自己独立的发行原则，因此农币价格的涨落始终没有跟生产发展联系起来，只是一种信用货币。（2）农币的信用尚不巩固，涨落不定，而银洋作为一种硬通货价值一直较为稳定并与农币比价不断上升，1940 年白洋与本币比价是 1∶10，1942 年 1∶66，1943 年 1∶155，1944 年 1∶200，1945 年 1∶550②，白洋受到群众的普遍欢迎。（3）边区领导干部在领导和认识没有做到统一，执行中常常是我行我素，致使银洋法令执行不力。（4）政府制定的禁止法令中允许保存银洋，也在一定程度上为银洋的行使提供了契机。

第三阶段（1941 年 12 月—1945 年 8 月），西北农行依照政府指示对银洋实行彻底禁止的政策，不仅不允许流通，在保存上也进行了限制。为了彻底禁使银洋，制止干部违法纵容银洋流通的行为，行署于 1941 年 12 月 3 日发出《行署布告军民严禁行使贩运银洋》③ 的布告，规定 1941 年 12 月 10 日以后，根据地内只有各级银行、金库、军区、军分区司令部、行署、专署有权保存银洋，其他集体或个人均无权保存银洋，对银洋的保存权限第一次明确做出限定。同时为了确保法令在各地真正执行下去，对各级政府、干部及银洋债务的清偿等也作出相应的规定，如政府人员查禁不力要受连带处分；银洋债务一律以银洋折还农币进行清偿；银洋交易双方有一方主动告发可领奖金，经第三方告发者交易双方都受处罚，中间人也同样受罚。但由于农币大量发行引起物价上涨，通货膨胀，群众多使用银洋，为了抑制白洋的肆意流通，西北农民银行于 1942 年 5 月积极吸收

① 刘欣、景占魁主编：《晋绥边区财政经济史》，太原：山西经济出版社 1993 年版，第 227 页。

② 刘欣主编：《晋绥边区财政经济史资料选编·总论编》，太原：山西人民出版社 1986 年版，第 754 页。

③ 特讯：《行署布告军民严禁行使贩运银洋》，《抗战日报》1941 年 12 月 3 日，第 3 版。

银洋，自动贬低农币与银洋的比价，由 40：1 猛落到 80：1①，这虽然使银洋流通暂时得到一定控制，但农币却更加不稳定。再加上 1942 年 10 月底到 11 月初的临参会上决定"默许银洋流通，准备以 13 万白洋作为农钞基金"②，使银洋的流通再次公开化，不仅没有稳定住农币，反而降低了银洋在群众中的信任度。

为了最终巩固农币，支持根据地经济的发展，必须彻底禁绝银洋的流通，1943 年 9 月 10 日中共晋绥分局首先颁布了《关于彻底禁使银洋的指示》③，指出各地应具体布置禁使银洋。第一，加强教育宣传活动，使禁使银洋深入人心。对干部要进行思想上的教育，尤其是金融干部要由地县审查，调换并淘汰贪污腐化分子，具体的形式是召开从上到下的讨论会；对群众要进行广泛的宣传活动，其主要途径是在主要城镇商业中心利用集市或纪念节进行宣传，为使群众容易接受，在宣传的形式上也多样化，如散发传单，制作小调戏剧等。第二，加强银洋的缉私工作，严格缉私人员的审查。缉私队员必须经当地县委、县长亲自审查；为每一个缉私组织配备一定数量的优秀党员以教育其他缉私队员；屡犯错误，贪污腐化的人员没有资格参加缉私队。为了打击日伪大量盗取根据地内的银洋、粮食等物实现其以华制华、以战养战的目的，晋西北行政公署又颁布了完全禁使银洋的法令《行政公署关于彻底禁绝行使银洋的指示》④，规定从 1943 年 11 月 1 日开始彻底禁绝银洋。西北农民银行限定时间对银洋进行汇兑，在 11 月 1 日以前凡现存银洋者必须自动到银行兑换，银行按挂牌价格交付农币，再酌以奖金；其不愿卖交者允许保存起来。11 月 1 日以后，无论公私一律不准使用银洋，银行也停止兑换，过期不兑而暗中使用者予以严惩；一切财政收入、货物交易、账簿计算、资本计算、预算决算、讨价还价，均不准使用银洋。

边区政府允许不愿兑换者自己保存银洋，但对银洋的保存和使用做了许多限制，携带者必须"持有财经办事处及西北农民银行的证明文件"，

---

① 刘欣、景占魁主编：《晋绥边区财政经济史》，太原：山西经济出版社 1993 年版，第 146 页。

② 《晋西北金融贸易材料》，1942 年 9 月，太原：山西省档案馆，档案号：A88—5—9—3。

③ 杨世源主编：《西北农民银行史料》，太原：山西人民出版社 1986 年版，第 188—189 页。

④ 《行政公署关于彻底禁绝行使银洋的指示》，太原：山西省档案馆，档案号：A88—5—12—8。

否则均以行使银洋罪，按《修正扰乱金融惩治暂行条例》（1941年）处罚，在完粮纳税、清偿债务等各种社会活动中均不能使用。对于主动告发者进行奖励，给奖的比例按照缴获数量来确定，"报告人给奖没收款的25%，工作人员奖15%，查获人奖15%，如无报告人则奖25%"①。但由于日伪向临县、兴县、保德等地侵犯，各地党政机关不得不立即投入反扫荡斗争中，禁止行使银洋的准备工作受到很大影响，行署遂决定禁使银洋工作"延期1个月，自1943年12月1日起开始禁止"②，以争取更多时间布置各项准备工作。西北农民银行各级机构积极制定对应的措施配合禁使银洋工作，如《西北农民银行八分行关于不再使用白洋，不再作白洋与农币比价的通知》，规定"以后各机关团体单位与群众，所有往来关系一律以农币计算与支付"③。为加快禁绝工作，八分行还给自愿到银行兑换的群众以奖励，从1944年1月15日开始"凡以白洋来兑换农币者，除牌价每元兑给50元外，另外给以10元农币之奖金以示奖励"④。禁使银洋的先决条件是边区本位币的稳定，但1943年7月到次年3月，正是农币波动频繁的时期，农币不断跌价，这就使商民都不愿使用，甚至要求以物易物，银洋暗中交易再度复活⑤。因此《彻底禁绝银洋法令》颁布初期，银洋禁使工作并没有立即取得成效。随着根据地生产的发展，缉私工作的不断加强，银洋流通才开始完全转入暗中行使，其行使的数量也大大下降，到1944年中后期银洋基本禁绝。直到1945年抗战即将胜利前夕，银洋才又开始兴盛。这一方面是日伪为挽救其颓势，通过输入根据地奢侈品不断套取边区银洋，同时在沦陷区强种鸦片，出售时规定"购买沦陷区鸦片，非银洋不可，故准备做鸦片生意的商贩，便开始大量收购银洋"⑥。另一方面是银洋禁绝流通已有一段时间，各级干部群众放松了工

---

① 《行署颁布布告禁绝银洋行使，粉碎敌寇吸收我银洋阴谋》，《抗战日报》1943年9月21日，第2版。

② 《关于禁止银洋使用事先做好准备的通令》，太原：山西省档案馆，档案号：A88—5—12—6。

③ 《西北农民银行八分行关于不再使用白洋，不再作白洋与农币比价的通知》，太原：山西省档案馆，档案号：A96—3—25—7。

④ 《西北农民银行八分行关于白洋兑换本币给以奖励的通知》，太原：山西省档案馆，档案号：A96—3—25—3。

⑤ 刘欣、景占魁主编：《晋绥边区财政经济史》，太原：山西经济出版社1993年版，第225页。

⑥ 杨世源主编：《西北农民银行史料》，太原：山西人民出版社1986年版，第192页。

作，再加上为了支持抗战大量发行农钞，使农钞大量贬值，也促使了银洋的流通。

总之，抗战期间晋绥根据地的银洋始终没有完全禁绝，银洋的流通是此起彼伏的态势，其中原因是多方面的，既有战争的关系，也有货币发行方面、各级政府和群众认识等方面的原因。

二　与法币的斗争

法币是 1935 年南京国民政府币值改革后，唯一允许合法流通的货币，日军入侵后大量掠夺法币换取外汇，扰乱破坏根据地金融，支持其侵华战争，"在敌寇占领区内，发行伪钞，定伪钞为单一本位币；禁用法币，排挤法币，替伪钞扩大市场。在其不能完全禁用的情况下，则打击法币，贬低法币之价值，又暗中吸收法币，□□吸收我法币向我抗日根据地某些地区倾销。尽量吸收原料与农业品，使根据地金融枯竭，金融紊乱"[1]。因此，对法币的斗争是关系边区金融稳定的一个重要步骤。

第一阶段（1940 年 1 月—1941 年 1 月），西北农行对法币的政策是允许法币与农币共同流通。晋绥根据地刚刚建立时初步制定的金融政策就规定："金融上以法币为标准币，进行发行农币"[2]，在货币流通上"允许法币与农钞等价流通"[3]；"所有田赋、税款征收和经营开支，一律以法币为计算单位"[4]。西北农民银行根据晋绥边区的政策指示，暂时允许法币流通。除政府刚刚建立的原因外，银行的实力和当时的政治形势也决定了允许法币流通的政策，具体为：（一）农钞的信用尚不稳固。西北农民银行建立初期，由于财政上急需和金融工作者缺乏经验，发行的农钞基本上都用在了政府的财政开支上，1940 年银行总共发行农钞 1000000 元，前 8 个月就借支财政开支 782837 元[5]，占全年发行总量的 78.3%，几乎达到发行量的 3/4，1940 年 7 月农币向法币贴水 2 分至 3 分，八九月间，每元农币向法币贴水 1 角 3 分至 1 角 4 分左右，到 10 月贴水就升到 8 角左右

---

① 社论：《保护法币、抵制伪钞，推行本币》，《抗战日报》1941 年 3 月 15 日，第 1 版。

② 刘欣主编：《晋绥边区财政经济史资料选编·总论编》，太原：山西人民出版社 1986 年版，第 392 页。

③ 魏宏运、左志远：《华北抗日根据地史》，北京：档案出版社 1990 年版，第 124 页。

④ 杨世源：《晋绥革命根据地货币史》，北京：中国金融出版社 2001 年版，第 63 页。

⑤ 杨世源主编：《西北农民银行史料》，太原：山西人民出版社 1986 年版，第 45 页。

（1.8 元换法币 1 元），到年底农币与法币的比价基本盘旋在 4 元到 5 元之间①。农币不稳定，致使军民纷纷抛出农币，在市面上与农币同样有合法流通地位的法币势必大为增加。（二）抗战爆发后，中国共产党与国民党实现了历史上的第二次合作，八路军的军饷一律用法币发放，法币作为法定货币必然也在根据地占有重要地位。在 1940 年 9 月之前，在晋绥边区仅有 5 角的农币在兴县、临县、河曲、保德等县周转，而且为数很少。同时在农币发行中，规定发行农钞一律以法币为本位，无论军民人等，一概不准折扣或贴水②，随着农币不断贬值，法币逐渐在根据地兴盛起来。

法币的流通，大大便利了日伪套取法币、破坏根据地的活动。首先，日伪利用法币外汇以实现其以华制华的险恶计划。日伪以大量的奢侈品向根据地倾销，吸收了大量的法币，法币是有外汇的，利用法币外汇在国外购买大量的军用物资来屠杀中国人民，支撑其侵华战争。其次，破坏了法币的稳定。日伪除了在根据地内掠夺法币，还在敌占区采用"用法币打击法币"的政策吸收法币，或在这里禁用，在那里吸收；或明禁暗收，把价格贬得时高时低。这样大量的法币集中于日伪手中，据称日伪掌握法币已占当时法币发行总额的 2/5③。如此庞大的法币既有利于日伪破坏法币的信用，又使根据地和群众受到损失。

第二阶段（1941 年 2—8 月），西北农民银行对法币的政策是只允许保存，不允许流通。法币流通便利了日伪的套取，造成了法币的波动，影响了根据地巩固与发展，再加上 1941 年年初，农币价格低落，"法币 1 元兑换农币达 5.5 元到 6 元之间"④。为稳定根据地金融，行署决定从 1941 年 2 月 25 日开始停止使用法币，但仍然允许人民自由保存，在根据地内行使需要先兑成农币，对于出外购买必需品则需要凭出境购物证携带法币出境。接着在 1941 年 3 月召开的财政经济建设会议上进一步规定"农币为本区唯一合法之本位币，根绝伪钞，严禁白洋法币之流入敌占区，因而

①　刘欣主编：《晋绥边区财政经济史资料选编·金融贸易编》，太原：山西人民出版社1986 年版，第 50 页。

②　同上书，第 51 页。

③　刘彦伟：《冀南银行研究》，硕士学位论文，河北大学，2008 年。

④　刘欣主编：《晋绥边区财政经济史资料选编·金融贸易编》，太原：山西人民出版社1986 年版，第 51 页。

也禁止其在市面行使以防被日伪吸收"①。此外，还颁布《扰乱金融惩治暂行条例》，发出了《关于金融问题的指示信》以及"为打击伪票，停使法币、白洋，巩固西北农票宣传解释大纲"等法令和指示，进一步指示停止法币在市面流通。违反法令直接行使者，全部没收，同时奖励告发者，"告发在市面直接行使法币者，给以 20% 的提成；告发以法币流入敌占区者，给以 25% 的提成"②。对法币的禁止政策使法币在边区内行使数量大为减少，以兴县为例使用法币的情形如表 48。

表 48　　　　　　1941 年兴县商人收受法币变动　　　　　单位：元

商别 ＼ 时间	2 月	3 月	4 月	5 月	6 月	增减
大商人	80	30	35	7	10	—
民商人	40	10	20	10	10	—
平均	60	20	27.5	8.5	10	—

资料来源：刘欣主编：《晋绥边区财政经济史资料选编·金融贸易编》，太原：山西人民出版社 1986 年版，第 58 页。

说明：1. 以收受货币总额为 100。

2. 4 月与 5 月平均数原分别为 18.3、8.3，表中为重新计算的更正结果。

表 48 中显示禁止法币流通的第 1 个月大商人收受法币的比例就由 80% 降低为 30%，下降了 50%；民商由 40% 减少至 10%，下降了 30%，二者收受法币平均下降 40%，其后几个月，虽然有时法币交易数量有些上升，但其上升的比例是比较小的，如大商人 4 月比 3 月上升 5%，6 月币比 5 月上升 3%，民商相对于大商法币禁止后反复的幅度相对更大一些，4 月比 3 月上升 10%。但从总体上看法币在商业中的交易量是下降的，没有一个月收受的法币超过商人在 2 月的交易比例。

法币被禁止使用后，由于没有经验大量发行农币，再加上没有相应物质保障，通货膨胀严重，并没有起到本位货币的主导作用，银洋反而成为

---

① 刘欣主编：《晋绥边区财政经济史资料选编·总论编》，太原：山西人民出版社 1986 年版，第 392 页。

② 刘欣主编：《晋绥边区财政经济史资料选编·金融贸易编》，太原：山西人民出版社 1986 年版，第 3 页。

了边区的主要流通货币。以兴县为例银洋的流通量是大大增加了，大商人2月收白洋占总营业收款之10%，3月占20%，4月占40%，5、6月占80%；外来商人2月占10%，3月占30%，4月占40%，5、6月占90%；中小商人2月占30%，3月占40%，4月收60%，5月收75%①。同时由于日伪对法币实行明打击暗吸收的政策，法币大量涌向敌占区，被敌吸收，破坏了法币的信用。

第三阶段（1941年9月—1942年年底），西北农民银行对法币实行保护政策。保护政策以太平洋战争为界，分为前后两个阶段，两个阶段对法币都实行保护政策，但其实质是不一样的。

前一阶段日军利用法币可换取外汇，因此保护法币主要是允许一定数量的法币在根据地内流通，在法币入境方面允许输入并在银行登记"凡由境外汇来本根据地之款，如系法币，在未以命令停止运使以前，得应取款人之要求登记后照数发给"②。对法币输出境上，行署第三次行政会议认识到由于边区对外贸易不平衡，尚不能完全禁止法币流通，因此在会议的决议中把对法币的政策从完全禁使改为"暂准周使，贩运者处罚的方针"③。这是为了便利根据地内商业的繁荣发展和防止不法商人投机贩运法币，在法币行使数量上也作了相应的限制，在根据地内"调换在500元以下者不追究，在500元以上者，带有投机捣乱的性质，应按规定处理；对贩运法币到敌占区者，在8000元以上者处以死刑"④。1941年11月行署公布《修正扰乱金融惩治暂行条例》，明确以法令的形式规定对法币实行保护政策，晋西北农民银行所发行之纸币为本区（根据地内游击区）唯一合法之本位币。对法币实行保护办法，在一定时期以前暂准行使，但不得贩卖。在根据地内贩运或贩往友区的处罚为：（一）500元以上1000元未满者，科以2倍以上5倍以下之罚金。（二）1000元以上3000元未满者，科以3倍以上7倍以下之罚金。（三）3000元以上处2年以下有期徒刑，得并科5倍以上10倍以下之罚金。对违反非本币出境手

---

① 刘欣主编：《晋绥边区财政经济史资料选编·金融贸易编》，太原：山西人民出版社1986年版，第6页。

② 《晋西北金融贸易材料》，太原：山西省档案馆，档案号：A88—5—9—3。

③ 刘欣主编：《晋绥边区财政经济史资料选编·金融贸易编》，太原：山西人民出版社1986年版，第12页。

④ 同上。

续贩往敌占区的要加重一倍处罚，达到 8000 元就处以死刑①。

后一阶段太平洋战争爆发后，法币失去了换取外汇的优势，日军将其掌握的大量法币抛向根据地以套取物资，因此根据地调整对法币的政策。太平洋战后初期晋绥边区允许法币在根据地内流通的政策没有改变，1942年 2 月 15 日行署发布《晋西北修正扰乱金融惩治暂行条例（之补充办法）》规定：凡法币以外其他非本位币，在本根据地内，一律禁止周使。但在法币进出境方面，则有所变动，不仅不允许输出，也不允许输入，违反者给予严厉惩罚：（甲）法币除 10 元以内者不究外，在 10 元以上 1000元以下者，一律没收。（乙）法币在 1000 元以上、5000 元以下者，除没收外，得并科以 3 倍以下之罚金。（丙）法币在 10000 元以下、5000 元以上者，除没收外，得并科以 7 倍以下之罚金，并得处以 2 年以下之有期徒刑。（丁）法币在 10000 元以上、20000 元以下者，除没收外，得并科以 2倍以上、10 倍以下之罚金，并处以 2 年以上、5 年以下之有期徒刑②。法币面临国际国内的双重困境，一方面是日本在敌占区禁止法币流通，却将手中大量的法币推向根据地倾销套取物资；另一方面是南京国民政府大量发行法币，在这两方面的作用下法币通货膨胀十分严重。为了使边区免受更大损失，西北农民银行于 1942 年 3 月对各分支行经理、局长发出《法币可能发生变化的秘密指示信》③，指出今后法币在晋西北可能发生变化，目前应对法币变化的基本方针是：争取农币与法币断绝关系，做到对外（敌占区与大后方）贸易的以物易物。其要点有五个方面，（一）防止贩运法币的纷乱现象，其方法：1. 如果日伪在我根据地内利用"扫荡"或其他经济关系（或经过大后方商人）已经散布下一些法币时，我们为防止捣乱金融，可由银行收买法币以掌握之。2. 收买办法一定以农币贬价收之，仅限在根据地收，不可去敌占区收。3. 严禁群众乱收乱贩法币。（二）急速把手中现存法币储存货物以防吃大亏。其方法：1. 我各军政机关工厂贸易局所存法币急速推向大后方，购存必需品。2. 在根据地及游击区，向群众及商人，广泛宣传法币之将要大大落价，使我们地区的民商也将现存法币急速推向大后方，以免吃亏。银行分行除将保留一少部分以

① 《晋西北修正扰乱金融惩治暂行条例》，1941 年 11 月 1 日，太原：山西省档案馆，档案号：A88—5—12—2。

② 《晋西北管理对外贸易办法》，太原：山西省档案馆，档案号：A88—5—9—2。

③ 《关于法币可能发生变化的指示信》，太原：山西省档案馆，档案号：A96—1—11—12。

备零星供给外汇使用外，亦应即速抛出法币于大后方。（三）加强管理对外贸易工作（做到出入口贸易的平衡）和外汇工作（保障内地农币市场），以达到对外贸易（敌占区即河西）的以物易物。（四）银行挂牌价格应以银洋为标准，贬低法币价格，断绝本币与法币的直接联系。（五）其他有关工作如发展土产做为外货代用品的作用，运销土货出境加强田赋工作等。这封秘密指示信暗含了边区政府停止法币的意思，这与以前允许法币在边区流通的政策截然相反，虽然没有向全边区军民公布，但政府对法币的态度开始变得明朗化。因此这一时期，单从官方向全边区颁发的政策来看，是允许法币流通的，但从政府对主要经济部门（银行与贸易局）的行动指示分析，政府已经在逐渐地推出法币，禁止法币在根据地流通。由此我们可以看出后一阶段对法币的保护政策实质是间接地禁止、排斥的政策。

第四阶段（1943年1月—1945年8月），银行彻底禁止法币流通。

在保护法币时期，允许一定数量的法币在边区内暂时行使，客观上助长了法币流通，不仅有些群众违反法令自由行使；有些金融工作者也有违反政策的现象，对银行贸易局发出的秘密指示视而不见。为此，晋西北临参会于1942年11月9日通过并颁发《关于提高和巩固农币决议》，指出"自（1942年）11月15日起，严禁法币流通，限一个月内禁绝"[1]。后行署又重申禁止法币行使命令，考虑到一部分人还没有理解禁止法币是经济上对敌斗争的重要武器，率先开始加强对群众和广大经济工作者的思想教育工作，因此将禁止法币的时间推迟，"除保存外，绝对禁止周使、携带。其具体步骤是：1942年12月1日开始动员宣传，12月15日布告禁用日期及办法，1943年1月15日起正式禁用，并实行兑换"[2]。根据预定禁绝法币程序，行署公布《非法周使法币之缉查与惩治办法》[3]，其要点如下：首先，重新规定了对私自使用法币者的惩治措施。根据地范围内行使或携带法币未满100元者，原币全数没收；在100元以上者，除原币全部没收外，得并科2倍以上8倍以下之罚金。有敌占区敌据点私自带入根

①　杨世源主编：《西北农民银行史料》，太原：山西人民出版社1986年版，第114页。

②　本报讯：《防止敌寇盗取物资，行署定期禁用法币》，《抗战日报》1942年12月3日，第2版。

③　《关于非法周转使用法币之查缉与惩治办法》，1942年12月15日，太原：山西省档案馆，档案号：A88—5—12—1。

据地的，未满 500 元者，除原币全部没收外，并科 2 倍以上 10 倍以下之罚金；500 元以上者处 1 年以上 3 年以下之徒刑。其次完善了缉私工作，执行权只属于行署、专署、县政府，但其他机关部队团体有建议、协助的义务。对案件的处理权根据查获数额的不同归属于不同级别的政权机构，周使及携带未满百元者，区公所可以直接依法处理；超过 100 元的案件，必须由县级以上政府机关处理，如距县政府较远地区查获，可由就近区公所转解上级处理。此后，行署领导各级政府机构，严格禁止法币的流通，经过 3 个月到 4 个月的努力，法币行使就被禁绝，这一政策一直持续到抗战结束。

三　与伪钞的斗争

日军为了实现其以战养战的目的，在军事进攻的同时，也在经济上进行掠夺与破坏，在金融方面主要是成立伪银行，大量发行伪钞破坏边区金融秩序。其中对晋绥根据地影响较大的是 1937 年 12 月 1 日成立的伪蒙疆银行和 1938 年 3 月 10 日成立的伪中国联合准备银行。"据统计，日军1937 年占领雁北后，一开始就发行了 1400 多万元的伪蒙疆券，与此同时还利用商人将伪中国联合准备银行券投入晋绥边沿地区，强购物资。"[1]大量伪钞流向根据地的原因是：（1）日伪通过大规模的扫荡将伪钞推向根据地。（2）根据地刚刚建立时，经济上困难很大，对外贸易处于严重入超状态，因此必须用日伪的票子在敌占区购货。（3）边区金融政策上的失误。新政权建立以后，为了稳定边区金融，首先确定步骤消灭省钞和地方流通券，银行对省钞的步骤是：1940 年 4 月省钞与法币比价压低为 5∶1，5 月底为 20∶1 或 30∶1，6 月底就彻底禁止省钞行使，对地方钞票也是采用逐渐贬低的方式，禁止流通。[2] 正是边区允许省钞在一定时期暂时流通，招致其他地区的省钞大量涌向边区，引起省钞在边区不断通货膨胀，因此禁止省钞政策发布不到五六日，省钞就销声匿迹了。与此同时大量的地方券也破产，如"临近敌占区的地带，尤其是文水、交城、平川，地方券也提前消灭，光文水流通券就达 10 万元"[3]。而此时边区银行上尚

①　刘欣、景占魁主编：《晋绥边区财政经济史》，太原：山西经济出版社 1993 年版，第 56 页。
②　杨世源主编：《西北农民银行史料》，太原：山西经济出版社 1993 年版，第 402 页。
③　同上书，第 403 页。

没有建立，农钞没有发行，因此致使边区内通货紧缩，为日伪向边区大量推行伪钞提供了机会。

1940 年 5 月，西北农民银行正式成立后的一项重要任务就是"有计划地与日伪发行的伪货币及破坏法币的政策作斗争"①，1941 年 3 月召开的财政经济建设会议与 1941 年 4 月中共晋西区党委发出的《关于巩固农钞发展贸易的指示》，又都明确地提出对伪钞的政策为坚决肃清伪钞。对于根据地内的伪钞采取定期向银行兑换的方法，"限于半月二十天内将伪钞兑成农钞，过期查出即无条件的没收，告发者给以 50% 的提成"②。为了避免随意没收现象，还规定了没收伪钞必须经过县政府以上的政权机关的审核。同年 5 月行署又规定停止伪钞的具体时间及兑换比率，"凡持有伪钞者，一律在 5 月 15 日以前缴给当地分行或兑换所，西北农民银行为奉行行政法令，从即日起开始收纳伪币，并规定伪币一元兑换本币五角，此项收纳在 5 月 15 号以后即行停止"③。

虽然边区对禁止伪钞的政策是一贯的，但在具体执行中成效十分微小。从颁布禁止伪钞政策到行署召开第三次行政会议，查禁伪钞的案件微乎其微，这是由于：（1）许多干部放松查禁伪钞的工作。如八分区及临南有的干部认为根绝伪钞后，边境上老百姓就无法生活了，因而对查禁工作放松甚至根本不去做。（2）政府、军队、学校不顾禁令，随意使用伪钞。政府机关干部大量使用伪钞。如八分区与三分区的部分地区，"某些机关部队甚至争用伪钞，拒用农钞，把伪钞当成主要的货币"。此外还有部队、学校，党的机构有违法使用伪钞的情况，主要机构有"部队——120 师、358 旅、七团、八团、六团、三分区游击支队部。党——政治部（三分区地委）。学校——抗战学校、教导队、汾源中学"④。以上各机关1941 年 2 月到忻州设法以农钞换取伪币。（3）农钞的波动也为伪钞流入根据地提供了契机。农币不稳，一方面，由于日伪对根据地的扫荡，如1940 年 6 月反扫荡期间，农币在兴县掉价，7 月反扫荡胜利后又回涨；10

---

① 杨世源主编：《西北农民银行史料》，太原：山西经济出版社 1993 年版，第 37 页。

② 刘欣主编：《晋绥边区财政经济史资料选编·金融贸易编》，太原：山西人民出版社1986 年版，第 12 页。

③ 杨世源主编：《西北农民银行史料》，太原：山西经济出版社 1993 年版，第 9 页。

④ 刘欣主编：《晋绥边区财政经济史资料选编·财政编》，太原：山西人民出版社 1986 年版，第 39 页。

月日伪在文交扫荡，农钞再次跌价，随着时局的好转又有所上升，这样的起伏波动极大地损害了农钞的信用，再加上日伪的烧杀劫掠，以致1941年1月冬季反扫荡胜利后，农币不升反降①。另一方面，西北农民银行没有发行经验，"1940年8、9月间，一元、二元两种钞票突然大量发行"②，造成货物短缺，物价上涨，"各部队、各公商纷纷在临县等地以整捆整驮农币竞购货物"③。此外还有一些不法商人乘机囤积居奇，抬高物价；汉奸蛊惑威胁，称"晋西北终究是保不住的，日伪来了，西北农钞不但不能用，而且存此票者还得受害"、"西北农钞和以前的钞票一样，将来还会倒闭的"④。这些因素都影响了农钞的稳定，阻碍了农钞的推广。

为此行署在第三次行政会议决议和相关法令中再次强调根绝伪钞，1941年11月10日行署发出《中共晋西区党委关于巩固农钞严禁白洋流通，彻底驱逐伪钞》的指示信，"严厉批评了第三、八分区违背政府法令的错误做法，指出在这些地区经济上的投降主义必须肃清，并责成三地委和八地委对严禁伪钞问题进行认真的讨论"⑤。同时颁布《晋西北修正扰乱金融惩治暂行条例》⑥明确规定西北农民银行所发行之纸币为本区（根据地内及游击区）唯一合法之本位币，与其他非本位币没有行使权但有储藏权的情况不同，对伪钞则不仅不允许行使，也不准私自隐藏，违反者要严厉惩罚，除了没收其贩运、行使或私藏的伪钞外，还处以罚金和刑罚处罚。在根据地内私自行使或私藏者：（1）50元以下，处2年以下有期徒刑，4倍以下的罚金。（2）50元以上100元不满，处3年以下有期徒刑或6倍以下的罚金。（3）100元以上500元不满，处三年以上6年以下有期徒刑，并且罚6倍以上15倍以下的罚金。（4）数额达到500元以上者就处以死刑。对于违法贩运者处罚更重：（1）不足50元的，处3年以下

---

① 刘欣主编：《晋绥边区财政经济史资料选编·金融贸易编》，太原：山西人民出版社1986年版，第50页。

② 同上。

③ 同上书，第52页。

④ 《晋西大众报》1940年12月7日讯，转引自杨世源主编《西北农民银行史料》，太原：山西经济出版社1993年版，第67页。

⑤ 刘欣、景占魁主编：《晋绥边区财政经济史》，太原：山西经济出版社1993年版，第145页。

⑥ 《晋西北修正扰乱金融惩治暂行条例》，1941年11月1日，太原：山西省档案馆，档案号：A88—5—12—2。

有期徒刑或者6倍以下的罚金。（2）50元以上300元不满，处6年以下有期徒刑，并且罚15倍以下的罚金。（3）其数额在300元以上者处以死刑。在游击区的政策相对宽松，在一定的时间内逐渐禁止，这是因为游击区是敌我交错的地区，断然取消不仅不利于禁止伪钞，也不利于游击区商业贸易的发展。因此规定在1942年2月以前准许游击区商民向银行卖出或者存入，其愿意前往敌占区购货者贸易局可以许可，银行发放证明文件允许其过境，但2月1日以后，要完全禁止行使、储藏与贩运。此外第三次行政会议决议中还提出在敌占区"主要采取扰乱的办法，组织经济游击队以政治经济力量，打击伪钞使用"①。

伪钞在根据地是绝对禁止的，但由于敌占区通行伪钞，伪钞可以作为外汇在敌占区换取根据地的必需品，因此会议中又规定："有经贸易局批准带入敌伪钞票者，须交存银行"② 作为外汇储备，银行对伪钞"不进行挂牌，只是实际兑换，一般是贬低其十分之一到十分之二兑换"③。不挂牌否定了伪钞存在的合法性，贬值兑换又使收买伪钞者受到损失，有利于农钞的推广。各地依据上述政策和法令积极开展禁止伪钞工作，八分区组织联合稽查队，使伪钞由公开使用转为暗流④。保德接到命令后停止了各商店、合作社做伪钞的生意，一律使用农钞，如查禁了工卫旅21团在寨子村的合作社和在水谷贯合作社作伪钞生意的情况⑤。通过这些措施，经过一段时间的努力，伪钞于1942年在根据地内基本禁绝。但为了照顾广大群众的利益，1943年西北农民银行对小版伪钞以一定的比价进行兑换，其具体为：接敌区（即游击区）按八折收兑小版伪钞；原有根据地中，对于有证明文件的伪钞依市价给以八折兑换，没有证明文件的须报告政府严行查办；新收复的地区不打折扣，一律以市价收买⑥。

敌占区的伪钞也随着在太平洋战争的爆发和抗日战争的节节胜利而不

---

① 刘欣主编：《晋绥边区财政经济史资料选编·金融贸易编》，太原：山西人民出版社1986年版，第12页。

② 同上书，第15页。

③ 同上书，第16页。

④ 同上书，第65页。

⑤ 《晋西北行政公署关于禁止白洋、伪币的指示信》，1942年，太原：山西省档案馆，档案号：A88—5—12—4。

⑥ 《第一次贸易分局长银行分行经理联席会议决议案提纲》，1943年1月，太原：山西省档案馆，档案号：A96—1—10—1。

断地贬值，1945 年 4 月清源城的集市中伪钞狂跌，4 月 21 日集市中，上午伪钞与白洋的比价是 450∶1，到晚上就降到 520∶1；白面的价格由每斤 80 元涨到 120 元。接着在 25 日的集市中伪钞对白洋价格继续下跌，早晨的比价为 580∶1，到第二天就变为 700 余元伪钞换 1 元白洋，到这天下午伪钞根本丧失了市场，白面也从 130 元涨至 170 元①，再加上敌占区货物的短缺，其他货物的物价也不断上涨。为此晋绥边区第八银行贸易分局于 5 月迅速作出"暂停兑换伪钞的通知"，规定"自 1945 年 5 月 5 号起暂时停止伪钞兑换；如有特殊需要银行可兑给一定数量，但要遵守随收随出的原则，以避免（因伪钞跌价）损失"②。军事上的胜利与根据地经济力量的增强，西北农钞逐渐深入敌占区，人民普遍拒绝伪钞，"交易一般是以实物交换，如果人事熟悉，一提本币，商人很乐意接受，如用伪钞问价，商人干脆答复——没货！乡村群众见伪钞无用，就把它扎成花戴在头上当装饰品，并流行这样几句民谣：'伪钞变成花，鬼子回老家！'"③ 西北农民银行总行与晋绥边区贸易总局在日伪投降后马上发电通知贸易分支局长："伪钞已垮台，从即日起停止兑入，应迅速通知各分支局办事处"④，伪钞最终随着日军军事上的失败而彻底破产，西北农钞大量推向敌占区。

　　总之，银行依据政府政策与法币、银洋、伪钞等非本位币进行了坚决的斗争，边区基本实现了农币的单一本位币制度，建立了独立自主的金融体系。这一方面改变了边区各种货币同时存在的混乱局面，统一农币为边区唯一的货币计量单位；另一方面也防止了日伪以法币、白洋、伪钞等非本位币扰乱边区金融，避免了日伪运用非本位币套取边区物资，同时也有利于平衡边区的进出口贸易。

第五节　银行与贸易发展

一　银行管理外汇配合贸易发展

　　西北农民银行作为边区资金融通的重要机构，有效地供给外汇以促进

---

　　①　清太讯：《伪钞一日数跌，价值不如手纸》，《抗战日报》1945 年 5 月 24 日，第 1 版。

　　②　《晋绥边区、银行贸易分局：关于暂停兑换伪钞的通知》，1945 年 5 月 4 日，太原：山西省档案馆，档案号：A96—3—25—14。

　　③　永名等（离石讯）：《伪钞狂跌，本币流行敌占城市》，《抗战日报》1945 年 5 月 27 日，第 1 版。

　　④　杨世源主编：《西北农民银行史料》，太原：山西经济出版社 1993 年版，第 198 页。

进出口贸易的平衡是其一项重要的任务。晋绥边区建立后，由于边区整体生产力水平低下和日伪与国民党顽固派的封锁破坏，进出口贸易严重不平衡。1942 年以前边区贸易出超情况如表 49。

表 49　　　　　　　　　**1942 年以前银行贸易出入统计**　　　　单位：元

地区	入口	出口	出入超	附注
二区	704000	475200	− 228800	
四区	330000	300000	− 30000	
五区	1544500	1508900	− 35600	完全以银洋计算
六区	170500	147000	− 23500	
八区	70000	10000	− 60000	
兴县	334320	186748	− 147572	
合计	3153320	2627848	− 525472	

资料来源：刘欣主编：《晋绥边区财政经济史资料选编·金融贸易编》，太原：山西人民出版社 1986 年版，第 558 页。

表 49 反映出 1942 年以前边区的贸易处于严重的入超状态，入超总额达 525472 元，其中入超最大的是二区，有 228800 元，约占总入超数的 43.5%；其次是兴县 147572 元，约占入超总额的 28.1%；入超最少的是六区，有 23500 元，约占总入超数的 4.5%。这些数字只限于边区内部的县份向税务局纳税的统计资料，再加上没有登记册的部分，边区入超的量将更大。西北农民银行主要通过管理外汇和运用牌价来推动进出口贸易的平衡。

外汇直接影响着金融价格，有效地管理外汇不仅可使根据地资财不至浪费，且使币价平衡，进而稳定边区物价。为此，边区在 1941 年 8 月第二次高干会议上决定改变以前保护贸易政策，实行管理贸易政策，第一次明确提出银行加强管理外汇工作以配合贸易政策，争取出入口贸易的平衡。并在行署第三次行政会议的决议中进一步具体化，首先，银行以贸易局的审核为基础，恰当地供给或允许自行保存的外汇出境购货。银行外汇基金的供给标准"其原则为一半供给贸易局与合作社，一半供给商民"①。

---

① 刘欣主编：《晋绥边区财政经济史资料选编·金融贸易编》，太原：山西人民出版社 1986 年版，第 15 页。

银行在供给外汇时，除了供给非本位币以外，还必须尽量推出边区的土特产，即"要求输出边区境外的资金，除了有利于边区对外贸易外，还强令其输出相当于出境非本位币价值 1/3 的土货"①。其次，对于尚未使用的购货外汇及贸易所得的新外汇，银行要积极吸收，以巩固农币的单一本位制地位，"其基本精神，是要根据地必须行使农钞，其他货币一律不准周使。从外面带来非本位货币，一般的要交银行（按银行挂牌价兑给银行），如要出外买货时，经贸易局批准后，可向银行再按银行挂牌价兑成非本位货币，如白洋法币"②。为了切实使银行配合管理贸易政策的实施，行署在 1941 年 11 月颁布《晋西北管理对外汇兑办法》规定：银行在管理外汇出境方面，以贸易局的初次审核为前提。具体为：在银行供给外汇方面，"凡到本根据地以外购买货物而需要外汇者，得按管理对外贸易办法，先经贸易局之许可，到西北农民银行之营业机关（以下简称银行）请核外汇"③。在管理自行保存出境方面，"凡因出外购买货而携带自行保存之法币或其他非本位币货币出境者，须先经贸易局之许可向银行请发非本币出境证明文件"④。这样贸易局根据管理贸易政策对外汇出境具有初步审核权，其具体的标准是"资敌与否；自给与否；有利于发展生产与否"⑤。银行在贸易局审核的基础上对外汇的出境具有最终的审核权，通过后发给非本币出境证明文件。对于外地商人贩运必需品到根据地者，银行负责供给不足外汇。"对从境外贩必需品进来之商人，其外汇除土产抵补一部分外，不足者各地银行负责供给。"⑥ 这极大地促进了对外贸易的发展，有利于输出根据地土货，输入边区生产生活必需品，缩小进出口贸易的入超比例。银行在供给外汇上与贸易进出口保持一致也有利于稳定边区物价。"如当贸易局吸收土布时，银行应配合供给外汇（不然贸易局以农钞买不出土布来），尽先供给出外买洋纱的人。贸易局吸收土纱时，银

---

① 刘欣、景占魁主编：《晋绥边区财政经济史》，太原：山西经济出版社 1993 年版，第 143 页。
② 刘欣主编：《晋绥边区财政经济史资料选编·金融贸易编》，太原：山西人民出版社 1986 年版，第 15 页。
③ 《晋西北管理对外汇兑办法》，1941 年 11 月 1 日实施，太原：山西省档案馆，档案号：A88—5—9—3。
④ 同上。
⑤ 刘欣主编：《晋绥边区财政经济史资料选编·金融贸易编》，太原：山西人民出版社 1986 年版，第 523 页。
⑥ 同上书，第 38 页。

行供给外汇给出外买棉花的人。如当银行需要提高当地农钞时，除银行可多供给外汇外，贸易局即可配合，用货物吸收农钞以提高。当银行要在当地压低农钞以求得各地的平衡时，除银行多放出农钞外，贸易局可以农钞买土货以压价。"① 这样及时恰当地供给外汇才能增加农币在群众中的信用，进而稳定农币的价格，稳定市场物价。

银行不仅管理边区购货外汇的输出，还要管理这些外汇的使用，以促进贸易进出口的平衡。首先银行对于没有使用的购货外汇要及时收回。"出外购货而汇往外地之款，或带出非本位之货币，如因时局或物价关系，当时不愿或不能购到货物，以后重新汇回或带回本根据地者，如非本位货币，须按银行挂牌价折算付给农钞；如系法币，未以命令停止周使前，得应取款人之要求登记后照数发给"②，以避免银行或边区外汇力量的浪费现象。其次银行鼓励输出边区的土特产，在外汇上给以优惠，如"输出药品所换回的货物金银非本位币不论是什么机关的，其属于继续购买药品者必须以至少1/3 卖交银行贸易局，其属于其他性质者均必须全部卖交银行（其中如有系消费性质或公商贩卖货物性质者，应于卖交银行贸易局后再向银行贸易局购买），由银行贸易局按交货地点批发价（如有特殊情形者货价临时商议），与挂牌价付给相等的农币"③。银行通过及时吸收尚未购货的外汇，减少了外汇的浪费，增加了银行的外汇实力；通过对个别外汇的优惠政策也促进了边区一些土产品的输出，有利于进出口贸易的平衡。

二 银行运用牌价调控进出口贸易

牌价斗争的实质是货币之间的比价斗争，是指"外汇管理中，本币与外币的交换比价"④。其作用是"打击敌币，提高本币信用，扩大本币阵地，并保证根据地物价不受敌占区物价波动的影响，输出农副产品，提高本币购买力"。比价的确定要根据边区内经济、军事、政治斗争的情况

---

① 刘欣主编：《晋绥边区财政经济史资料选编·金融贸易编》，太原：山西人民出版社1986 年版，第 30 页。

② 《晋西北管理对外汇兑办法》，1941 年 11 月 1 日实施，太原：山西省档案馆，档案号：A88—5—9—3。

③ 刘欣主编：《晋绥边区财政经济史资料选编·金融贸易编》，太原：山西人民出版社1986 年版，第 33 页。

④ 魏宏运、左志远主编：《华北抗日根据地史》，北京：档案出版社1990 年版，第 126 页。

和需要而确定与调整，不能过高或过低。对外币比价越低，农币就越值钱，就会促进货物输入，阻碍根据地内货物的输出；反过来对外币的比价定得过高，就会降低农币的价值，抑制货物的输入，造成农币的通货膨胀，从而使边区物价上涨。在货币市场上一般是以银洋为单位计算，因此下文所指牌价一般是指本币与银洋的比价。抗战初期西北银行牌价的调节不灵活，没有起到稳定农币、稳定物价的作用。见表50。

表50　　　　　　　　　　银行挂牌价与黑市价对比　　　　　　　　单位：元

区属 / 时间		直属区				二分区				三分区				四分区				六分区	
		兴县		黑峪口		保德		河曲		娄烦		临县		临南		碛口		忻州	
		牌价	黑市	牌价	黑市	牌价	黑市	牌价	黑市	牌价	黑市	牌价	黑市	牌价	黑市	牌价	黑市	牌价	黑市
11月	上	37				35		32		35									
	中		45			32		28											
	下					29.4						45	45			41			
12月	上	37				29	29	28		35		43	46	37	47	37	37		
	中		47			30		29				42	45			37			
	下					36	40	31											
1月	上	37				40		37		36		39	42	30	46	38.5	39		
	中	40	47			45	37					39	41						
	下	40				40	43	37				39	40						
2月	上	35				35	40	34		35		37	38	34	44	38.5	39		
	中	35	65									37	38						
	下	35										37	38						
3月	上	35						34	37	31		30	37	30	40	35	35		
	中	35	55			35	34			33		35	37						
	下	35						34				30	56						
4月	上	35		35						35	30			30	52	30	40	30	39
	中	35	50		58	35		34		35	30			30	50			30	30
	下	35	46	35	60	34	38			34	30			30	48				

续表

区属/时间		直属区				二分区				三分区				四分区				六分区	
		兴县		黑峪口		保德		河曲		娄烦		临县		临南		碛口		忻州	
时间		牌价	黑市	牌价	黑市	牌价	黑市	牌价	黑市	牌价	黑市	牌价	黑市	牌价	黑市	牌价	黑市	牌价	黑市
5月	上	35	37	35		32	33	34	34	35		30	46	30	40	35	48		
	中	35	43		50	35		30	32		36	35	50			45			
	下	35	34	35	43	32	34	30	34	32		35	48						
6月	上	35	45	35	45	32	34	30	36	35		35	55	35	45	35	45	30	30
	中	35	48	35	45	32	37	30	36			35	54			35	55		
	下	48	48		50	38	40	36		30	40	42	52	35	43	35	45		
7月	上	50	53	52	54	45	40			37	40			42	52				
	中		53		52	45	47			38		45	53			45	48	40	40
	下		54	52	52	45	47					50	52	42	49	45	52		
8月		50	52	50		45		45				50	53			22	52		
		54	61	50		45		45				50	54						
		54	63	54		45						50	52						50

资料来源：山西省档案馆：据 A88—5—9—3《晋西北金融贸易材料》1942 年 9 月相关材料制表。

注：1. 上中下分别指代上旬、中旬、下旬。

　　2. 1941 年 11 月—1942 年 8 月。

从表 50 中我们可以看出晋绥边区政权建立初期，银行牌价具有以下特征：（1）银行牌价跟着黑市跑。1942 年 6 月银行突然调整比价，与黑市持平，到 7 月黑市涨至 53—54 元时，银行又跟着挂为 50 元。再如 1941 年 12 月到 1 月二分区的银行挂牌随着黑市的升降而变化，黑市变化为 29—40—43—40 元，银行也跟着由 29.4—29—36—40—35 元。（2）银行没有主动运用牌价与黑市作斗争。从表 50 中可以看出，直属区兴县的牌价在 1941 年的后 2 个月中，当黑市农币与银洋的比价达到 45 元时，银行牌价始终没有积极斗争，一直维持在 37 元。到 1942 年 1—5 月时，黑市比价随着具体情况不断调整比价，而银行的比价却机械的定为 35 元。从具体的实践上看，临县牌价在 1942 年 3、4 月一直是 30 元时，黑市的价格却灵活地调整着，如四分区的临县，在 1942 年"春季因为放出本币过多，使比价跌落"①，黑市立即改挂牌价，3 月有 2 次调整，由 37 元变为 56 元，4、5 月进行了更为频繁的变动，变化趋势分别是 52—50—48 元；46—50—48 元，而同一时期银行的牌价一直没有变动，一直是 30 元。

正是由于银行牌价的迟钝，使这一时期银行外汇资金中银洋的收入十分有限，只有总行兑入 122.420 元，二分行 350.185 元，三分行 1.650 元，六分行 97.900 元，总计为 572.155 元，兑出量则达到 35983.05 元，银行垫付银洋外汇达 38410.90 元②。银行银洋的外汇储备不增反减，不仅使农币的发行基金更加薄弱，同时也影响到银行的贸易进出口中供给外汇的力量，使进出口贸易更加不平衡。

为了改变银行牌价中的被动，银行采用多种措施进行了调控。首先，银行挂牌逐渐积极变动。1942 年 1 月银行贸易局召开经协理会议中就指示，以后银行挂牌要"每半月改挂一次"③。具体的方法是"预先针对黑市行情及主观力量（外汇基金），确定标准价格，如暂定为农币 35 元等于银洋 1 元，假定在黑市农币价低于标准价的地区（如 40 元农币合银洋 1 元），银行挂牌价格就渐次提高大量供给外汇以撤回农币，使其逐步升值到 35 元农币合银洋 1 元的标准。反之，如果农币黑市价高于标准价的地区（如 30 元农币合银洋 1 元）银行挂牌价就渐次降低，争取收买非本币，放出农币，使其与银洋的比价达到 35：1 的价格水平"④，使银行牌价能够根据农币的涨落和边区经济的发展变化，制定出适当的牌价。1943 年 7 月以后农钞跌价，从 1 月到 6 月的 50—55 元跌至 7 月底的 60 多元，8 月间逐渐跌至 70 多元，9 月间跌至 80 多元。10 月，农币价由 80 多元落到 100 多元。11 月继续落价，兴县、保德为 120 元，神府、河曲 130 元，临县 135 元⑤。为了稳定物价，银行主动提高牌价，规定"自 12 月 1 号起农钞挂牌价，各地一律改为 100 元，不得总行通知不得变更牌价"⑥。这次银行牌价是根据边区经济现状而主动由 50 元提升到 100 元的，变动

---

① 刘欣主编：《晋绥边区财政经济史资料选编·金融贸易编》，太原：山西人民出版社 1986 年版，第 95 页。

② 《晋西北金融材料》，1942 年 9 月，太原：山西省档案馆，档案号：A88—5—9—3。

③ 《金融贸易报告》，1942 年 10 月，太原：山西省档案馆，档案号：A88—5—9—1。

④ 刘欣、景占魁主编：《晋绥边区财政经济史》，太原：山西经济出版社 1993 年版，第 144 页。

⑤ 刘欣主编：《晋绥边区财政经济史资料选编·金融贸易编》，太原：山西人民出版社 1986 年版，第 114—115 页。

⑥ 杨世源主编：《西北农民银行史料》，太原：山西人民出版社 1986 年版，第 86 页。

幅度较大。但牌价仍与黑市有一定差距，为了不使边区吃亏并能够与黑市斗争，银行在挂牌时已作出充分估计，"牌价变为百元后，可能仍与黑市差价，如按牌价吸收银洋及其他非本位币，人们会感到吃亏而不卖给银行。因此银行可照标准价兑给并酌给奖金"①。银行主动挂牌改变了以前银行牌价死板地随黑市的变动而变动的现象。其次，银行要正确收放银洋，收放本币，牌价以接近黑市为最好。当黑市比牌价低时，则应多放白洋吸收本币，因为"牌价过高，则抬高银洋，压低本币，无人来请外汇，也会助长黑市"；当黑市比牌价高时，则应多放本币吸收银洋，因为牌价过低无人来兑，如"过去各地黑市 60 元、70 元、80 元时，牌价老是 50元，兑不到银洋，即使银洋搞乱市场，也缺供给外汇的力量，后来改为依照牌价，各地都能兑入些银洋"，增加了敌对斗争的主动性。

---

① 杨世源主编：《西北农民银行史料》，太原：山西人民出版社 1986 年版，第 86 页。

结　　语

　　晋绥根据地是在中华民族危在旦夕之际，国共实现第二次合作的背景下建立的，这就决定了其政治、经济、文化等方面的战时、暂时特征，经济决定上层建筑，是社会发展最根本的因素，因此本文以边区农村经济为研究对象，重点研究了农村的地权、佃权、借贷、金融问题，通过研究，笔者得出以下几点认识。

　　第一，抗战时期农村经济基本都是量变性质。以地权关系来说，抗战时期明确将"减租减息"政策作为解决农民土地问题的基本政策，通过这一政策地主、富农土地占有量大大下降，贫雇农成为土地增加比例和土地占有比例最多的阶级，但减租减息的重点不是充分分配土地，而是尽可能地维护地权关系的稳定，因此减租减息只是削弱了封建地主土地所有制度，并没有完全改变土地制度的性质。再以互助变工运动来说，抗战时期变工互助虽然将群众组织起来进行集体生产，但其无论利益分成、无论变工都仍以个体农户为单位，土地占所有权也仍属于个体家庭，因此这只是个体经济与集体经济的过渡生产形式，从本质上看仍然属于个体经济性质。

　　第二，经济发展中的政治化因素空前强化。以变工互助组织来说，这种生产形式打破了农村以"家庭"为特征的个体生产，但却不是生产力发展自然结果，而是政权需求下的人为操作。受战争影响，边区人力、畜力大量减少，为集中力量加紧生产，毛泽东号召"组织起来"集体生产，这突破了旧时单以血缘、友情为纽带的临时互助组织方式，将旧时变工互助方式扩展到边区所有阶层，变工内容也突破了农业局限，扩展到纺织业、运输业、副业生产等方面，这不仅增强了边区农村经济的自然抵抗力，改善了群众生活，支援了抗日战争，也成为新中国成立后农业集体化的雏形，为克服新中国成立初期经济困难提供了有益的历史借鉴，但其与生产力发展水平的相悖，也最终导致了新中国成立后集体化运动的最终失败。又如租佃关系，传统中国社会租约是贫苦农民与地主间的私人行为，而边区政府成立后，明确规定政府租约必须到政府备案，经政府认可才被认为合法。

第三，新式金融近代化道路任重而道远。西北农民银行是随着晋绥根据地的发展壮大而逐渐建立起来的，抗战时期西北农民银行对边区经济发展的积极作用远远超过其不足之处，而且一定程度上改变了近代银行主要集中于城市的传统发展模式，使边区农村的金融事业在很大程度近代化了。银行不仅支持了边区广大农村的经济发展，也同其他抗日根据地银行一同开辟了中共在经济上农村包围城市的道路，从而有效地加快了中国革命的进程。但由于中共在银行建设方面缺少经验，以及金融人才和对敌经济斗争经验的缺乏，银行发展经济的政策还存在着一些不足之处，如农币发行多用于边区政府的财政支持，据统计"从 1940 年到 1946 年 7 年中，晋绥边区平均财政用款占发行总额的 56.64%，贸易投资用款占发行总额的 31.55%，农业贷款用款只占发行总额的 8.73%"①，从而影响了投入生产的资金；由于没有制定完善的贷款归还体系，银行贷款的归还数量十分有限，影响了贷款规模的扩大和可持续发展；在与黑市牌价斗争中，银行常常不能主动、灵活地运用牌价，而是被动地跟着黑市跑。

---

① 魏宏运、左志远：《华北抗日根据地史》，北京：档案出版社出版 1990 年版，第 125 页。

参考文献

　　一　档案资料：（太原：山西档案馆藏）

A96—1—10—1　《第一次贸易局长银行分行经理联席会议决议案提纲》，
　　　　　　　　1943 年 1 月

A96—1—10—2　《晋西北贸易总局银行总行关于贸易金融工作的指示》，
　　　　　　　　1943 年 8 月 16 日

A96—1—11—1　《晋绥行署关于银洋及其它非本位货币不能和身携带和
　　　　　　　　行使的令》，1944 年 12 月 5 日

A96—1—11—7　《关于下发贸易金融材料的通知（附贸易金融材料）》，
　　　　　　　　1944 年 8 月 29 日

A96—1—11—9　《关于赤金、黄金使用问题的指示信》

A96—1—11—12　《关于法币可能发生变化的指示信》，1944 年 3 月 25 日

A96—1—12—2　《关于组织生产、银洋换本币的通知》，1945 年 4 月
　　　　　　　　30 日

A96—1—12—3　《关于管理赤金出口的通知》，1945 年 5 月 1 日

A96—1—12—7　《关于禁止购进非必需品，提防日寇盗窃我区有用外汇
　　　　　　　　的通知》，1949 年 5 月 20 日

A96—1—12—19　《关于农币拥挤及补救办法的指示信》，1949 年 8 月
　　　　　　　　28 日

A96—1—14—19　《晋绥边区管理对外汇兑办法》，1944 年 10 月 20 日

A96—1—16—19　《晋绥边区行署关于贷款管理和手续的通知》，1947 年
　　　　　　　　2 月 27 日

A96—3—1—1　《晋绥二专区各级贸易机构编制表》，1942 年 12 月 27 日

A96—3—9—2　《三分区贸易系统干部登记表》，1945 年 6 月

A96—3—22—5　《晋绥第八专署关于发放农贷的令》，1944 年 2 月 11 日

A96—3—22—6　《晋绥第八专署关于召开金融贸易会议的通知》，1944 年 4 月 11 日

A96—3—22—12　《晋绥第八贸易分局：关于发放青贷款中贷给物资及维护金融的指示信》，1944 年 7 月 17 日

A96—3—22—15　《晋绥边区管理对外贸易、汇兑办法施行细则》，1944 年 10 月 20 日

A96—3—22—16　《晋绥边区管理对外贸易汇兑的办法》，1944 年 12 月 10 日

A96—3—25—1　《晋绥八分区专员公署关于发放农贷巩固金融的指示信》，1944 年 2 月 13 日

A96—3—25—2　《晋绥八分区专员公署关于彻底禁止银洋周转使用的命令》，1944 年 2 月 15 日

A96—3—25—3　《西北农民银行八分行关于白洋兑换农币给予奖励的通知》，1944 年 1 月 14 日

A96—3—25—6　《西北农民银行八分行关于重新规定货币价格的通知》，1943 年 8 月 15 日

A96—3—25—7　《西北农民银行八分行关于不在使用白洋，不再作白洋与农币比价的通知》，1944 年 3 月 12 日

A96—3—32—8　《汾、文、离、交联贸局公粮变款花的花价统计表》，1945 年 6 月 10 日

A88—3—25—1　《临县的减租工作》

A88—5—10—4　《晋绥行署关于纺织纺车水利等一律不收利息的命令》，1943 年 11 月 19 日

A88—5—9—1　《金融贸易报告》，1942 年 10 月

A88—5—9—2　《晋西北管理对外贸易办法》

A88—5—9—3　《晋西北金融贸易资料》，1942 年 9 月

A88—5—12—1　《关于非法周转使用法币之查缉与惩治办法》，1942 年 12 月 15 日

A88—5—12—2　《晋西北修正扰乱金融惩治暂行条例》，1941 年 11 月 1 日

A88—5—12—3　《禁绝银洋之法令要点》，1941 年 11 月 1 日

A88—5—12—4　《晋西北行政公署关于禁止白洋、伪币的指示信》，1942 年

A88—5—12—6　《关于禁止银洋使用事先做好准备的通令》

A88—5—12—8　《行政公署关于彻底禁绝行使银洋的指示》，1942 年11 月

A88—5—10—1　《山西第二游击区行署建设处贷款暂行办法》，1941 年 4月 28 日

A88—5—11—1　《杨邦舟、杨兴汉：关于货物、货币变迁调查表》，1941 年

A90—5—1—19　《晋绥行署关于发放 1944 年度农贷的指示》，1944 年

A90—5—1—18　《晋绥行署关于发放四四年农贷的决定》，1943 年 11 月20 日

A90—5—6—1　《晋西北行署劳动互助材料》，1944 年

A27—1—13—2　《二地委关于五寨南关减租工作总结》

A27—1—14—2　《二地委关于开荒生产的材料》，1945 年

A22—7—4—1　《中共晋西区党委：经济建设材料汇集之四——商业贸易》

A22—7—3—1　《中共晋西区党委：关于一九四二年春耕工作的指示》

A22—7—8—1　《中共晋西区党委：晋西区党委经济建设材料汇集Ⅵ财政》，1941 年 12 月

A22—7—10—1　《中共晋西区党委：经济建设材料汇集Ⅰ——农林牧畜》，1941 年 12 月

A22—7—7—1　《中共晋西区党委：晋西区党委经济建设材料汇集Ⅲ——公粮》，1941 年 12 月

A141—1—102—2　《黑峪口借贷关系》，1942 年 8 月

二　资料汇编

《毛泽东选集》第 1—3 卷，北京：人民出版社 1991 年版。

《毛泽东文集》第 1—3 卷，北京：人民出版社 1993 年版。

《毛泽东军事文集》第 2 卷，北京：军事科学出版社、中央文献出版社1993 年版。

《刘少奇选集》上卷，北京：人民出版社 1981 年版。

《周恩来军事文集》第 2 卷，北京：人民出版社 1997 年版。

《马克思恩格斯选集》第 4 卷，北京：人民出版社 1995 年版。

《资本论》第 3 卷，北京：人民出版社 1953 年版。

中国经济年鉴编纂委员会编：《中国经济年鉴》1936 年第 3 编，上海：商务印书馆 1936 年版。

内政部年鉴编纂委员会编：《内政年鉴·三·土地篇》，上海：商务印书馆 1936 年版。

刘欣主编：《晋绥边区财政经济史资料选编》财政编、工业编、总论编、农业编、金融贸易编，太原：山西人民出版社 1986 年版。

中共山西省委调查研究室编：《山西省经济资料》第 1 分册，太原：山西人民出版社出版 1958 年版。

杨世源：《西北农民银行史料》，太原：山西人民出版社 1986 年版。

彭泽益主编：《中国近代手工业史资料，1840—1949》第 3、4 卷，北京：中华书局 1962 年版。

陈真编：《中国近代工业史资料》第 4 辑，北京：生活·读书·新知三联书店 1961 年版。

山西省档案馆等编：《晋绥革命根据地工商税收史料选编》，太原：山西人民出版社 1986 年版。

财政部税务总局编：《中国革命根据地工商税收史长篇·1927—1949·晋绥革命根据地部分》，北京：中国财政经济出版社 1988 年版。

洪葭管主编：《中央银行史料，1928.11—1949.5》上卷，北京：中国金融出版社 2005 年版。

严中平等编：《中国近代经济史统计资料选辑》，北京：科学出版社 1955 年版。

中国人民解放军国防大学党史党建政工教研室编：《中共党史教学参考资料》，北京：国防大学出版社 1985 年版。

樊润德、路敦荣编：《晋绥根据地资料选编》，中共吕梁地委党史资料征集办公室 1983 年版。

中央档案馆编：《中共中央文件选集》第 7—15 册，北京：中共中央党校出版社 1991 年版。

中共内蒙古自治区委员会党史资料征集委员会等编：《大青山抗日游击根据地资料选编》上册，呼和浩特：内蒙古人民出版社 1986 年版。

财政部财政科学研究所编：《抗日根据地的财政经济》，北京：中国财政
　　经济出版社 1987 年版。

中国社会科学院经济研究所中国现代经济史组编著：《革命根据地经济史
　　料选编》中册，南昌：江西人民出版社 1986 年版。

中共吕梁地委党史研究室编：《吕梁党史资料》第 8 辑，内部资料，1984
　　年版。

韩延龙、常兆儒编：《中国新民主主义革命时期根据地法制文献选编》第
　　1、2、3 卷，北京：中国社会科学出版社 1981 年版。

韩延龙、常兆儒编：《中国新民主主义革命时期根据地法制文献选编》第
　　4 卷，北京：中国社会科学出版社 1984 年版。

金德群、孟超编：《中国现代史资料选辑·第六册补编，1945—1949》，
　　北京：中国人民大学出版社 1993 年版。

中央统战部编：《民族问题文献汇编，1921.7—1949.9》，北京：中共中
　　央党校出版社 1991 年版。

谢忠厚等主编：《日本侵略华北罪行档案·3·大屠杀》，石家庄：河北人
　　民出版社 2005 年版。

北京大学中国革命史教研室：《抗日战争时期党内两条路线的斗争资料》
　　第 1 集，北京：北京大学中国革命史教研室 1957 年版。

中共呼和浩特市委党史资料征集办公室、呼和浩特市地方志编修办公室：
　　《呼和浩特史料》第 7 集，内部资料，1986 年版。

中国政协商会议内蒙古武川县文史资料委员会编：《武川文史资料》第 5
　　辑，内部资料，1988 年版。

中国人民政治协商会议全国委员会文史资料研究委员会编：《文史资料选
　　辑》第 64 辑，北京：文史资料出版社 1979 年版。

山西省政协文史资料研究委员会编：《山西文史资料》第 15 辑，太原：
　　山西人民出版社 1981 年版。

山西省政协文史资料研究委员会编：《山西文史资料》第 16 辑，太原：
　　山西人民出版社 1981 年版。

中国人民政治协商会议山西省委员会文史资料研究委员会编：《山西文史
　　资料》第 3 辑，内部资料，1987 年版。

中国人民政治协商会议山西省委员会文史资料研究委员会编：《山西文史
　　资料》第 49 辑，内部资料，1987 年版。

中国人民政治协商会议山西省委员会文史资料研究委员会编：《山西文史资料》第 56 辑，内部资料，1988 年版。

山西省社会科学研究所编：《山西革命回忆录》第 1 辑，太原：山西人民出版社 1983 年版。

山西社会科学院历史研究所编：《山西革命回忆录》第 3 辑，太原：山西人民出版社 1985 年版。

山西文史资料编辑部：《山西文史资料全编·第 9 卷·第 97—108 辑》，内部图书，1999 年版。

三　地方志

实业部国际贸易局：《中国实业志·第 2 编·山西经济之鸟瞰》，上海：实业部国际贸易局 1937 年版。

山西地方志编纂委员会编：《山西金融志》上册·初稿，山西省地方志编纂委员会 1984 年版。

山西地方志编纂委员会编：《山西外贸志》上册·初稿，山西省地方志编纂委员会 1984 年版。

牛儒仁主编：《偏关县志》，太原：山西经济出版社 1994 年版。

方山县县志编纂办公室编：《方山县志》，太原：山西人民出版社 1993 年版。

山西省史志研究院编：《山西通志·第 2 卷·地理志》，北京：中华书局 1996 年版。

山西省史志研究院编：《山西通志·第 7 卷·土地志》，北京：中华书局 1998 年版。

山西省地方志编纂委员会编：《山西通志·第 8 卷·农业志》，北京：中华书局 1994 年版。

山西省地方志编纂委员会编：《山西通志·第 29 卷·财政志》，北京：中华书局 1997 年版。

山西省地方志编纂委员会编：《山西通志·第 30 卷·金融志》，北京：中华书局 1991 年版。

山西省史志研究院编：《山西通志·第 50 卷·附录》，北京：中华书局 2001 年版。

绥远通志馆编：《绥远通志稿·第 3 册·卷 19—27》，呼和浩特：内蒙古人民出版社 2007 年版。

内蒙古金融志编纂委员会编：《内蒙古金融志》上，呼和浩特：内蒙古人
民出版社 2007 年版。

四 著作类

绥远省政府编：《绥远概况》上，绥远省政府 1933 年版。

冯和法：《中国农村经济资料》，上海：黎明书局 1933 年版。

冯和法：《中国农村经济资料续编》，上海：黎明书局 1935 年版。

晋绥社会经济调查统计社编：《晋绥社会经济调查统计社年刊》，晋绥社
会经济调查统计社 1935 年版。

卜凯：《中国农家经济》，上海：商务印书馆 1936 年版。

陈正谟：《中国各省的地租》，上海：商务印书馆 1936 年版。

时事问题研究会编：《抗战中的中国经济》，延安：抗战书店 1940 年版。

国民政府主计处统计处统计局编：《中国租佃制度之统计分析》，重庆：
正中书局 1946 年版。

吴文晖：《中国土地问题及其对策》，上海：商务印书馆 1947 年版。

陈伯达：《近代中国地租概说》，沈阳：东北书店 1949 年版。

毛泽东：《经济问题与财政问题》，苏北新华书店 1949 年版。

罗涵先：《什么是高利贷》，上海：新知识出版社 1955 年版。

史敬棠等：《中国农业合作化运动史料》上，北京：生活·读书·新知三
联书店 1957 年版。

中共山西省委调查研究室编：《山西省经济资料·第 1 分册·地理地质矿
产部分》，太原：山西人民出版社 1958 年版。

毛泽东：《在晋绥干部会议上的讲话》，北京：人民出版社 1975 年版。

中国人民银行山西省分行、山西财经学院金融史编写组编：《阎锡山和山
西省银行》，北京：中国社会科学出版社 1980 年版。

中国人民银行金融研究所、财政部财政科学研究所：《中国革命根据地货
币》（上、下册），北京：文物出版社 1982 年版。

《马克思、恩格斯、列宁、斯大林论货币信用与银行》，河南银行学校内
部发行 1983 年版。

山西政协文史研究委员会编：《阎锡山统治山西史实》，太原：山西人民
出版社 1984 年版。

石毓符：《中国货币金融史略》，天津：天津人民出版社 1984 年版。

薛暮桥：《薛暮桥经济论文选》，北京：人民出版社 1984 年版。

穆欣：《晋绥解放区鸟瞰》，太原：山西人民出版社 1984 年版。

财政科学研究所编：《革命根据地的财政经济》，北京：中国财政经济出版社 1985 年版。

薛暮桥：《抗日战争时期和解放战争时期山东解放区的经济工作》，济南：山东人民出版社 1984 年版。

山西省地方志编纂委员会办公室编：《山西概况》，太原：山西人民出版社 1985 年版。

中国近代金融史编写组：《中国近代金融史》，北京：中国金融出版社 1985 年版。

南开大学历史系编：《中国抗日根据地史国际学术讨论会论文集》，北京：档案出版社 1985 年版。

牺盟会和决死队编写组：《牺盟会和决死队》，北京：人民出版社 1986 年版。

桑润生编：《中国近代农业经济史》，北京：农业出版社 1986 年版。

魏宏运主编：《华北抗日根据地纪事》，天津：天津人民出版社 1986 年版。

第二战区战地总动员委员会编：《战地总动员——民族革命战争战地总动员委员会斗争史实》上，太原：山西人民出版社 1986 年版。

中国社会科学院经济研究所现代经济史组编：《中国革命根据地经济大事记，1937—1949》，北京：中国社会科学出版社 1986 年版。

王生甫、任惠媛：《牺盟会史》，太原：山西人民出版社 1987 年版。

财政部财政科学研究所：《抗日根据地的财政经济》，北京：中国财政经济出版社 1987 年版。

廖兆骏编：《亚洲民族考古丛刊·第 5 辑·绥远志略》，台北：南天书局有限公司 1987 年版。

张维邦：《山西省经济地理》，北京：新华出版社 1987 年版。

山西省地方志编纂委员会编：《近代的山西》，太原：山西人民出版社 1988 年版。

阎伯川先生纪念会编：《民国阎伯川先生锡山年谱长编初稿》（一），台北：台湾商务印书馆 1988 年版。

中共山西省委党史研究室等编：《晋绥革命根据地大事记》，太原：山西人民出版社 1989 年版。

郝维民主编：《内蒙古近代简史》，呼和浩特：内蒙古大学出版社 1990 年版。

顾龙生编：《毛泽东经济年谱》，北京：中共中央党校出版社 1993 年版。

中国人民银行金融研究所、财政部财政科学研究所编：《中国革命根据地货币》上册，北京：文物出版社 1982 年版。

徐松荣主编：《近代山西农业经济》，北京：农业出版社 1990 年版。

薄一波：《论牺盟会和决死队》，北京：中共中央党校出版社 1990 年版。

魏宏运、左志远主编：《华北抗日根据地史》，北京：档案出版社 1990 年版。

董纯才主编：《中国革命根据地教育史》第 2 卷，北京：教育科学出版社 1991 年版。

山西农业大学主编：《土壤学·北方本》第 2 版，北京：农业出版社 1992 年版。

张全盛、魏卜梅编著：《日本侵晋纪实》，太原：山西人民出版社 1992 年版。

国外中国近代史研究编辑部编：《国外中国近代史研究》第 19 辑，北京：中国社会科学出版社 1992 年版。

赵济、高起江主编：《晋西黄土高原地区遥感应用研究》，北京：北京师范大学出版社 1992 年版。

乌廷玉：《中国租佃关系通史》，长春：吉林文史出版社 1992 年版。

山西省妇女联合会编：《晋绥妇女战斗历程》，北京：中共党史出版社 1992 年版。

中国农业科学院：《中国北方不同类型旱地农业综合增产技术》，北京：中国农业科技出版社 1993 年版。

刘巽浩主编：《中国耕作制度》，北京：农业出版社 1993 年版。

梁正主编：《战动总会简史》，北京：文津出版社 1993 年版。

顾龙生：《毛泽东经济年谱》，北京：中共中央党校出版社 1993 年版。

刘欣、景占魁：《晋绥边区财政经济史》，太原：山西经济出版社 1993 年版。

南开大学历史系、中国近现代史教研室编：《中外学者论抗日根据地——

南开大学第二届中国抗日根据地史国际学术讨论会论文集》，北京：档案出版社 1993 年版。

刘存善等编著：《阎锡山的经济谋略与诀窍》，太原：山西经济出版社 1994 年版。

张希坡：《革命根据地的经济立法》，长春：吉林大学出版社 1994 年版。

张闻天选集传记组等编：《张闻天晋陕调查文集》，北京：中共党史出版社 1994 年版。

金德群：《民国时期农村土地问题》，北京：红旗出版社 1994 年版。

黄修荣编著：《抗日战争时期国共关系纪事，1931.9—1945.9》，北京：中共党史出版社 1995 年版。

水工：《中国元帅贺龙》，北京：中共中央党校出版社 1995 年版。

毛磊、范小方主编：《国共两党谈判通史》，兰州：兰州大学出版社 1996 年版。

牛荫冠纪念集编写组：《牛荫冠纪念集》，北京：中国商业出版社 1996 年版。

朱玉湘：《中国近代农民问题与农村社会》，济南：山东大学出版社 1997 年版。

师文华主编：《根据地经济建设研究》，太原：山西人民出版社 1997 年版。

刘建生等：《山西近代经济史，1840—1949》，太原：山西经济出版社 1995 年版。

刘录开、钟廷豪主编：《中国革命根据地商业史》，北京：中国商业出版社 1997 年版。

刘泽民等主编：《山西通史大事编年》（下），太原：山西古籍出版社 1997 年版。

乔志强主编：《近代华北农村社会变迁》，北京：人民出版社 1998 年版。

魏宏运：《抗日战争与中国社会》，沈阳：辽宁人民出版社 1997 年版。

王振华：《阎锡山传》，北京：团结出版社 1998 年版。

李正华：《乡村集市与近代社会——20 世纪前半期华北乡村集市研究》，北京：当代中国出版社 1998 年版。

张国祥主编：《晋绥革命根据地史》，太原：山西古籍出版社 1999 年版。

梁志祥、张国祥主编：《中国共产党山西历史，1924—1949》，北京：中央文献出版社 1999 年版。

侯伍杰主编：《山西历代纪事本末》，北京：商务印书馆 1999 年版。

李金铮：《借贷关系与乡村变动——民国时期华北乡村借贷之研究》，保定：河北大学出版社 2000 年版。

丁长清、慈鸿飞：《中国农业现代化之路——近代中国农业结构、商品经济与农村市场》，北京：商务印书馆 2000 年版。

山西省史志研究院编：《山西通史·第 9 卷·解放战争卷》，太原：山西人民出版社 2001 年版。

宋蜀华、陈克进主编：《中国民族概论》，北京：中央民族大学出版社 2001 年版。

杨世源主编：《晋绥革命根据地货币史》，北京：中国金融出版社 2001 年版。

苑书义、董丛林：《近代中国小农经济的变迁》，北京：人民出版社 2001 年版。

逄先知主编：《毛泽东年谱 1893—1949》中卷，北京：中央文献出版社 2002 年版。

祁建民：《二十世纪三四十年代的晋察绥地区》，天津：天津人民出版社 2002 年版。

侯建新：《农民、市场与社会变迁——冀中 11 村透视并与英国乡村比较》，北京：社会科学文献出版社 2002 年版。

李茂盛：《华北抗日根据地经济研究》，北京：中央文献出版社 2003 年版。

李金铮：《民国乡村借贷关系研究——以长江中下游地区为中心》，北京：人民出版社 2003 年版。

马俊亚：《混合与发展——江南地区传统社会经济的现代演变，1900—1950》，北京：社会科学文献出版社 2003 年版。

雒春普：《阎锡山传》，太原：山西人民出版社 2004 年版。

刘景泉、邵云瑞主编：《毛泽东思想概论》第 2 版，天津：南开大学出版社 2004 版。

李金铮：《近代中国乡村社会经济探微》，北京：人民出版社 2004 年版。

李金铮：《借贷关系与乡村变动——民国时期华北乡村借贷之研究》，河北大学出版社 2000 年版。

江沛、王先明主编：《近代华北区域社会史研究》，天津：天津古籍出版
　社 2005 年版。

刘国语主编：《左权传》，北京：当代中国出版社 2005 年版。

本书编委会编：《抗战档案》（上·中·下），北京：中央文献出版社
　2005 年版。

马小芳：《中国共产党与阎锡山集团统一战线研究》，北京：中共党史出
　版社 2005 年版。

张国祥：《山西抗战史纲》，太原：山西省人民出版社 2005 年版。

岳谦厚、张玮：《黄土、革命与日军入侵：二十世纪三四十年代的晋西北
　农村社会》，太原：书海出版社 2005 年版。

黄正林：《陕甘宁边区社会经济史，1937—1945》，北京：人民出版社
　2006 年版。

高王凌：《人民公社时期中国农民“反行为”调查》，北京：中共党史出
　版社 2006 年版。

项怀诚主编，冯田夫、李炜光著：《中国财政通史·革命根据地卷》，北
　京：中国财政经济出版社 2006 年版。

胡泽学：《三晋农耕文化》，北京：中国农业出版社 2008 年版。

张玮：《战争·革命与乡村社会——晋西北租佃制度与借贷关系之研究》，
　北京：中国社会科学出版社 2008 年版。

张鸣：《乡村社会权力和文化结构的变迁（1903—1953）》，西安：陕西人
　民出版社 2008 年版。

王先明：《变动时代的乡绅——乡绅与乡村社会结构变迁（1901—
　1945）》，北京：人民出版社 2009 年版。

岳谦厚等著：《日本占领期间山西社会经济损失的调查研究》，北京：高
　等教育出版社 2010 年版。

［美］韩丁著，韩倞等译：《翻身——中国一个村庄的革命纪实》，北京：
　北京出版社 1980 年版。

［美］杰克·贝尔登著，邱应觉等译：《中国震撼世界》，北京：北京出版
　社 1980 年版。

［美］伊斯雷尔·爱泼斯坦著，陈瑶华等译：《中国未完成的革命》，北
　京：新华出版社 1987 年版。

［美］哈里森·福尔曼著，陶岱译：《北行漫记》，北京：新华出版社

1988 年版。

［美］杜赞奇著，王福明译：《文化、权力与国家：1900—1942 年的华北农村》，南京：江苏人民出版社 2008 年版。

冯崇义、［澳］古德曼编：《华北抗日根据地与社会生态》，北京：当代中国出版社 1998 年版。

［美］马若孟著，史建云译：《中国农民经济——河北和山东的农民发展，1890—1949》，南京：江苏人民出版社 1999 年版。

［美］黄宗智：《华北的小农经济与社会变迁》，北京：中华书局 2000 年版。

［美］黄宗智：《长江三角洲小农家庭与乡村发展》，北京：中华书局 2000 年版。

［美］黄宗智主编：《中国乡村研究》第 5 辑，福州：福建教育出版社 2007 年版。

［日］内山雅生著，李恩民、邢丽荃译：《二十世纪华北农村社会经济研究》，北京：中国社会科学出版社 2001 年版。

［美］詹姆斯·C. 斯科特著，陈立显、刘建等译：《农民的道义经济学：东南亚的反叛与生存》，南京：译林出版社 2001 年版。

［美］马克·赛尔登著，魏晓明、冯崇义译：《革命中的中国：延安道路》，北京：社会科学文献出版社 2002 年版。

［美］弗里曼、毕克伟、塞尔登著，陶鹤山译：《中国乡村，社会主义国家》，北京：社会科学文献出版社 2002 年版。

［澳］大卫·古德曼著，田酉如译：《中国革命中的太行抗日根据地社会变迁》，北京：中央文献出版社 2003 年版。

费孝通：《江村经济——中国农民的生活》，北京：商务印书馆 2005 年版。

［美］彭慕兰著，马俊亚译：《腹地的构建：华北内地的国家、社会和经济，1853—1973)》，北京：社会科学文献出版社 2005 年版。

［英］麦高温著，朱涛、倪静译：《中国人生活的明与暗》，北京：中华书局 2006 年版。

五　报纸类

《解放日报》

《抗战日报》

《新华日报》

《新中华报》

《解放周刊》

《农情报告》

《中外经济统计汇报》

《西北通讯》

《行政导报》

《新亚西亚》

《中国农村》

《边事研究》

六　相关论文

吴筹中、渠江川：《我党抗日战争时期的货币》，《财经研究》1981 年第 4 期。

郝建贵：《晋绥革命根据地货币斗争史料》，《山西财经学院学报》1982 年第 3 期。

金丰、李树萱：《抗战时期晋绥根据地是怎样解决财政问题的》，《经济问题》1983 年第 8 期。

景占魁：《晋绥革命根据地农业浅探》，《晋阳学刊》1983 年第 3 期。

韩志宇：《晋绥边区农业税政策初探》，《晋阳学刊》1984 年第 1 期。

于滔：《抗日根据地组织货币流通基本经验初探》，《中央财政金融学院》1984 年第 S1 期。

黄存林：《论抗日根据地的货币斗争》，《河北学刊》1985 年第 5 期。

张孟莘：《抗日根据地经济建设是夺取抗战胜利的物质保证》，《学术研究》1985 年第 6 期。

韩志宇：《晋绥边区工商税政策的演变》，《近代史研究》1986 年第 6 期。

杨桂兰：《晋西北抗日民主根据地的金融货币政策》，《山西革命根据地》1988 年第 3 期。

杨桂兰：《西北农币的发行与巩固》，《山西财经大学学报》1988 年第 2 期。

李鸿：《大青山抗日游击根据地的财政经济工作》，《内蒙古大学学报》

（哲学社会科学版）1988 年第 1 期。

金得群：《"二五减租"发轫初探》，《教学与研究》1991 年第 6 期。

李金铮：《抗日战争时期晋察冀边区的农业》，《中共党史研究》1992 年第 4 期。

温锐：《变革封建土地所有制的另一种方式——略论晋察冀边区减租减息的社会改革作用》，《抗日战争研究》1992 年第 4 期。

刘炳星：《回忆晋绥边区晋兴卷烟厂》，《山西档案》1993 年第 2 期。

张军：《论抗日根据地的货币斗争》，《武汉金融高等专科学校学报》1995 年第 3 期。

申春生：《山东抗日根据地的两次货币斗争》，《中国经济史研究》1995 年第 3 期。

郭晓平：《太行根据地的金融货币斗争》，《中共党史研究》1995 年第 4 期。

申春生：《山东抗日根据地的两次货币斗争》，《中国经济史研究》1995 年第 3 期。

黄正林：《边钞与抗战时期陕甘宁边区的金融事业》，《近代史研究》1999 年第 2 期。

闫庆生、黄正林：《论抗战时期陕甘宁边区的农业政策》，《西北师大学报》（社会科学版）1999 年第 5 期。

李金铮：《论 1938——1949 年华北抗日根据地和解放区合作社的借贷活动》，《社会科学论坛》1999 年第 Z3 期。

于松晶、薛微：《抗日根据地的物价管理》，《历史档案》1999 年第 1 期。

郝建贵、郝品：《抗战时期的西北农民银行》，《文史月刊》1999 年第 1 期。

朱兴义、赫坚的《抗日战争时期土地政策的转变与抗日根据地的发展》，《松辽学刊》（社会科学版）1999 年第 3 期。

李金铮：《华北抗日根据地私人借贷利率政策考》，《抗日战争研究》2001 年第 3 期。

闫庆生、黄正林：《抗战时期陕甘宁边区的农村经济研究》，《近代史研究》2001 年第 3 期。

张秀芬：《抗日战争时期陕甘宁边区的物价斗争》，《北京商学院学报》2001 年第 2 期。

王先明：《晋绥边区的土地关系与社会结构的变动——20 世纪三四十年代乡村社会变动的个案分析》，《中国农史》2003 年第 1 期。

李金铮：《20 世纪上半期中国乡村经济交易的中保人》，《近代史研究》2003 年第 6 期。

张玮：《二十世纪三四十年代晋西北的农业雇工》，《山西师大学报》（社会科学版）2004 年第 3 期。

刘晓丽：《山西抗日根据地的妇女纺织运动》，《晋阳学刊》2005 年第 3 期。

黄正林、文月琴：《抗战时期陕甘宁边区的农业税》，《抗日战争研究》2005 年第 2 期。

张玮：《三四十年代晋西北农民家庭生活实态——兼论"地主阶层"经济与生活水平之变化》，《晋阳学刊》2005 年第 1 期。

江旺龙：《华北抗日根据地银行在产业革命中的角色转换》，《中共党史研究》2006 年第 4 期。

张玮、李翠青：《中共晋西北抗日根据地劳动互助政策及实践评价》，《古今农业》2006 年第 3 期。

李柏林：《减租减息与淮北抗日根据地乡村社会的变迁》，《抗日战争研究》2006 年第 2 期。

李自典：《抗战时期晋察冀边区的农业生产与政府干预》，《抗日战争研究》2006 年第 2 期。

王昉：《传统中国社会农村地权关系及制度思想在近代的转型》，《学术论坛》2007 年第 3 期。

张玮：《晋西北抗日根据地的减租和交租问题》，《中共党史研究》2008 年第 1 期。

王文举：《我国革命根据地和解放区的农民专业合作社》，《合作经济与科技》2008 年第 1 期。

光梅红：《西北农民银行成立原因探析》，《山西档案》2008 年第 2 期。

张照青：《抗战时期晋察冀边区物价问题研究》，《中国经济史研究》2008 年第 3 期。

赵颖：《晋西北根据地发行农币的原因》，《山西高等学校社会科学学报》2008 年第 7 期。

胡娟：《抗日战争时期根据地的金融建设》，《世纪桥》2008 年第 1 期。

张玮：《晋西北抗日根据地的减租与交租问题》，《中国农史研究》2008
年第 4 期。

张玮：《中共减息政策的困境与对策——以晋西北抗日根据地乡村借贷关
系为例》，《党的文献》2009 年第 6 期。

李娜娜：《战时晋西北根据地农民负担分析》，《沧桑》2009 年第 3 期。

张照青、张帆：《论抗战时期晋察冀边区的物价变动》，《广西社会科学》
2009 年第 9 期。

刘庆礼：《试论抗战时期晋察冀边区的劳动互助合作》，《商业文化》（学
术版）2009 年第 11 期。

张文俊：《革命乡村阶级结构与土地关系之嬗变——以晋绥边区西坪村为
例》，《兰州学刊》2009 年第 10 期。

张玮：《抗战时期晋西北的地租、租率及其变动——以 1942 年张闻天调查
为中心》，《中国经济史研究》2009 年第 3 期。

岳谦厚、张文俊：《晋西北抗日根据地的"中农经济"——以 1942 年张
闻天兴县 14 村调查为中心的研究》，《晋阳学刊》2010 年第 6 期。

黄正林：《地权、佃权、运动与减租运动——以陕甘宁边区减租减息运动
为中心》，《抗日战争研究》2010 年第 2 期。

牛建立：《抗战时期晋绥边区的农业》，《许昌学院学报》2011 年第 1 期。

杨肃娟：《晋绥抗日根据地的工商税收》，《党史文汇》2011 年第 6 期。

李常生：《晋西北根据地妇女劳动力资源开发探析——以纺织妇女为例》，
《山西大同大学学报》（社会科学版）2011 年第 6 期。

王晓蕊：《抗战时期晋西北地区中共减息政策的变迁》，《学理论》2012
年第 11 期。

王晓荣，李斌：《陕甘宁边区互助合作运动的社会治理功能论析》，《宁夏
大学学报》（人文社会科学版）2011 年第 3 期。

杨建芳：《西北农民银行探析》，《社会纵横》（新理论版）2011 年第
1 期。

张玮：《抗战前后晋西北乡村私人借贷》，《抗日战争研究》2011 年第
3 期。

周婷婷：《以乡村的视角探寻历史发展的多面性——以土改前山东根据地
农民互助状况为例》，《山东社会科学》2012 年第 3 期。

光梅红：《论华北抗日根据地农村手工业》，硕士学位论文，河北大学，

2003 年。

常鹏军：《抗战时期晋西北根据地的农民负担》，硕士学位论文，山西大学，2008 年。

赵颖：《从"西北农币"看抗日根据地政府与民众的关系》，硕士学位论文，山西大学，2006 年。

王晓蕊：《晋西北根据地合作社研究》，硕士学位论文，山西师范大学，2012 年。

侯春华：《论抗日根据地的农业互助合作运动》，硕士学位论文，郑州大学，2007 年。

贺文乐：《20 世纪三四十年代晋西北农村变工互助探析》，硕士学位论文，山西师范大学，2010 年。

李玲玲：《晋察冀抗日根据地农业劳动互助运动的历史考察》，硕士学位论文，吉林大学，2006 年。

童振华：《晋西北变工互助研究（1943—1945）》，硕士学位论文，山西大学，2008 年。

武婵：《20 世纪四十年代晋绥边区农贷研究》，硕士学位论文，山西师范大学，2010 年。

刘波：《论晋西北革命根据地贸易政策的演变》，硕士学位论文，山西大学，2012 年。

赵立伟：《晋察冀边区集市研究》，硕士学位论文，河北大学，2009 年。

倪立敏：《抗战时期晋冀鲁豫边区物价问题探析》，硕士学位论文，河北大学，2009 年。

后　记

　　抗日战争是中国近代历史长河中富有浓墨重彩的一段岁月，中国共产党在极端艰苦的战争环境下开辟了以众多根据地为依托的广大敌后战场，不仅有效地配合了抗战初期正面战场的战斗，而且有力地推动了根据地所在乡村社会的近代转型。本书选取晋绥边区农村经济为考察视角，对中共领导下的根据地经济建设加以系统研究，以期为现代农村经济建设提供历史借鉴。

　　本书在撰写和修改过程中，得到诸多师友的指导和帮助，在此表示衷心感谢。

　　2006年，我考入山东大学历史与旅游文化学院，师从刘平教授攻读中国近现代史博士学位，刘老师严谨的治学态度和勤奋的工作精神时时感染着我，在学习上，老师总是循循善诱、谆谆教诲；在生活上，老师对我的诸多困难也给予了最大限度的帮助、安慰、鼓励。此情永久，终身难忘。正是刘老师的悉心指导和鞭策鼓励，本书的撰写才能最终顺利完成，但因本人生性愚钝、能力有限，还难以达到刘老师的期待，为此深感惶恐与不安，唯有在日后的学术研究中能孜孜以求，奋发图强，加以弥补。

　　在此书即将出版之际，还要感谢我的硕士生导师——陕西师范大学历史系黄正林教授，正是黄老师的引导与帮助，才使我有幸走入学术研究的殿堂，也正是从硕士生阶段开始，我最终选择将晋绥边区经济史、社会史作为自己的研究方向，并收集了大量有关资料，为日后进一步的研究打下了良好的基础，在此对黄老师表示诚挚的感谢。

　　还要感谢山东大学路遥、赵兴胜、吕伟俊、徐畅、胡卫清、张书学、刘培平和李平生等老师，他们不仅在我的求学过程中拓展了我的学术视野，而且对此书提出了许多宝贵建议，使我受益匪浅。同时要感谢我的同学王月、张巧玲、王红梅、韩梅、马光霞、任伟伟、马德坤、张海明、张彦、陈跃等，大家在学业上互相切磋，在生活上互相关心，对各位给予我的诸多帮助一并致谢。温暖的家人在物质上的资助与精神上的鼓舞是我顺利完成本书的支柱，在此我要特别感恩。

中国社会科学出版社吴丽平老师、张潞老师为本书的出版编辑工作付出了艰辛的努力，在此深表感谢。